# 시여, 내 손을 잡아줘

김현자 교수의 한국 시 깊이 읽기

김현자 교수의
한국 시
깊이 읽기

# 시여, 내 손을 잡아줘

김현자 지음

이화여자대학교출판문화원

## 책머리에

어느 날 약속이 있어 딸과 함께 택시를 탔다. 우리는 오랜만의 만남이라 이런저런 얘기를 했다.

"친구 아들이 시가 제일 어렵대. 예를 들면 '모가지가 길어서 슬픈 짐승이여'에서 모가지가 길면 왜 슬픈지 모르겠다는 거야."

"그걸 설명해야 하나요? 아빠 엄마 닮아 이과 쪽 성향인가 보네요."

우리는 웃으며 다른 얘기로 넘어갔다. 차는 어느덧 목적지에 닿았다. 그런데 택시 기사님이, "그래서 모가지가 길면 왜 슬픈가요? 저도 전공이 공대 쪽이어서 그런지 답이 궁금합니다. 답을 해주시기 전에는 못 내리십니다."라고 하는 게 아닌가.

기사는 너스레를 떠는 한편 상당히 간절한 눈빛으로 답을 재촉했다.

차에서 내리려는 순간이었는데 참 난감했다. 몇 초만에 한마디로 답을 줄 수 있는 문제가 아니었기 때문이다. 같이 차를 한 잔 마시면서 느긋하게 한 삼십 분 얘기를 하면 모를까.

시란 무엇인가. 한마디로 말할 수는 없지만 그렇다고 답이 없는 것은 아니다. 논리적으로 간단히 정의할 수는 없지만 얼마든지 여러 방법으로 이렇다고 설명할 수는 있겠다.

풀을 먹고 사는 초식 동물인 사슴의 우아한 자태와 그의 몸과 머리를 지탱하고 있는 목을 떠올려 본다. '목'이 아니라 '모가지'가 주는 느낌은 강하고 직설적이다. 사슴은 사자나 하이에나 같은 공격적인 동물에 쫓기는 평화로운 동물이므로 그의 모가지는 목숨을 상징하면서 더 슬프게 느껴진다. 우리도 흔히 말하지 않는가. 어느 날 회사에서 모가지가 잘렸다고. 그것은 밥벌이와 자신이 목표로 하는 일에 하루하루 쫓기며 고단한 삶을 살아가는 우리의 모습일 수도 있겠다. 사실 모가지는 길어도 슬프고 짧아도 슬프다. 보통의 기준에서 벗어나 유표화되면 슬프게 보인다.

사람들은 시가 어렵다고 한다. 시는 대체로 직접적으로 말하기보다 에둘러 말하기, 가정법, 역설과 아이러니, 미적 거리 등을 통해서 메시지 전달을 간접화하기 때문이다. 시인들은 너무 오래 반복적으로 사용하여 낡고 때 묻은 언어들을 각자의 연금술로 새롭게 닦아낸다. 그 과정에서 의미와 리듬을 강하게 밀착시키면서 시적 긴장을 유발한다. 시는 이중 삼중의 의미를 압축하는 힘 때문에 호소력이 그만큼 크고 울림이 깊다. 시를 많이 읽지 않은 훈련되지 않은 독자들이 시를 어려워하는 이유이다.

그러면 시를 어떻게 읽어야 할까? 모든 일이 그렇지만 시 읽기도 자신과의 만남이 중요하다. 자신이 좋아하는 시를 편안하게 읽고 찬찬히 들여다보자. 그다음에 자신의 마음에 와닿는 시구, 혹은 하나의 단어를 중심으로 그 느낌이 어떻게 좋은가를 생각해본다. 그리고 소리의 울림과 의미를 되새겨본다. 시 전체의 의미 구조가 통하게 산문적 해석을 해보면서 작품의 내재적 질서에 충실하게 시 자체를 읽을 필요가 있다. 마치 스무고개 문답을 푸는 것처럼 하나하나 연관하여 풀고 생각해나가노라면 시인의 의도를 저절로 알게 될 것이다.

우리가 시를 읽고자 하는 이유는 시에서 자신의 삶과 인간의 가치를 찾고자 하기 때문이다. 시 작품은 시대와 현실, 공간과 시간, 자아, 가족, 삶과 죽음, 언어 등 현재 우리의 삶이 놓여 있는 정서와 문화와 사상을 함축적으로 담고 있다. 시를 읽어도, 읽지 않아도 우리 생에 직접적인 영향을 주지 않을 수도 있다. 그러나 모든 예술이 그렇듯이 시를 통해 얻은 아름다움이라는 가치는 나의 감수성을 자극해 기쁨을 배가시키고 창작 활동이나 나만이 할 수 있는 표현력을 증진시킨다.

시 읽기를 하다 보면 어느 순간 특별한 감동이나 깨달음이 탁 와닿을 때가 있다. 시가 자신에게로 다가오는 순간이다. 그렇게 시가 내게로 온 순간, 되풀이되던 일상의 권태롭던 걸음걸이는 뛰는 춤의 동작으로 바뀌고 내 영혼은 고양되고 상승한다. 그 순간의 힘에 의해 우리는 고난과 외로움, 두려움을 이겨낼 수 있게 되는 것이다. 시인들이 던지는 언어의 힘에 의해 수많은 나는 변신을 거듭하며 무수히 다시 태어난다. 광대무변한 우주 속에서 한 점 작은 나를 인지하기도 하고, 동시에 나는 가없는 우주의 넓이와 깊이를 지닌 '나'로 확장된다.

좋아하는 시 한 편을 깊이 들여다보고 이해하고 나면 세계를 이해하는 폭이 넓어진다. 이 책은 시를 어떻게 읽을 것인가에 대한 실천적 방법을 가르쳐주는 길잡이가 되고자 한다. 가능한 한 현학적이거나 방법론적인 이론을 피하고 시 자체가 지닌 분위기, 어조, 리듬에 의해 해석하고자 했다. 그리하여 이 책에 실린 순서에 상관없이 시 한 편, 한 편 마음 내키는 대로 읽다 보면 시를 어떻게 읽어야 하는가를 저절로 깨우치게 될 것이다.

오랜만에 책을 내면서 나의 버팀목이 되어주는 사람들의 얼굴을 떠올려 본다. 시와 함께 같은 길을 걷는 제자들, 가까운 친구들, 김현숙, 김은주, 김성언, 김성환 내 다정한 동생들, 조성익, 조윤경, 민유기, 민예원에게 사랑의 마음을 전한다.

책 만드는 과정, 과정에 정성을 다해준 이화여자대학교출판문화원 이혜지 주간님과 이지예 편집자님을 비롯한 편집 구성원들에게 마음을 다하여 감사를 드린다. 사람들이 있고 시가 있어 나는 매일 새롭게 나아간다.

2023년 11월

김현자

## 차례

## Part 3 우리를 일으키는 내면의 목소리



## Part 4 불의 갈망, 물의 언어, 소리의 응답



## Part 5 새·꽃·산의 존재론적 명명 행위



## Part 6 너를 향한 불변의 사랑 노래

# Part 1

# 계절의 순환과 생명의 화음

# 지리산의 봄 1

## 고정희

남원에서 섬진강 허리를 지나며
갈대밭에 엎드린 남서풍 너머로
번뜩이며 일어서는 빛을 보았습니다
그 빛 한 자락이 따라와
나의 갈비뼈 사이에 흐르는
축축한 외로움을 들추고
산목련 한 송이 터뜨려놓습니다
온몸을 싸고도는 이 서늘한 향기,
뱀사골 산정에 푸르게 걸린 뒤
오월의 찬란한 햇빛이
슬픈 깃털을 일으켜 세우며
신록 사이로 길게 내려와
그대에게 가는 길을 열어줍니다
아득한 능선에 서 계시는 그대여
우르르우르르 우레 소리로 골짜기를 넘어가는 그대여
앞서가는 그대 따라 협곡을 오르면
삼십 년 벗지 못한 끈끈한 어둠이
거대한 여울에 파랗게 씻겨내리고

육천 매듭 풀려나간 모세혈관에서
철철 샘물이 흐르고
더웁게 달궈진 살과 뼈 사이
확 만개한 오랑캐꽃 웃음소리
아름다운 그대 되어 산을 넘어갑니다
구름처럼 바람처럼
승천합니다

# 1

# 봄날 지리산에서 일어서는 빛

## 고정희 「지리산의 봄 1-뱀사골에서 쓴 편지」

### 봄·지리산·시인

고정희(1948-1991)는 '서정'과 '여성' 그리고 '민중'이 '시'와 가장 화해롭게 만나는 극점에 서 있는 시인이다. 시인 스스로 "이상과 현실을 분리해서 생각하지 않으며 정치현실과 예술의 혼을 따로 떼어놓지 못한다"(『눈물꽃』 서문)라고 고백하고 있는 것처럼, 그의 시는 현실 사회에 대한 비판과 예술적 고민을 다양한 방식으로 풀어내고 있다. 폭압적인 현실을 폭로하고 역사에 대한 분노를 적나라하게 드러내는 민중시와 여성의 자각과 해방을 소리 높여 외치는 페미니즘 시, 그리고 서정성의 극치를 보여주는 순수시, 굿의 가락과 사설을 차용한 실험적 장시 등, 서로 이질적으로 느껴지는 다양한 맥락들이 그의 시 속에서는 조화를 이루며 공존하고 있다.

고정희의 시에는 유독 산에 관한 이야기들이 많이 등장한다. 산을 노래하다 산의 품으로 돌아갔던 삶의 여정, 실제로 그는 지리산의 험준한 계곡에서 불혹의 생을 돌연하게 마감하지 않았던가. 시인의 마지막을 알고 있는 독자라면 누구나 지리산에 대한 그의 시편들을 읽으며 가슴 저릿한 슬픔을 경험해보았을 것이다. 특히 「지리산의 봄」 연작들에는 지리산에서 죽기를 소원할 만큼 지리산에 대한 애정이 남달랐던 시인의 성품이 고스란히 담겨 있다.

산은 높은 곳을 향하는 매개 공간으로서 원형적으로는 높이, 수직성, 지고함을 상징한다. 그것은 세계의 중심으로서 세속적인 인간을 성聖으로 이끄는 자리이다. 성스러움, 지고함을 향한 상향성의 열망은 일반적으로 산을 오르는 행위를 통해 표현된다. 그것은 영혼의 고향을 지향하는 인간적 의지의 표현인 것이다. 일단 산을 오르기 시작하면 그다음은 비상이며 하늘로의 상승이며 삶과 진리의 나라에의 도달이다. 고도의 상승에 따라 이상 공간으로의 접근과 세속적인 것의 성화가 이루어지게 되는 것이다. 고정희의 시에서도 산은 높은 곳으로 향하는 매개 공간으로 드러난다. 특히 지리산은 고정희 시인에게 있어 성역과 같은 곳이었다. 시 「지리산의 봄 1-뱀사골에서 쓴 편지」에는 시인의 이러한 의도가 여실히 드러난다. 현실적 자아의 고뇌와 절망감은 그의 영혼을 무겁고 축축하게 만든다. 시인은 산을 오르는 행위를 통해 이러한 무거운 존재성을 벗어나고자 한다. 지리산은 봄을 탄생시키는 원형적 공간으로 드러나며 영혼을 고양하는 통과제의적 장소가 된다.

## 일어서는 빛과 넋의 고양

우리나라에서 봄이 가장 투명하게 빛나는 산이라고 한다면 단연 민족의 영산靈山이라고 일컫는 지리산을 꼽을 수 있을 것이다. 이 시는 세속적인 자아가 지리산에서 봄과 만나 영혼의 고양과 존재의 충일을 경험하는 순간을 감각적으로 형상화하고 있다. 남서풍과 함께 지리산으로 내려오는 봄의 기운을 느끼며 화자는 그동안 자신의 몸에 쌓여온 "축축한 외로움"과 "끈끈한 어둠"을 몰아낸다. 겨울 동안의 고독과 고뇌를 승화시키는 행위는 꽃의 개화와 자기 정화를 통해 도달하게 된다. 이 존재론적 전환의 순간은 구름처럼 바람처럼 승천하는 가벼운 행위를 통해 드러난다.

때는 만물이 무르익는 봄, 오월에 시인은 지리산의 한 능선을 오르고 있다. 오르면서 섬진강 허리를 지나 갈대밭에 엎드린 남서풍 너머로 번뜩이며 일어서는 빛을 본다. 여기서 "번뜩이며 일어서는 빛"이란 출렁이는 햇살에서 불현듯 발견한 어떤 깨달음의 순간을 의미한다. 즉 이것은 우주의 공기와 한 인간의 넋이 만나는 시적 순간이다. 그리고 바로 이 순간을 계기로 시인의 상상력이 역동적으로 움직이기 시작한다. 그 빛 한 자락이 따라와 나의 갈비뼈에까지 근접하고 있는 것이다. 멀리서 보이던 빛과 시인 사이에 존재하던 거리는 "나"를 따라와 나의 갈비뼈에 스며든 "한 자락의 빛"의 능동적인 행위성을 통해 소멸된다.

"일어서는 빛"은 시인의 내면에 내재된 상승적인 욕망의 투사물이라고 할 수 있다. 이 빛은 지상으로 내려왔다가 다시금 천상으로 치솟아 올라가는 역동적인 물질이다. 그것은 현실과 일상에서의 고통과 아픔 그리고 절망과 슬픔을 자신의 내면에서 상승으로 바꾸어내려는 의지의 소산이다. 상승에의 갈망이 투사된 햇빛은 화자의 갈비뼈 사이에 흐르고, 축축한 외로움을 들추어내면서 화자의 몸속에 스며들다가 마침내는 화자와 동일화된다. 빛이 화자가 되고 화자가 빛이 되고 있는 것이다. "나"와의 합일과 합체를 통해 육체성을 가지게 된 빛은 인간화되고 근육화되어 마침내는 "나"의 몸속에 꽃을 피운다. 나의 몸으로 그 자리에 "산목련 한 송이"를 터뜨려 놓고 있는 것이다. 자연과 자아는 대립되지 않으며 하나가 되어 서로 순화된 경지로 승화한다. 자연과 자아가 본질적인 면에서 상호 연결되어 하나의 마음으로 조화되는 상태를 보여주는 것이다. 이러한 합일의 순간은 슈타이거Emil Staiger가 말한 "주객의 융합Erinnerung"과도 연관되는 것이다. 시인은 자연을 회감回感하고 자연은 시인을 회감한다. 그것은 주체 속으로의 세계의 진입을 의미하는 것이 아니라 항상 융화하는 작용을 의미하는 것이다. 산목련의 개화에 화자는 기쁨과 희열에 가득 차 "온몸을 싸고도는 이 서늘한 향기"를 만끽하게 된다. 이러한 꽃밭과 향기는 고정희의 시에서 그가 합체와 합일을 꿈꿀 때 자연스럽게 상상되곤 한다.

너를 내 가슴에 품고 있으면
여수 앞바다 오동도쯤에서
춘설 속의 적동백 두어 송이

툭 터지는 소리 들리고

「너를 내 가슴에 품고 있으면-편지9」 부분

마음과 마음을 헤집고
푸르게 범람하던 치자꽃 향기

「겨울 사랑」 부분

꽃의 향기란 무엇인가. 그것은 응축된 존재이면서 무한히 확산되어 가는 존재이기도 하고, 눈에 보이지 않는 존재이면서 분명히 존재하고 있다는 것을 느끼게 해주는 것이기도 하다. 온몸을 감싸는 촉감으로 느끼는 몸의 희열과 꽃향기의 결합은 잘 어우러져서 충일감을 배가시키고 있다.

그러나 시인은 여기에서 머물지 않는다. "나"와 빛의 완전한 일체화는 이후, 화자에게 더 의미 있는 구체적인 대상이 되어 "그대"의 발견으로 이어진다. 시의 후반부로 접어들면 나의 몸에 들어왔던 빛은 이제 "그대"에게로 전이되기에 이른다. 시인의 시적 감흥은 빛의 시각성을 향기의 취각으로 변용해 산 전체로 확장한다. 그리고 이것은 점점 상승하여 뱀사골 산정을 푸르게 물들이더니 찬란한 오월의 햇살과 더불어 신록 사이로 길게 내려와 그대에게 가는 길을 열어준다.

빛이 열어준 길을 따라 멀리 "아득한 능선에 서 계시는 그대"가 보인다. 화자는 "우르르우르르 우레 소리로 골짜기를" 넘어가는 그대를 따라 협곡을 오르고 비로소 산의 정상에 다다르게 된다. 그대가 서 있는 곳은 "우르르우르르 우레 소리"로 환기되듯 속인들은 범접할 수 없는 신성한 공간, 즉 하늘과 맞닿아 있는 지리산 꼭대기이다. 처음 화자가 산을 오르는 행위는 그대를 따르는 것에 불과했다. 그러나 화자가 비로소 정상에 올라섰을 때, 지고한 존재인 그대와 그것을 따르는 자인 나의 구별은 사라져버리게 된다. 그대가 서 있던 산의 정상에 다다르자마자, 나 역시 그대와 같은 존재로 격상되고 있는 것이다. 나와 그대가 동일화되는 순간은 "삼십 년 벗지 못한 끈끈한 어둠이/ 거대한 여울"에 씻겨 내려가고 "육천 매듭 풀려나간 모세혈관에서/ 철철 샘물이" 흘러 세속의 모든 때를 벗고 투명한 존재로 다시 태어날 때이다. 그리하여 "축축한 외로움"과 "끈끈한 어둠"에 의해 제대로 운신되지 못하던 기氣가 비로소 온몸을 타고 흐를 때, 그 "더웁게 달궈진 살과 뼈 사이"에 "오랑캐꽃 웃음소리"가 "확 만개"하기에 이른다. 이로써 깃털처럼 가벼워진 나는 "아름다운 그대"가 되어 산을 넘어간다. 나와 그대의 경계가 무화되어버린 것이다.

자아의 이러한 존재론적 변화는 '산 초입' – '산 중턱' – '산 정상'으로 이어지는 공간의 이동을 통해 구체화되고 있다. 빛을 처음 발견한 섬진강가 갈대밭에서 산 중턱에 위치한 뱀사골 산정, 협곡을 따라 도달하는 산 정상에 이르기까지 이 시는 빛이 산 정상에 이르는 과정을 따라 순차적으로 진행된다.

그리고 이 진행을 따라 자아의 존재론적 전환이 4~8행과 17~22행에서 두 번에 걸쳐 이루어지는데 그 전환의 정도는 후반부로 갈수록 더

커지고 있다. 이는 각각 존재론적 전환을 상징하는 대상물 "산목련"과 "오랑캐꽃"의 형태를 통해 유표화有標化된다. 빛과 나와의 합일만을 보여주는 첫 번째 경우에는 "한 송이"로 표현하고, 빛과 이와 동일화된 그대와 나와의 합일을 보여주는 두 번째 경우에는 "확 만개한"으로 표현함으로써 보다 큰 존재론적 전환이 이룩되었음을 보여주는 것이다.

이 시의 중심은 이렇게 "일어서는 빛"이다. 그것은 우주와 인간의 결합으로, "산목련"으로, "그대에게 가는 길"의 발견으로, 그리고 "확 만개한 오랑캐꽃 웃음소리"로 하나의 완성을 이룬다.

## 생명을 찾아 그대에게 가는 길

"번뜩이며 일어서는 빛"은 자아를 이끌어 "그대에게 가는 길"로 인도한다. 그대는 누구인가? 절대자인가, 계절인가, 연인인가?

"아득한 능선에 서 계시"며 나를 앞서서 산길로 인도해주는 "그대"는 시의 중반부에서는 "우레 소리"로 웃음소리를 내는 "오랑캐꽃"으로 변용되고 있다. 꽃으로 드러났던 정적인 식물 이미지는 울려 퍼지는 우레 소리의 반향을 통해 동적인 이미지로 변환되면서, 산 너머의 드넓은 공간으로 강렬하게 확산된다. 중요한 것은 그대를 따르는 일이 산을 오르는 일이며("앞서가는 그대 따라 협곡을 오르면"), "구름처럼 바람처럼" 승천하는 방법을 배우는 일이라는 것이다. 이처럼 그대는 자연과 시적 자아를 함께 끌어주는 인격체로 묘사된다.

따라서 "그대"는 얼어붙은 산의 모세혈관에 생명의 물을 돌게 하는 계절이면서 시적 자아와 산 너머에 있는 모든 세상에 생명의 숨소리를 전염시키는 힘이며 자아가 갈구하는 절대적인 어떤 존재임을 알 수 있다.

서정과 역사가 함께 어우러져 있는 고정희의 다른 시들에서와 마찬가지로 이 시의 의미망은 '지리산'이라는 특정한 토포스topos에서 역사적 상상력을 동반하게 되면서 독특한 시적 자기장을 만들어낸다. 그대에게 가는 길은 오월의 찬란한 햇살이 뱀사골 산정을 푸르게 물들이고 슬픈 깃털을 일으켜 세워야만 다다르는 길이다. 골짜기를 울리는 그대의 발걸음을 따라 협곡을 오르면 묵은 어둠이 씻겨진다.

> 삼십 년 벗지 못한 끈끈한 어둠이
> 거대한 여울에 파랗게 씻겨내리고
> 육천 매듭 풀려나간 모세혈관에서

어둠을 씻고 육천 매듭을 풀어내는 과정은 지리산의 협곡 굽이굽이에 숨어 있던 삼십 년 묵은 슬픔에 생명의 길을 여는 과정으로 그려져 있다. "섬진강의 봄", "오월의 햇살", "슬픈 깃털", "뱀사골 산정" 등의 시어와 결합되어 "그대"로 표상되는 봄의 이미지는 계절의 원형적 심상을 넘어서 역사의 상처에서 다시 피어나는 강인한 생명력을 환기한다.

외로웠던 화자의 마음이 "더웁게 달궈진 살과 뼈 사이"에서 오랑캐꽃이 "확 만개"할 만큼의 희열로 충만해지고, 그대의 생명력은 협곡의 매듭 곳곳만이 아니고 나에게까지 퍼져나가는 웃음소리를 타고 그대와 일치된다. 지리산을 생명으로 채우고 온 세상으로 그 생명의 열기를 퍼뜨리는 그대와 더불어 "구름처럼 바람처럼" 내가 승천한다는 것은 이 아프고 어두운 역사의 현장에서 생명의 힘과 미래를 발견한다는 것으로 해석할 수 있다.

어둠에서 빛으로, 외로움에서 웃음소리로 산과 사람이 동시에 살아나면서 봄이 시작되는 지리산은 강인한 역사의식의 출발점을 이루는 성역으로 거듭난다.

## 지리산, 세계로 통하는 빛나는 문

지리산은 서정과 역사의식, 민중과 여성을 포괄하는 고정희의 상상력이 종합적으로 어우러지는 장소이다. 그 산은 시인의 상상력을 품어주고 지켜주는 넉넉한 품이며, 깊이 있는 사유와 강인한 생의 의지를 길러주는 뜨거운 모태이기도 했다.

「지리산의 봄」에서 시인이 다다르는 넋의 고양은 갈망과 의지의 크기가 이뤄내는 빛나는 시적 순간이며 역사를 관통하여 획득된 생명의 강인한 원리이다. 봄날이 투명하게 빛나는 지리산을 바라보며 자신의 몸과 마음의 투명함을 회복하고 더 나아가 존재의 충일을 경험하는 시인의 모습은, 한 시대를 열정적으로 가로지르며 그가 궁극적으로 도달하고자 했던 것이 무엇인지를 잘 보여준다.

겨울의 끝자락에서 다가오는 봄은 유난히도 아름답다. 올봄에는 지리산에 올라 번뜩이며 일어서는 빛을 그녀와 함께 보고 싶다.

# 봄

**김광섭**

얼음을 등에 지고 가는 듯
봄은 멀다
먼저 든 햇빛에
개나리 보실보실 피어서
처음 노란 빛에 정이 들었다

차츰 지붕이 겨울 짐을 부릴 때도 되고
집 사이에 쌓은 울타리를 헐 때도 된다
사람들이 그 이야기를
가장 먼 데서부터 시작할 때도 온다

그래서 봄은 사랑의 계절
모든 거리距離가 풀리면서
멀리 간 것이 다 돌아온다
서운하게 갈라진 것까지도 돌아온다
모든 처음이 그 근원에서 돌아선다

나무는 나무로
꽃은 꽃으로
버들강아지는 버들가지로

사람은 사람에게로
산은 산으로
죽은 것과 산 것이 서로 돌아서서
그 근원에서 상견례相見禮를 이룬다

꽃은 짧은 가을 해에
어디쯤 갔다가
노루꼬리만큼
길어지는 봄 해를 따라

몇 천리나 와서
오늘의 어느 주변에서
찬란한 꽃밭을 이루는가

다락에서 묵은 빨래뭉치도 풀려서
봄빛을 따라나와
산골짜기에서 겨울 산 뼈를 씻으며
졸졸 흐르는 시냇가로 간다

2

# 살아 있는 것들의 동일성과 절제된 거리 의식

김광섭 「봄」

## 어울려 사는 삶의 시詩

"나는 사람들과 어떻게 하면 잘 어울려 살까 하여 시를 씁니다."

시집 『성북동 비둘기』의 출판기념회에서 김광섭 시인은 이렇게 말한 바 있다.

아름다움을 잃지 않는 거리를 유지하면서 따뜻하고 친근한 정감을 전하려는 시인의 온화한 시선은, 항상 사람과 사물의 가까운 자리에서 시작되고 또 그곳에 머무른다. 이렇게 '어울려 사는 삶'에 대한 희구에서 출발한 김광섭의 시는 늘 넉넉한 품으로 삶과 일상의 진리를 끌어안고 있기에 공감의 울림 또한 넓고 깊다.

봄이다. 봄이야말로 '어울려 사는 삶'을 이루어낼 수 있는 가장 따뜻한 시간이다. 그 싱그러운 힘으로 봄은 겨우내 묵은 것들을 밀어내고 찬란하고 싱싱한 기쁨의 수액을 준비한다. 다가오는 봄의 발걸음은 신비롭고도 놀랍다. 설핏 우리 곁에 다가와 묵은 것과 누추한 것을 헐어내고 그 자리에 소박한 모양새로 새것들을 지어 올린다. 우리가 잔뜩 웅크린 몸을 풀지 않고 있는 사이, 양지 녘에 진달래 꽃망울을 피우거나 산수유와 개나리의 꽃사태를 이루어내기도 하지 않는가. 긴 시간 동안 춥고 어두운 다락에서 마치 묵은 빨래뭉치처럼 굳어 있던 우리는 마술지팡이와도 같은 봄바람의 향기 앞에 풀려나와 몸과 마음을 녹인다.

그래서 자아와 세계의 동일성을 꿈꾸는 시인들의 눈에 봄은 한층 예사롭지 않다. 봄은 해마다 돌아오는 자연의 섭리이지만 여전히 만물을 풀어내고 언 것을 녹이며, 메마른 것을 적시고 떠난 것을 돌아오게 하는 신비로운 힘을 지녔기 때문이다. 김광섭의 대표시집 『성북동 비둘기』(1967) 맨 첫머리에 실려 있는 시가 「봄」이라는 것은 그래서 다시 한번 상징적이다. 그의 시에는 타인과 세계를 바라보는 시인의 균형 잡힌 시선과 다정한 태도가 함축되어 있음을 선명하게 드러내주기 때문이다.

## 만물이 '상견례相見禮'하는 봄

시 「봄」은 김광섭 특유의 절제와 미적 거리를 바탕으로 한 미감을 잘 보여준다. '봄'이라는 평범한 주제를 선택하고 있음에도 불구하고 이 계절이면 모든 이가 느끼는 설레임을 시인의 눈을 통해 새로운 풍경으로 재현하고 있기에 보편적인 공감을 얻는다. 봄이 펼치는 정경을 천천히 움직이는 시선으로 펼쳐 보이는 이 시를 읽으며 우리 또한 정서의 수위를 서서히 높여가게 된다.

김광섭 시인은 이렇듯 시적 대상들에 대해 늘 평형 상태를 유지한다. 이 태도는 자연을 이상화하고 정신적으로 해결할 수 있게 하는 객관적인 힘의 기반이 된다. 선시나 시조에서 보여지는 동양적이며 전통적인 자연관에 그 맥을 두는 동시에, 서술의 객관화를 통해 대상에 대한 유대감을 친숙한 아름다움으로 표현하는 것이다. 따라서 김광섭의 시에서 봄날의 예찬은 영탄조로 흐르지 않고 지극히 담담하고 평명平明한 어조로 우리에게 다가온다.

그러나 역설적이게도, 이 시의 놀라움은 바로 거기에서 온다. 가장 일상적인 것에서부터 원대한 자연의 모든 것을 글어안아 생명을 주고 소생시키는 봄, 이런 봄을 맞는 흥분과 달뜬 마음을 지혜롭게 통어해내는 시인의 어조, 성급하게 좁히지 않는 미적 거리, 경탄하거나 과장하지 않고 열어보이는 봄의 세계, 이 시의 분위기가 결코 가볍지 않은 무게를 갖는 것은, 처음이 끝이 되고 죽은 것과 산 것이 만나는 '근원의식'과 연관되어 있기 때문이다. "그"라는 원칭 지시대명사로 표현되고 있는 "근원"은 가장 뿌리 깊은 원천적인 질서를 의미한다. "근원"에서는 시작과 종말이 나뉘어 있지 않아 시간이 수평적으로 흐르지 않고 순환한다. 겨울에서 봄이 되는 시간의 순환은 사람과 사람, 사물과 사람 사이의 공간적·심리적 거리까지도 풀리게 함으로써 "멀리 간 것이 다 돌아"오게 하고 "갈라진 것까지도 돌아"오게 한다. 이런 자연과 우주의 질서에 따라 아주 멀리서부터 천천히 다가오는 봄만큼이나 시인의 시선과 어조 또한 완만하며 진지하다. 그래서 우리는 이 시를 읽으면서 서서히 마음을 열어가고 적셔갈 수 있게 되며, 시인이 끝내 인내한 격정적인 봄의 "찬란한 꽃밭"을 시 맨 끝부분에서 함께 누릴 수 있게 되는 것이다.

익숙한 봄을 매번 새롭게 느끼게 하는 것은 무엇일까. 그것은 바로 얼어 있고 굳어 있는 겨울의 일상에 훈풍을 불어넣어 움직이고 살아 있는 사물로 숨 쉬게 하는 봄의 힘이다. 이는 첫 행에서 "얼음"으로 시작한 시가 끝 행에서 "시냇가"로 흐르게 된 것에서도 잘 드러난다. 봄은 등에 진 얼음을 내려놓고 겨울 짐을 부려 놓으며 울타리를 헐어내는 시간이다. 또 얼어붙은 것이 녹고 딱딱한 것이 풀리며 사라진 것이 돌아오고 죽은 것이 살아나는 시간이다. 봄빛을 따라 나와 풀린 몸으로 마주 설 수 있게 하는 것, 그것은 멀리 간 것들이 모두 돌아오기를 긴 시간 동안 기꺼이 기다리는, 결코 서두르지 않는 봄의 몫이다. 성큼 다가서지 않고 "가장 먼 데서부터", "몇 천리나" 에둘러 돌고 돌아오는 동안 봄이 품게 된 마력이다. 그래서 "봄은 사랑의 계절"이 될 수 있었으리라.

그래서 봄은 사랑의 계절
모든 거리距離가 풀리면서
멀리 간 것이 다 돌아온다
서운하게 갈라진 것까지도 돌아온다

모든 처음이 그 근원에서 돌아선다

나무는 나무로
꽃은 꽃으로
버들강아지는 버들가지로
사람은 사람에게로
산은 산으로
죽은 것과 산 것이 서로 돌아서서
그 근원에서 상견례相見禮를 이룬다

"서운하게 갈라"지거나 떠나버린 모든 것은 봄이 지닌 사랑의 힘에 의해 회복되고 회귀한다. 죽은 것과 산 것, 그 어떤 상극적인 것도 봄을 가운데 두고는 나란히 놓여지게 되는 것이다. 화자의 시선은 "나무는 나무로", "산은 산으로" 확고하게 자리 잡게 한다. 사물을 그 자체로 존재하게 함으로써 그것을 바라보는 시인의 자아도 흔들림 없이 나아간다. 하지만 나무를 나무로, 꽃을 꽃으로, 버들강아지를 버들가지로, 사람을 사람으로, 산을 산으로 살아 있게 하는 것은 예사로운 일이 아니다. 이들은 모두 봄에 다시 "산 것"이 되기 위해 겨울 동안 "죽은 것"이었기 때문이다. 따라서 죽은 것으로부터 깨어나 산 것이 되어 서로 "상견례相見禮"하게 된 모든 것들에서 시인은 경이로움을 느낀다. 존재하는 모든 사물에 대해 경건한 애정을 갖는 시인의 마음이 잘 투영된 부분이기도 하다.

"상견례相見禮"는 시인이 세상을 파악하는 태도를 드러내는 이 시의 중심 시어이다. 타자의 세계를 외면하거나 시선을 자신 안에만 두는 고립적이고 배타적인 자세가 아니라, 대상을 마주 바라보는 자세, 아무런 감각적 접촉을 하지 않더라도 예의를 지키며 서로의 마음을 전달할 수 있는 자세이다. 만물이 상견례하고 있는 시공을 가득 채우는 것은 온화한 평정이다. 대상을 서로 존중하고 신뢰함으로써 지나치거나 부족함 없이 정화된 상태이다. 사물들이 각자 나란히 섬으로써 스스로의 자리를 지키고 또 갈 길로 나아가면서 공존하고 조화하는 정신인 것이다.

상견례에 함축되어 있는 유대의식과 거리의식의 병존은, 어울려 사는 따뜻한 삶을 위해 시인이 택한 인식의 한 방법이다. 균형감각에 바탕을 두고 있는 이 거리의식은 사물들의 자연스런 거리를 인정하는 '제자리지킴' 의식에서 비롯된다. 그의 시에서 사물들은 스스로의 자리를 지키고 있기에 지나치게 멀지도, 가깝지도 않은 균형감을 얻게 되며 자존을 지킬 수 있게 되는 것이다. 죽음의 시간을 이겨내고 자신의 아름다운 자리를 지켜낸 사물들의 제자리지킴은 자아와 자아 사이에서도 균형 잡힌 거리를 유지해야 이룰 수 있는 자세이다. 사물을 비롯한 모든 만물에 대해 이 상견례 의식을 버리지 않는 시인이 훗날 자연과의 관계에서 인격적 감각을 잃지 않는 좋은 시들을 남기고 있음은 어쩌면 당연한 것이라 할 수 있을 것이다.

## 굳어 있던 것들을 풀리게 하는 시간의 순환

꽃은 짧은 가을 해에
어디쯤 갔다가
노루꼬리만큼
길어지는 봄 해를 따라

몇 천리나 와서
오늘의 어느 주변에서
찬란한 꽃밭을 이루는가

"가을 해"로부터 "봄 해"로 이어지는 시간의 순환 속에서 가을과 겨울에 죽었다가 봄에 다시 살아나 찬란한 꽃밭을 이루는 '꽃', 이 꽃은 가장 완전한 생명체이자 사물이 생존하는 원리의 상징이다. 그것은 서쪽으로 지는 해의 마지막 빛이 사라져도 아침이면 해가 또다시 솟아오르는 우주의 질서와 같이 언제나 새로운 모습으로 우리 앞에 존재하는 자연이 주는 감동이다.

모든 생명에게 봄소식을 전하며 인간의 마음을 환하게 밝히는 "꽃"은 침묵의 언어로 우리에게 꿈을 가르친다. "어디쯤 갔다가", "몇 천리나 와서", "어느 주변"에선가 꽃밭을 이루고 있는 이 꽃에 대한 생명의 예찬은 "어디", "어느", "몇" 등의 불확정적인 공간 개념으로 오히려 공간을 한없이 확대하면서 꽃을 만개시킨다. 앞의 각 연에서 "온다", "돌아온다", "돌아선다", "이룬다" 등의 서술형 종결어미는 사실을 전달하는 듯한 어투로 대상과의 미적 거리를 객관화시켜왔는데, 6연에 이르러 "찬란한 꽃밭을 이루는가"라는 감탄형 어미로 전환됨으로써 화자의 내적 정서를 강하게 표출하고 대상과의 거리를 밀착시키면서 극적 효과를 이루고 있다.

봄은 "얼음"이나 "겨울 짐", "울타리" 같이 차갑고 폐쇄적인 것들을 다스리고 "보실보실" 피어나는 노란 개나리를 찬란한 꽃밭으로 바꾼다. "노루꼬리만큼" 아주 조금씩 길어지는 봄 해의 시간 동안 누추함을 찬란함으로 바꿀 준비를 하기 위해 몇천 리를 마다치 않고 온 꽃, 이는 봄의 사령이다. 시인의 마음에 내재한 아름다움도 이 꽃밭에서 자랐으리라.

> 다락에서 묵은 빨래뭉치도 풀려서
> 봄빛을 따라나와
> 산골짜기에서 겨울 산 뼈를 씻으며
> 졸졸 흐르는 시냇가로 간다

"봄빛"은 겨울과의 대조, "다락"과 "산골짜기"의 공간적인 대비, "묵은 빨래뭉치"와 그것을 푸는 봄냇물의 대조 속에서 겨울 동안 사느라 굳어버린 뼈를 씻으면서 맑고 청신하게 빛난다. 봄날의 햇빛은 그 따뜻한 해조諧調 속에 사물들의 형상을 서로 풀리게 하고 어울리게 하여 자연이 숨겨두었던 생기를 되찾게 한다. "봄빛을 따라나"온 해묵은 겨울의 일상은 물 흐르는 시냇가로 가서 "겨울 산 뼈"를 씻고 녹이며 새로운 피돌기를 꿈꾼다. 얼음은 시냇물로 흐르고 겨우내 굳은 몸을 감쌌던 묵은 빨래뭉치가 풀리우는 봄, 이제 만물은 체온과 생명과 활기를 새로 얻는다.

시 「봄」은 비유적인 표현이 없이 직접적인 서술로써 감정을 표현하고 있는 것이 특색이다. 시인은 대상과 대상 사이의 거리의식에서 시종 엄격한 절제와 통어를 보임으로써 시적 응결력을 잃지 않고 있다. 지나치게 멀지도 가깝지도 않은 사물들의 제자리 의식에서 생긴 자연스러운 거리가 그의 시에 절제와 긴장감을 부여하고 있는 것이다. 그리하여 얼음－겨울 짐－빨래뭉치－겨울 산 뼈 등 딱딱하게 뭉쳐 있는 이미지들은 봄날의 찬란한 꽃밭과 봄빛과 흐르는 시냇가의 풀림에 의해 조화로운 균형을 지키며 한 세계를 이루어낸다.

연둣빛 부드러움으로 시작되는 봄, 모든 경계를 풀어버리기에 알맞은 빛깔로 봄은 시작된다. 너무나 익숙해져 버려 소중한 것인지조차 알지 못하고 흘려보내는 일상을 시인은 전연 새로운 풍경으로 우리 앞에 세운다. 통과의례와도 같은 겨울을 겪어내고 봄이면 새롭게 태어나 자신과 타인에게 상견례하는 지상의 모든 것들! 그들의 숨결을 읽어낸 시인의 시선이 경이롭다. 다시, 봄이다.

# 푸른 오월

노천명

청자青瓷빛 하늘이
육모정 탑 위에 그린 듯이 곱고,
연못 창포 잎에
여인네 맵시 위에
감미로운 첫 여름이 흐른다.

라일락 숲에
내 젊은 꿈이 나비처럼 앉는 정오正午
계절의 여왕 오월의 푸른 여신 앞에
내가 웬일로 무색하고 외롭구나.

밀물처럼 가슴속으로 몰려드는 향수를 어찌하는 수 없어
눈은 먼 데 하늘을 본다.
긴 담을 끼고 외딴 길을 걸으며 걸으며
생각이 무지개처럼 핀다.

풀 냄새가 물씬
향수보다 좋게 내 코를 스치고
청머루 순이 벋어 나오던 길섶
어디메선가 한나절 꿩이 울고

나는
활나물 호납나물 젓가락나물 참나물을 찾던
잃어버린 날이 그립지 아니한가, 나의 사람아.
아름다운 노래라도 부르자.
서러운 노래를 부르자.

보리밭 푸른 물결을 헤치며
종달새 모양 내 마음은
하늘 높이 솟는다.

오월의 창공이여!
나의 태양이여!

# 3

## 감각적 이미지와 생명의 무지개

노천명 「푸른 오월」

### 향수와 양가성의 시학

노천명의 「푸른 5월」은 해마다 5월이 돌아오면 누구의 가슴 속에나 절로 떠오를만한 시이다. 이 시는 초기 시의 밝고 화사한 정서가 잘 드러나고 있어 섬세하고 담백한 미감으로 독자의 마음을 사로잡는다.

시인의 시선은 청자빛 하늘에서 육모정 탑을 거쳐, 연못의 창포잎으로 이어지면서 계절의 생명력을 감각화한다. 아름다운 한 폭의 그림 같은 정적靜寂인 풍경은 여인의 생주生紬치마로 옮겨지면서 "흐른다"는 동사에 의해 초여름의 시간에 움직임을 부여하고 있다.

라일락 숲에

내 젊은 꿈이 나비처럼 앉는 정오正午
계절의 여왕 오월의 푸른 여신 앞에
내가 웬일로 무색하고 외롭구나.

5월의 정오, 그 시간은 생명력이 치솟는 절정의 시간으로 "내 젊은 꿈"이라는 추상의 개념을 나비라는 대상으로 치환한다. 이 시구는 인간의 꿈에 나비의 날개를 달아주고, 나비는 인간이 지닌 꿈의 생생력生生力을 획득한다. 즉 인간의 꿈과 나비는 이 비유에 의해 동일화되고 가볍게 상승하여 높이를 획득하는 것이다.

그러나 생명력 넘치는 계절과 화사한 자연의 개방감 앞에서 오히려 더 진한 외로움을 느끼는 이율배반의 감정은 유독 강렬한 느낌을 준다. 그가 느끼는 마음속 외로움은 시인의 내부에서 타는 어떤 높은 것에 대한 갈망이 그를 사로잡고 따라다녀 지치게 하고 있기 때문인 듯하다.

"내 젊은 꿈", "내가 웬일로" 등 노천명의 '나'는 '나는'이나 '나와'가 아닌 '내가', '나의' 등의 강한 주체적 어세語勢를 가지고 있다. '내 노래', '내 영혼', '나의 사람', '내 생의 비밀' 등 시인은 끊임없이 자기를 강조하며 강력한 에너지를 우리에게 전달한다. 당대의 여성 시인들의 시에 나타나는 '나'가 대부분 소극적 · 체념적 · 의존적인 분위기를 나타내는 데 비해 그의 '나'는 매우 능동적 · 적극적인 의지를 보여준다. 꼿꼿한 자의식으로 자신을 곧추세우는 추구를 계속하고 있는 것이다.

폐쇄와 개방의 양면성은 노천명 시의 한 지향성이 되고 있고 그것이 시의 긴장을 유지한다. 밖을 향한 확산과 안을 향한 응축의 두 움직임은 노천명의 다른 시에서도 다양하게 감각화되고 있다. 가령 그는 "파라솔을 접듯이/ 마음을 접고 안으로 안으로만 들다"(「유월의 언덕」)에서 접었다 폈다 하는 파라솔을 추상의 덩어리인 마음으로 구체화하고 있다. "오이씨 같은 발부리가 창공을 차고/ 까아맣게 늘였다 들어오는 길은"(「그네」)이나 "마당엔 하늘을 욕심껏 들여놓고"(「이름없는 여인이 되어」)라는 시구에서 늘였다 들어오는 그네의 움직임이나 넓은 하늘을 좁은 마당 안으로 들여놓는 응축의 움직임을 통해 이 시들에 입체감을 부여하고 있다.

자연의 개방감과 교차되어 나타나는 고독감, 외로움 같은 추상적 감정은 다음 단계에서 감각화 · 육화肉化되고 있다.

> 풀 냄새가 물씬
> 향수보다 좋게 내 코를 스치고
>
> 청머루 순이 벋어 나오던 길섶
> 어디메선가 한나절 꿩이 울고

어른이 되어 타향에서 계절을 맞이하며 환기된 고향에의 기억은 "풀 냄새", "향수"(후각), "벋어 나오던", "청머루 순"(시각), 꿩 우는 소리(청각) 등으로 오감에 의해 확장되고 구체화되면서 독자의 감각에 생생하게 전달된다. 풍경의 세부가 감각에 의해 확장되는 이미지는 그의 다른 시들에서도 두드러지는데, 노천명 시의 뛰어난 특성으로 손꼽을 만하다. 시어의 감각성으로 인해 단순한 자연어의 병렬적인 나열에서 벗어나 읽는 사람의 오감을 맑고 청신하게 일깨운다.

그의 시어들은 시각, 청각, 후각, 촉각, 미각을 골고루 환기시키고 있는데, 노천명의 이러한 감각들은 정지용, 김광균, 김기림 등 1930년대 대표적인 모더니스트들의 특질과 공통항을 이루는 특성으로 지적할 수 있을 것이다.

- 보리는 그 윤나는 머리를 풀어헤쳤습니다(「봄의 서곡」)
- 긴 짐승 모양 징그럽게 감겨들고(「별은 창에」)
- 마술사 같은 어둠이 꿈틀거리며/ 무거운 걸음새로 기어드니(「포구의 밤」)
- 기인 항해에 지친 배의 육중스런 몸뚱이(「바다에의 향수」)
- 마음속엔 고삐 논 슬픔이 뒹군다(「돌아오는 길」)

'감겨들다', '꿈틀거리다', '기어들다', '슬픔이 뒹굴다' 등의 서술어가 동물적 이미지의 육감적 인상들을 환기시키면서 "어둠", "밤", "향수", "슬픔" 같은 관념들을 생생하고 구체적으로 촉감화하고 있다. 선험적인 생명력을 환기시키는 이 선명하고 감각적인 이미지군은 시인의 감정의 풍경을 나타내는 것이며 사람의 마음이 사물에 닿는 듯한 직접적인 느낌을 주고 있다. 이러한 촉감에 기초한 비유들은 당시의 언어 감각으로는 매우 새롭고 이색적인 것이라고 할 수 있으며 한국 시가 전통적으로 지니고 있는 촉감의 요소들을 특성화할 수 있는 가능성을 보여준다.

인공의 언어가 아닌 자연어들을 있는 그대로 표출하여 노래하는 시들은 맑고 화사한 만큼 때로는 서늘하고 쓸쓸한 감정과 미지의 대상을 향한 동경의 정서를 보여주기도 한다. 하지만 시인은 강렬한 감각들을 통해 추상적이고 막연한 정서에만 머무르지 않는다. 가령 시 「교정」의 일부 시구들인 “향수가 물이랑처럼 꿈틀거린다/ 퍼덕이는 깃발에 이국 정경이 아롱진다/ 지향 없는 곳을 마음은 더듬었다”에서 눈길을 끄는 부분은 지향 없는 곳이 아니라 오히려 물이랑처럼 꿈틀대고 깃발처럼 펄럭이는 시인의 열정이다. 계절의 쓸쓸한 이미지도 “이슬에 젖은 치맛자락”(「가을날」)과 같이 이 시인 특유의 촉각적 감각으로 예민하게 포착해 이것을 멀리 사라져가는 기차 소리로 병치시킴으로써 이별과 스러짐의 정서를 맑게 여과시켜낸다. 이는 대상과 거리를 조정함으로써 독자에게 미감美感을 전달하는 토대가 된다.

## 영혼의 수직적 상승

보리밭 푸른 물결을 헤치며
종달새 모양 내 마음은
하늘 높이 솟는다.

오월의 창공이여!
나의 태양이여!

그러나 화려한 계절과 대비되는 인간의 이러한 외로운 상념들은 이 시의 종결부에서 무지개의 빛깔로 풍요롭게 확장된다. 찬란한 계절 앞에서 오히려 "무색하고", "외로운" 시인의 마음은 "기인 담"과 "외진 길"로 표상되는 번민의 터널을 통과하여 드디어는 무지개가 되어 먼 하늘에 높다랗게 피어나고 있는 것이다. 보리밭(식물)의 물결과 가볍게 날아오르는 종달새(동물) 그리고 내 마음(인간)을 하늘로 솟구치게 하는 무지개가 하늘과 땅을 이으며 수직적 상승의 움직임을 이끌고 있다. 그리하여 이 시에서 우주의 생명 있는 모든 것들은 높이 고양된다. 가볍고 따뜻하고 부드러운 존재들이 위로, 위로 상승하는 움직임과 존재의 내면에서 밖으로 개방되는 것, 오월의 창공과 태양을 찬미하는 부르짖음은 약동하는 느낌들과 강렬한 어조에 의해 이 시의 분위기를 활력 있게 이끌어나가고 있다.

# 건들 장마

박용래

건들 장마 해거름 갈잎 버들붕어 꾸러미 들고 원두막 처마밑 잠시 섰는 아이 함초롬 젖어 말아올린 베잠방이 알종아리 총총 걸음 건들 장마 상치 상치 꽃대궁 백발의 꽃대궁 아욱 아욱 꽃대궁 고향 사람들 바자울 세우고 외넝쿨 거두고.

# 4

# 여름비의 리듬과 낙천적 흥취

## 박용래 「건들 장마」

### 아이와 비, 'ㅇ' 음의 경쾌함

시인 박용래는 도회적이고 인공적인 소재보다 자연적인 소재, 그리고 새와 바람, 풀꽃, 풀벌레 등의 향토적이고 전원적인 소재를 통해 농촌의 맑고 평화로운 풍경을 보여주며 독자를 그리운 유년의 세계로 이끈다. 그의 시에서 독자는 사계절 불어오는 바람이 똑같은 바람이 아니라 앵두바람, 살구바람, 아카시아·밤꽃·싸리꽃 바람 등 꽃피는 계절마다 제각기 달라지는 바람의 이름을 만나며 계절마다 섬세하게 달라지는 바람의 무게를 가늠하게 된다. 그리하여 독자는 알게 모르게 계절의 변화에 반응하는 우리의 일상을 떠올린다. 계절별로 피는 꽃을 보고 먹거리를 생각하며, 바람의 습도를 보고 기후를 예측하던 전통적이고 일상적이던 삶의 양식이 때로는 애잔하게, 때로는 흥겹게 그려지는 것이다.

「건들 장마」는 여름비의 생동감을 전하는 시로, 갑자기 오는 비를 피하려 원두막 처마 밑에 서 있는 아이의 모습을 통해 여름 풍경을 생생하게 전하고 있다. 잠깐 잠깐씩 해가 비추었다가 내리는 '건들' 장마는 건달의 건들대는 듯한 이름과 더불어 웃음을 자아낸다. 게다가 갑작스럽게 비를 만나 원두막 밑에 들어가 선 아이의 모습도 여간 정겨운 것이 아니다. 바깥에서 신나게 잘 놀다가 해가 질 때가 되어서야 주섬주섬 갈잎에 버들붕어 꾸러미를 들고 집으로 가는 아이의 모습에서는, 작열하는 아스팔트 위에서 뛰어놀 공간조차 없이 학원 버스를 기다리는 요즈음의 아이들이 갖지 못하는 여유를 읽어낼 수 있다. 아이의 모습에서는 얼른 비가 그쳐서 집에 가야겠다는 조급증은 별로 드러나지 않는다. 아이가 들고 있는 "갈잎 버들붕어 꾸러미"는 그 자체로 가볍고 맑은 이미지를 환기하고 있다. 비에 젖은 아이에게서 풍기는 연한 땀 냄새와 갈잎의 냄새, 버들붕어가 환기하는 물과 식물의 이미지를 수채화처럼 펼쳐 보인다. 그리하여 사람들의 "총총 걸음"과 "배잠방이 알종아리" 내놓고 비 멎기를 기다리는 아이의 모습, 그리고 "바자울 세우고", "외넝쿨 거두"는 마을 사람들의 움직임이 한데 엉키며 리듬감을 타게 되는 것이다. 이 리듬감은 '장마' 앞에 붙은 '건들'이 주는 들썩이는 듯한 이미지와 합쳐지면서 시 전체의 리듬에 영향을 주고 있다. 특히 구두점도 없이 어디에서 끝날지 모르게 한 줄로 이어지는 문장에서 건들장마의

'건들건들' 하는 모습이 쉽게 연상된다.

이 시에서는 "장마", "붕어", "베잠방이", "알종아리", "상치", "꽃대궁" 등 유난히 'ㅇ' 음이 많이 사용되고 있다. 시인은 음상 자체가 경쾌하고 동그랗고 밝은 분위기를 연출해주는 'ㅇ' 음을 반복해서 활용할 뿐 아니라, 이 중에서도 "베잠방이", "알종아리", "꽃대궁" 등 둥근 이미지를 환기하는 시어를 의도적으로 배치함으로써 전체적으로 통통 튕기는 듯한 분위기를 드러낸다. 또한 "상치 상치 꽃대궁 백발의 꽃대궁", "아욱 아욱 꽃대궁 백발의 꽃대궁" 등의 시어의 반복도 시의 리듬감에 기여하며 속도감을 부여한다. "베잠방이"를 "함초롬" 말아 올렸다는 수식이나 "알종아리", "총총 걸음" 등 시어의 울림 역시 이 시를 빛나게 하고 있다. 이 울림의 중심에 놓인 것은 오두막 한가운데 서 있는 아이이다. 아이는 총총 걸음으로 장맛비 내리는 빗속을 상치밭, 꽃대궁이 놓인 꽃밭을 지나, 원두막으로 걸어갔을 것이다. 시인은 의도적으로 "총총 걸음" 뒤에 "건들 장마"를 배치시킴으로써 건들한 걸음, 총총 걸음을 연상하게 만든다.

버들붕어 꾸러미를 들고 원두막에 선 아이는 그 자체로 자연물이 된다. 강물 속에서 열심히 헤엄쳤을 붕어와 함께 선 아이는 충만한 자연 속에서 알이 꽉 찬 토란처럼, 외넝쿨처럼 '토실한 알종아리'를 한 채 서 있다. 장마의 강렬한 에너지와 빛나는 햇살, 그리고 밭 한가운데의 오두막에서 자라는 아이가 함께 충만하게 어우러지는 것이다. 이 생동감 가득한 분위기는 비를 맞아 한 번에 쑥쑥 자라는 식물들과, 때를 놓치지 않으려 나름대로 바쁘게 움직이는 사람들의 움직임을 대비적으로 묶으며 조화로운 풍경을 완성하고 있다 하겠다.

## 비틀걸음과 몸의 언어, 시각적 환기력

여름비는 건들장마를 시작으로 여우비와 소나기로 이어진다.

오락가락
여우비
박쥐우산
주막집에
맡기고
비틀걸음
비
틀
걸
음
삼십 리
또 몇 리
쪽도리꽃
보고 지고
쪽도리꽃

보고 지고

「여우비」 부분

금세 비를 내려 퍼붓다 언제 그랬냐는 듯 시치미를 뚝 떼는 푸른 하늘을 보며, 사람들은 여우가 시집가는 날이라고 이야기한다. 그리고 그런 날 내리는 비를 '여우비'라고 일컫는다. 여우가 환기하는 변덕스러우면서도 밉지 않은 유쾌함과 더불어, 시는 이러한 '여우비'라는 제목과 어울리는 짧은 행 구성을 특징적으로 보여준다.

비가 조금씩 오다 말다 하는 날씨처럼 각 행은 3~4음절, 혹은 1음절로 짧게 처리되어 있다. 시인은 이러한 행의 구성을 통해 간헐적으로 내리는 여우비의 모습과 술을 마시고서 "비틀걸음"으로 걸어가는 화자의 모습을 중첩시킨다. 특히 "오락가락"하는 비와, "박쥐우산"의 대비는 자연물(비)과 인공물(우산)의 대비를, 그리고 이들을 공통적으로 묶어주는 동물항의 명칭('여우'/ '박쥐')을 통해 해학적 효과를 불러일으킨다. 비를 피하려고 우산을 가지고 오지만, 주막집에 다녀오는 화자의 마음은 이미 "오락가락"하는 비를 당해내기에는 역부족이다. "오락가락"이라는 시어와 "주막집", 그리고 "비틀걸음"은 날씨의 변덕스러움과, 얼큰하게 취한 화자의 마음과 그 걸음걸이를 자연스럽게 연결하며 웃음을 자아낸다. 여기에서 특히 두드러지는 것은 이러한 동일화의 과정을 형태상으로 표현한 시의 기법이다.

비틀걸음
비
틀
걸
음

1음절로 이루어진 "비/ 틀/ 걸/ 음"이 보여주는 행의 형상은 수직적으로 쏟아지는 비의 움직임과 갈지자로 걷는 화자의 움직임을 중첩시킨다. 의도적인 줄바꿈은 발걸음을 뗄 때의 시간적 차이와 더불어 공간적 거리를 시각적으로 드러내고 있는 것이다. 이러한 1음절의 행들은 3~4음절로 이루어진 다른 행들과 구별되면서 적절한 시각적 환기력을 불러일으켜 독자로 하여금 시적 대상 자체로 집중하도록 유도한다. 또한 한 단어를 행을 달리하며 분절시킴으로써 통사상 동일한 호흡 단위를 나타내는 연속의 리듬과 1음절씩 강조되는 발음으로 나타나는 단절의 리듬을 동시에 보여주는 것이다.

한편 시인의 시선은 "오락가락" 오는 "여우비"의 모습에서 "박쥐우산/ 주막집에/ 맡기고/ 비틀걸음"으로 가는 화자의 모습으로, 그리고 다시 "쪽도리꽃"으로 이동하고 있다. 이러한 시선의 이동은 곧 사람을 홀리는 요소를 공통항으로 갖는 "여우", '술', "쪽도리꽃"과 내용적으로 연관되면서 집중적인 이미지 구조를 만들어낸다. 화자는 지금 술에 취해 "비틀걸음"으로 오락가락 내리는 여우비를 맞으며 "삼십 리/ 또 몇 리"를 걸어가고 있다. 삼십 리 또는 몇 리인지도 모를 거리를 걸으며

"쪽도리꽃"에 대한 그리움을 토로한다. 여기서 "쪽도리꽃"은 족두리를 쓴 여자, 곧 피어나는 꽃처럼 화사한 신부를 환기시킨다. 여우비가 여우가 시집가는 날을 연상시키는 것과 동일한 연상 작용이 일어나는 것이다. 여우에게 홀리듯, '취생몽사醉生夢死'의 몽롱함에 빠져들 듯, 그리고 신부의 아름다움에 취하듯, 꽃향기에 취하듯, 화자는 "비틀걸음"으로 현실과 환상의 경계를 오가며 어딘가를 향해 정처 없이 걸어가고 있는 것이다.

## 여름비와 운동성, 빠른 리듬

누웠는 사람보다 앉았는 사람 앉았는 사람보다 섰는 사람 섰는 사람보다 걷는 사람 혼자 걷는 사람보다 송아지 두, 세 마리 앞세우고 소나기에 쫓기는 사람.

「소나기」

「여우비」가 현실과 환상의 경계에서 비틀대는 화자의 느릿한 걸음을 보여주었다면, 「소나기」에서는 빠른 속도감을 통해 시선을 집중하게 한다. "누웠는 사람" → "앉았는 사람" → "섰는 사람"이라는 단순한 나열이 한 편의 시를 구성하고 있는 이 시는 그 짧은 길이와 그 속에 숨어 있는 시인의 위트, 유머 감각이 독자로 하여금 웃지 않을 수 없게 한다. 시에서 두드러지는 것은 위에서도 지적했듯 바로 속도감이다. 이 속도감은 점층적으로 비슷한 상황을 다르게 변주·확대해 배치하는 기법과 더불어, '누웠는', '앉았는', '섰는' 등으로 본디의 '누워 있는', '앉아 있는', '서 있는' 등의 시어를 축약하는 어법을 통해 강렬하게 드러난다. 이 축약된 어휘는 사투리와도 같은 음상을 통해 토속적인 질감을 자아낸다 하겠다.

"누웠는 사람"에서 "소나기에 쫓기는 사람"으로 갈수록 템포tempo는 빨라지며 긴장감은 고조된다. 특별히 서술어가 생략된 채 반복되는 '~는 사람보다 …는 사람'은 리듬감을 자아내며 이 시를 한 편의 노래처럼 만든다.

재미있는 것은 이 짧은 시에서도 의미 구조를 둘로 나누어 생각해볼 수 있다는 점이다. "누웠는 사람"에서부터 "걷는 사람"까지가 운동의 방향이 어떻게 변화하는가를 드러내 보였다면("누웠는 사람보다 앉았는 사람 앉았는 사람보다 섰는 사람 섰는 사람보다 걷는 사람"), 다음 구조인 "혼자 걷는 사람"에서 "소나기에 쫓기는 사람"까지의 서술은 운동의 주체가 어떻게 변화하는가를 드러내고 있기 때문이다("혼자 걷는 사람보다 송아지 두, 세 마리 앞세우고 소나기에 쫓기는 사람").

전자에서 화자는 바닥("누웠는")에서 일어나 앉고("앉았는"), 지면을 디디고 서고("섰는"), 다시 이 선 자리에서 걷는 데까지 수직적인 움직임을 보여주었다. 그러나 이 수직적인 움직임을 멈추지 않게 하는 것은 마지막의 "걷는 사람"이라는 시어이다. 화자는 수직적인 위치의 변환을 운동성의 변환으로 바꾸게 된다. 이 전환을 자연스럽게 연결하는 것이 바로 "걷는 사람"이라는 시어이다. 그러나 시인은 단순히 "걷는 사람"

을 곧장 '달리는 사람' 등으로 변화시키지 않는다. 바로 여기에서 엇박의 변주를 주는 시인의 유쾌한 상상력이 드러나는 것이다.

시인은 "걷는 사람"을 "혼자 걷는 사람"으로 변화시킴으로써 기계적으로 '달리는 사람'으로 연결시키려는 독자의 움직임을 막는다. 혼자 걷는 대신, 움직이는 주체를 변화시키는 방법으로 전환함으로써 짧은 시 한 편에서조차 변화를 준 것이다. 그리하여 "걷는 사람" 뒤에 "송아지 두, 세 마리 앞세우고 소나기에 쫓기는 사람"을 오게 한 데서 시인 박용래의 개성이 드러나며, 시인과 독자는 엄숙함을 넘어서는 친근하고 가까운 만남을 갖게 된다. 또한 마지막 서술 부분인, "소나기에 쫓기는 사람"을 보며 다시 한번 시 전체를 읽고 상황을 음미할 수 있는 기회를 갖게 된다. 소나기가 내리는 바람에, 밭에 송아지 두어 마리를 내버려 두고 게으르게 누워 있던 사람이 황급히 비를 피하려 달려가는 모습을 떠올리게 되기 때문이다. 세찬 소나기의 기세와 엄마 소가 아닌 어린 송아지의 가냘픈 몸이 대조되면서 그들을 데리고 가는 농부의 허둥지둥하는 마음이 읽힌다. 이 마지막 서술을 통해, '–사람 보다 –'으로 묶인, 각기 다른 모습으로 그려진 움직임이 동시다발적인 여러 가지의 움직임이 아니라 연속적인 한 사람의 동작으로 연결되는 과정임을 알게 된다. 그리하여 독자는 의미의 변주와 통합이 주는 리듬감에서 또 다른 미감을 느끼게 되는 것이다.

이 시는 소나기에 쫓기는 재미있는 상황을 객관적이고 담담하게 내포적 화자를 통해 제시하고 있어 그 독특한 효과를 더욱 살리고 있다. 행의 구분이 없이 이어 쓴 산문시는, 시가 지면상에서 차지하는 종적從的 공간을 좁게 하여 시각적으로 빽빽한 느낌을 준다. 쏟아지는 '소나기'라는 제목에 걸맞은 형태를 드러내며 시의 독특한 효과에 기여하고 있다. 또한 전체적으로 서술어가 생략되어 있어 점층적으로 읽어 나아갈수록 궁금증을 더하는 동시에, 마지막에 툭 대답을 던지면서 독자로 하여금 웃음 짓게 만드는 것이다. 박용래의 시에서 자주 쓰이는 명사형 종결어미는 시적 자아의 감정적 개입을 막으며 대상 자체만을 부각함으로써 여운이 주는 미학적 효과를 제대로 누리고 있다.

무엇보다 그의 시가 지니는 개성은 시적 화자를 감춘 채 소묘와도 같은 여백의 풍경으로 시의 공간과 의미를 극대화하는 방식을 통해 드러난다. 박용래는 자신의 목소리를 감춘 채 암시적이고 내포적인 함축적 화자들을 즐겨 사용함으로써 시적 사물들 사이의 공간을 한껏 열어둔다. 그리고 이렇게 열린 공간은 독자의 상상력이 시적 풍경과 어울려 의미를 이루는 공간이 된다. 시인이 펼쳐놓은 한 편의 아름다운 정경, 마치 동양화의 여백 같은 풍경 속에서 독자는 잊고 있던 생의 감각과 잃어버린 시간의 기억들이 천천히 일깨워지는 것을 경험한다. 자연의 한 정경을 극대화해 묘사하는 객관적인 어법, 함축적 여운으로 촉발되는 상상과 함께 시 안에 젖어 들듯 들어서게 된다.

# 가을

김현승

봄은
가까운 땅에서
숨결과 같이 일더니

가을은
머나먼 하늘에서
차가운 물결과 같이 밀려 온다.

꽃잎을 이겨
살을 빚던 봄과는 달리
별을 생각으로 깎고 다듬어
가을은
내 마음의 보석을 만든다.
눈동자 먼 봄이라면
입술을 다문 가을

봄은 언어 가운데서
네 노래를 고르더니
가을은 네 노래를 헤치고
내 언어의 뼈마디를
이 고요한 밤에 고른다.

# 5

# 고독을 이기는 시간의 뼈마디

김현승 「가을」

## 관념과 등가적 이미지의 형상화

김현승은 엄격한 기독교 집안에서 태어나 일찍부터 서구적 생활환경에 익숙해 있었으며, 절제된 생활을 미덕으로 삼았다. 종교적 분위기는 그에게 정돈된 의식과 냉철한 지성을 지니게 하였으며, 그의 이러한 전기적 바탕은 시작詩作에도 많은 영향을 끼친 듯하다.

서구의 모더니즘적 성향이 짙은 김현승은 윤동주, 박두진 등과 더불어 흔히 기독교적 세계를 바탕으로 한 시인으로 설명된다. 그것은 그의 시가 소멸성과 영원성의 교차를 통해 이원적 세계를 구축하고 있기 때문이다.[1]

사상적 깊이와 더불어 김현승 시의 또 다른 특징은 언어에 의한 관념의 육화에 있다. 관념의 육화는 주로 이미지의 형태로 드러나는데 그의 시 속에 등장하는 무수히 많은 이미지들은 언어의 강한 절제의식에 의해 산만해지거나 흐트러짐 없이 의미와 아름다움을 구현하고 있다. 그의 시가 주로 관념을 대상으로 하고 있음에도 불구하고 시적詩的 미감美感을 획득하고 있는 것은 관념에 대한 적절한 등가적等價的 이미지로 시를 형상화하고 있기 때문이다. 즉 그는 추상적인 관념의 세계를 다양한 사물과 결합시켜 조형적 형상으로 구체화한다.[2]

김현승 시에 수용되고 있는 자연은 시인의 주관적 해석과 변형에 의해 형성된 자연으로 동양에서 추구하는 인간의 순응과 동화同化로서의 자연이 아니다. 그는 자연을 자신의 주관 속으로 끌어와 종교적 도덕성이나 사회에 대한 정의감 등에 대한 자신의 지향의식을 밝히고자 한다. 이러한 태도는 그의 시간의식 속에서도 나타난다. 그는 자연이 소멸되어가는 시간(가을, 겨울)을 오히려 사물의 본질이 인식되고 존재의 한계

---

1 권영진, "시詩와 종교적宗教的 상상력想象力(I)", 『숭실어문崇實語文』 제2집, 숭전대학교 국어국문학회, 1985, 83쪽. 권영진 교수는 김현승의 시사적 의의를 다음과 같이 지적하고 있다. "김현승의 시사적 의의는 인간존재의 유한성과 소멸성에도 불구하고 그것으로 하여 본질적이며 영원한 세계를 지향하는 초월적 정신의 시적 형상화로 기독교적 상상력의 소산이란 점에서 우리 현대시에 사상적 깊이와 형이상시의 가능성을 보여주었다는 점에서 의의를 찾을 수 있다."

2 김우창, 『지상地上의 척도尺度』, 1981, 248-249쪽. 김우창 교수는 김현승 시의 특징을 사물과 언어의 절묘한 결합에서 이루어진다고 설명하고 있다. "다형의 시의 가장 주목할 만한 특징은 사물에 대한 투명한 관찰이다. (이것은 정신집중의 최초의 산물이다.) 그러나 이 관찰은 단순히 사물 자체를 면밀하게 기록함으로써 이루어지는 것이 아니다. 그것은 인간이 사물을 정리하는 도구인 관념이나 언어가 사물에 절묘하게 맞아떨어지는 경우에 이루어진다."

가 극복되는 시간으로 해석하고 있다. 자연과 시간에 대한 독특한 인식은 그의 지향성을 잘 나타내며, 자연과 시간에 대한 주관적 변형을 통해서 그의 시세계가 감상이나 절망에 빠지지 않고 건강성을 획득하는 원동력이 되게 함을 알 수 있다.

## 봄과 가을의 이항대립

'가을'의 전체 구조는 봄과 가을의 대응 체계 속에서 찾을 수 있다. 즉 봄과 가을의 이항대립二項對立을 통해서 시인은 자신이 말하고자 하는 가을의 모습과 의미를 뚜렷하게 인식한다.

1 · 2연의 '가까운 땅 · 숨결/머나먼 하늘 · 차가운 물결'은 각기 등가성等價性을 이루고 있는데. 서술어 '일다/밀려오다'의 대립에 의해 밀물 · 썰물의 리듬과도 같이 순환하는 자연의 질서를 구축한다.

김현승은 「가을이 오는 시간時間」, 「가을의 기도祈禱」, 「가을의 시詩」, 「가을 넥타이」 등 가을에 관한 많은 시를 쓰고 있다. 그만큼 가을은 그에게 있어서 비중 있는 소재라 할 수 있다.

가을은 명상의 깊이로 집중되는 시간으로, 가을에 대한 기쁨을 시인은 산문散文에서 다음과 같이 이야기하고 있다.

> 봄에는 가장 아름다운 사람을 만나는 것이 기쁨이 되고, 가을에는 가장 깊은 시를 얻는 것이 나의 기쁨이었다. 이리하여 나는 일생 동안 가을의 외로움이나 슬픔은 모르고 살아왔다. 외로움이 있는 곳엔

가을마다 기도가 있었고, 그 기도에 리듬을 붙이면 시가 되었다.[3]

가을은 시인의 사유가 존재의 핵심에 다다르는 때로서, 가장 깊은 시를 얻게 하는 계절이고, 기도처럼 경건하고 간절한 심정으로 외로움을 승화시키는 시간의 의미를 지닌다.

| 봄 | | 여름 |
|---|---|---|
| 가까운 땅 | / | 머나먼 하늘 |
| (더운) 숨결 | | 차가운 물결 |
| 꽃잎 | | 별 |
| 노래 | | 언어 |

이 시에서 봄과 가을의 계속적인 이항대립을 통해서 김현승의 이원적 세계 인식의 태도를 알 수 있다. 봄과 가을은 육체적인 것과 정신적인 것, 소멸되는 것과 영원한 것의 의미론적 대립을 나타내고 있다. 그러나 여기서 어느 한쪽을 부정적인 것으로 나타내고 있지 않다. 그는 소멸되어가는 지상의 모든 것에 대해 깊은 애정과 아름다움을 부여하고 있다.

꽃잎을 이겨
살을 빚던 봄과는 달리

---

3 김현승, 『김현승산문집金顯承散文集』, 지식산업사, 1977, 52쪽.

별을 생각으로 깎고 다듬어
가을은
내 마음의 보석을 만든다.

3연에서 봄의 꽃잎이 지닌 유연성은 가을의 보석으로 변용되면서 견고성의 세계와 서로 대립하고 있다. 보석은 그 찬연한 빛과 색으로 사물의 본질에 이르고자 하는 항구성恒久性에의 의지를 표상한다. 꽃잎과 살은 유한하게 스쳐 지나가는 아름다움을 지니지만 가을은 '깎고 다듬어' 정제되면서 '보석'으로 결정화結晶化된다. 즉 가을은 유한성을 극복하고자 하는 불멸의 에너지에 의해 지배되고 있다.

김현승은 영원성을 지향하고 있으나 지상의 소멸되어가는 것에 부정적 태도를 표명하고 있지는 않다.

모든 육체肉體는 가고 말아도
풍성한 향기의 이름으로 남는
상傷하고 아름다운 것들이여,
높고 깊은 하늘과 같은 것들이여……

「가을의 향기」 부분

육체의 소멸은 '풍성한 향기'로 남는다. 그러나 그것은 사라진다는 점에서 고통스러운 것이며 그렇기 때문에 더욱 비극적인 아름다움을 지닌다. "상傷하고 아름다운 것"이기 때문에 시인은 사라지는 것에 대한 애착과 미련을 갖는다.

4연에서는 인체에서 그 비유를 빌려오고 있다. "눈동자"와 "입술"이 그것이다. 이러한 비유는 자연과 사람을 연결시켜 외부세계인 자연과 인간의 내면을 결합시킨다. "눈동자 먼 봄"이 육적肉的이고 열정적이라면 "입술을 다문 가을"은 영혼의 차가운 이성의 세계를 표상한다. 그것은 5연에서 확대되어 분방하고 넘쳐나는 감성의 "노래"와 잘 정제된 정신적 "언어"의 대립으로 이어지고 있다.

"입술을 다문 가을"은 바깥을 향한 마음의 문에 빗장을 질러버린 상태이다. 내면의 어둠 속으로 존재를 오무리는 행위는 김현승이 즐겨 쓰는 고독과 연관된다. 고독은 용기이며 실존적 결단으로 삶을 수동적인 연약성으로부터 구해낸다. 그것은 삶의 비극적 상황에 대한 구심적 응축으로 갈등과 고통의 비싼 대가를 치르고 비로소 얻게 되는 힘이다. 이러한 고통은 그의 다른 시에서 "꿈의 쭉지도 청동青銅과 같이 녹슬어"(병病)버리고, "납덩이"(연鉛)를 삼킨 무거운 고뇌로 표상되는 절대고독에 이르러 그는 "더 나아갈 수 없는 나의 손끝에서/ 드디어 입을 다문다 – 나의 시와 함께"라고 고백한다.[4]

---

4 김현승은 자신의 산문집에서 고독을 다음과 같이 이야기하고 있다. "그것은 한 마디로 신을 잃은 고독이다. 내가 지금까지 의지해왔던 거대한 믿음이 무너졌을 때에 허공에서 느끼는 고독이었다. 그러므로 나의 고독은 기독교와 밀접한 관련이 있는 고독이면서도 키에르케고르 등의 고독과 다르다. 키에르케고르는 인간을 고독한 존재로 규정하였지만, 이 고독을 벗어나기 위하여 팔을 벌리고 그리스도를 붙잡으려 하였다. (…) 그러나 나의 고독은 구원에 이르는 고독이 아니라, 구원을 잃어버리는, 구원을 포기하는 고독이다. 수단으로서의 고독이 아니라 나의 고독은 순수한 고독 자체일 뿐

## 단단한 사물의 수렴성

봄은 언어 가운데서
네 노래를 고르더니
가을은 네 노래를 헤치고
내 언어의 뼈마디를
이 고요한 밤에 고른다.

이 시의 마지막 연의 중심 이미지는 "언어의 뼈마디"로, 살아 있는 힘의 핵심을 의미한다. 마르고 앙상한 뼈가 버티고 있는 중추의 의식은 김현승 시의 중요한 지향점이다. 살이 지니는 물기와 기름기를 제거함으로써 존재의 가장 중요한 실체를 드러내는 것이다. 그러므로 이 시인이 가을에 선택한 "언어의 뼈마디"는 가장 똑바르고 본질적이며 확실한 힘을 지닌 언어가 되는 것이다. 뼈의 이미지가 주는 질감은 단단함에 있다. 단단함은 김현승 시에 나타나는 이미지의 가장 독특한 특징이다.[5]

많은 시들이 이러한 이미지를 거느리고 있는데 그 가운데서 몇 편

---

이다."

5 김종길, "견고에의 집념", 『창작과 비평』, 1968, 여름호, 356쪽. 김종길 교수는 김현승 시에 나타난 이미지의 성격을 아래와 같이 지적하고 있다.
"그의 시에는 단단한 물체를 가리키는 말들이 많이 눈에 뜨인다. 앞에서 든 것들 중에서도 '창', '첨탑', '포도鋪道', '파편' 등이 그러하지만 그 밖에도 '보석', '에메랄드', '마른 나뭇가지', '열매'나 '씨', '새의 부리'나 '주둥이', '금속(성)', '(발)부리', '무기', '빵(떡)'과 같은 말을 그는 즐겨 쓰고 있다. 게다가 그의 시에는 '마른', '모진' 및 '여위어 간다'와 같은 형용사나 동사가 자주 눈에 뜨인다."

예를 들면 다음과 같다.

뜨거운 햇빛 오랜 시간時間의 회유懷柔에도
더 휘지 않는
마를 대로 마른 목관악기木管樂器의 가을
그 높은 언덕에 떨어지는
굳은 열매

「견고한 고독」 부분

그것은 탄소炭素빛 탄식들이 쌓이고 또 쌓이어
오랜 기억의 바닥에 단단한 무늬를 짓고.

그것은 그 차거운 결정結晶 속에
변함 없이 빛나는 애련한 이마아쥬

「보석」 부분

질긴 고기를 가래어 찢는
네 모진 이빨로 말하는
너의 시가 나를 깨문다.

네 영혼을
칼 위에 세우고
머뭇거리는 네 영혼을 몰아
칼날 위에 세우고,

「치아齒牙의 시詩」 부분

"마를 대로 마른 목관악기", "굳은 열매", "차거운 결정結晶", "모진 이빨", "칼날" 등은 그 내면에 더 이상 다른 사물이 공격해 들어갈 수 없는 저항력을 지니고 있다. 그는 단단한 사물의 수렴성을 선택함으로써 비극적 삶의 모든 무기력을 제거해버리고 스스로의 자발성으로 나아간다. 이는 우리들 삶을 둘러싸고 있는 형체를 알 수 없는 비참함을 벗어나기 위한 꿈의 응축인 것이다. 깎고 다듬어 마련되는 시적 정수精髓, 감성의 혼돈을 차갑고 모질게 몰아세우는 정돈감, 이러한 특성들은 대상들을 논리화하여 인식한 결과이다. 유약한 상상력의 세계에서는 존재할 수 없는 이러한 이미지들은 결코 절망이 아닌 김현승의 시세계를 지탱하는 역동적 효과를 나타내고 있다.

# 고대苦待

한용운

당신은 나로하야금 날마다날마다 당신을 기다리게합니다.

해가저무러 산그림자가 촌집을덮흘째에 나는 기약期約없는기대期待를 가지고 마을숩밧게가서 기다리고 잇습니다.

소를몰고오는 아해들의 풀입피리는 제소리에 목마침니다.

먼나무로도러가는 새들은 저녁연긔에 헤엄침니다.

숩들은 바람과의 유희遊戲를 그치고 잠잠히섯슴니다. 그것은 나에게 동정同情하는 표상表象임니다.

시내를짜러구븨친 모래ㅅ길이 어둠의품에안겨서 잠들째에, 나는 고요하고아득한 하늘에 긴한숨의 사러진자최를 남기고, 게으른거름으로 도러옴니다.

당신은 나로하여금 날마다날마다 당신을 기다리게합니다.

어둠의입이 황혼黃昏의엷은빗을 삼킬째에, 나는 시름업시 문밧게서서 당신을 기다림니다.

다시오는 별들은 고흔눈으로 반가은표정表情을 빗내면서, 머리를조아다투어 인사합니다.

풀새이의 벌레들은 이상한노래로, 백주白晝의 모든생명生命의 전쟁戰爭을 쉬게하는 평화平和의밤을 공양供養합니다.

네모진적은못의 연蓮닙위에 발자최소리를내는 시럽슨바람이 나를 조롱嘲弄할째에 나는 아득한생각이 날카로은원망怨望으로화化합니다.

당신은 나로하야금 날마다날마다 당신을기다리게함니다.

일정一定한보조步調로거러가는 사정私情업는시간時間이, 모든희망希望을 채찍질하야 밤과함께 모러갈째에, 나는 쓸쓸한잠자리에 누어서 당신을 기다림니다.

가슴가온대의저기압低氣壓은 인생人生의해안海岸에 폭풍우暴風雨를 지어서, 삼천세계三千世界는 유실遺失되얏슴니다.

벗을일코 견듸지못하는 가엽슨잔나비는 정情의삼림森林에서 저의숨에 질식窒息되얏슴니다.

우주宇宙와인생人生의근본문제根本問題를 해결解決하는 대철학大哲學은 눈물의삼매三昧에 입정入定되얏슴니다.

나의「기다림」은 나를찻다가 못찻고 저의 자신自身까지 이러버렷슴니다.

# 6

# 우주의 대철학과 기다림의 삼매三昧

## 한용운 「고대苦待」

### 님과 나의 변화하는 관계

만해 한용운이 한국 시사에 남긴 족적은 크고도 깊다. 그의 시는 구체성과 추상의 세계, 일상과 철학, 서정성과 형이상학의 영역을 아우르고 있다. 승려이며 시인이며 독립운동가라는 전기적 면모는 정신세계의 넓이와 깊이를 만드는 현실적 바탕이 된다. 그런데 이 다채로운 면모들은 분리되어 있지 않고, 항상 하나의 일관된 흐름 안에서 자유롭고 유연한 운동성을 보여준다. 구체적 사물이 자연스럽게 추상의 관념으로 변전하는가 하면, 서로 다른 양극을 오가는 시인의 현란한 행보는 어느덧 모순을 전혀 다른 질서로 이끌어내기도 한다. 지속적인 운동과 변전이야말로 존재의 근본적인 속성이라는 불교의 통찰은 한용운의 시

세계 속에서 매우 극적으로 실현된다.

일찍이 조지훈은 "혁명가와 선승과 시인의 일체화-이것이 한용운 선생의 진면목이요, 선생이 지닌 바 이 세 가지의 성격은 마치 정삼각형과 같아 어느 것이나 다른 양자를 저변으로 한 정점을 이루었다."며 만해 사상의 중층성과 통합성을 언급한 바 있다. 1920년대라는 역사적 시공간은 다양한 의미에서 불일치의 시대였다. 주권의 침탈이라는 민족사적인 모순의 상황은 물론 발 빠른 근대주의와 부서지는 전통의 시대가 길항했으며 그 속에서 개인들의 삶 역시 상반되는 충동에 흔들려야만 했다. 한용운의 시는 그런 모순과 충동 속에서 방향을 찾고, 그것을 향해 변전해가는 생생한 모색의 과정이다. 그리하여 만해 특유의 역설적 언술들은 초월의 논리로만은 설명되지 않는다. 사랑과 미움, 웃음과 울음을 포괄하는 역설의 언술은 1920년대라는 현실에 대응하는 열정적 삶이며 시인이자 운동가이자 승려인 만해 자신의 존재론의 장이기도 하다.

만해는 이 세상을 초월한 완벽함보다 기쁨과 더불어 고통도 감수해 나가야 하는 인간의 실존에 더 큰 의미를 부여한다. 그리하여 그의 시에는 초월적인 경지를 향한 열망과 동시에 그것과 상반되는 매우 절망적인 측면 역시 담겨 있다. 그도 인간인지라 '님'을 추구하는 시집 『님의 침묵』의 시적 화자는 일반인들이 애인과의 관계 속에서 취하는 것과 같이 상황에 따라 시시때때로 변화무쌍한 감정의 파동을 보여준다. 그의 '님'과 '나'와의 관계는 고정되어 있지 않고 끊임없이 요동치며 변화하고 있는 것이다.

우리는 항시 무엇인가를 기다리면서 산다. 생각해보면 유한한 존재인 인간에게 산다는 것은 희구하는 것의 완성을 기다리다 끝나고 마는 것이 아닌가. 이러한 생각은 문득 우리를 쓸쓸하게 만든다. 그 쓸쓸함이 때로는 우리의 관심을 죽음 저편의 나라로 향하게도 한다. 대스승 만해조차도 이러한 인간적 번뇌 속에서 괴로워하는 모습을 보여주고 있다.

시 「고대苦待」는 시집 『님의 침묵』의 맨 마지막에 실려 있다. 그의 인간적 면모를 두드러지게 보여주는 이 작품은 기다려도 오지 않는 님에 대한 원망과 슬픔을 곡진하게 그려낸다. 이 시를 통해 우리는 이별을 만남으로, 죽음을 재생으로 전환시키기 위해 "타고 남은 재가 기름이 되는"(「알 수 없어요」) 희망의 불씨를 끝까지 품었던 불멸의 스승 만해 한용운의 초월적 페르소나 이면에 기다리는 시간의 초조함과 갈등 그리고 아픔을 진솔하게 토로하는 인간적 목소리가 병존하고 있음을 발견하게 된다.

## 기약 없는 기대와 회의, 원망, 슬픔의 형상화

시 「고대苦待」는 전체가 제목 그대로 고통스러운 기다림이다. 각 연의 첫 행이 "날마다날마다" 기다리는 마음의 상태를 동일한 문장으로 반복하면서 강조하듯, 시적 화자는 당신을 기다리고 또 기다린다. 시의 처음부터 마지막까지 애타게 기다리지만 시가 진행되는 동안 시간이 흐르고 공간이 이동함에 따라 화자의 기다림은 자신도 모르게 조금씩 다른 감정으로 변화하는 양상을 보인다. 쓸쓸한 화자의 심정은 잠잠히 서 있는 숲(1연), 실없는 바람(2연), 저의 숨에 질식된 잔나비(3연)로 이어지면서 모든 우주의 기운이나 사물들조차 고통으로 치닫게 한다. 이렇듯 시공간의 변화와 시적 화자의 감정들은 한 연에서 다음 연으로 넘어가면서 점층적으로 심화되고 있다.

당신은 나로하야금 날마다날마다 당신을 기다리게함니다.

해가저무러 산그림자가 촌집을덥흘째에 나는 기약期約업는기대期待를가지고 마을숲밧게가서 기다리고잇숨니다.

소를몰고오는 아해들의 풀입피리는 제소리에 목마침니다.

먼나무로도러가는 새들은 저녁연긔에 헤엄침니다.

숩들은 바람과의 유희遊戱를그치고 잠잠히섯슴니다. 그것은 나에게 동정同情하는 표상表象임니다.

시내를짜러구븨친모래ㅅ길이 어둠의품에안겨서 잠들째에, 나는 고요하고아득한 하늘에 긴한숨의 사러진자최를 남기고, 게으른 거름으로 도러옴니다.

1연의 시간적 배경은 "해가저무러 산그림자가 촌집을덮흘째", 즉 황혼 무렵이다. 화자는 마을 숲 밖에 서서 당신을 기다린다. 화자가 숲 밖에까지 나가서 기다리는 이유는 당신이 올 것이라는 "기약없는 기대"를 가지고 있기 때문이다. 그러나 아무리 기다려도 당신은 오지 않는다. 저녁이 되어 소를 모는 아이들이 풀잎피리 소리를 내며 마을로 돌아오고, 새들은 저녁 연기에 헤엄치듯 제 보금자리로 들아간다. 이렇듯 사람도 짐승도 귀소歸巢하는 시간, 화자는 오지 않는 당신을 하염없이 기다리고 서 있다. “기약없는 기대”라는 구절을 통해 짐작할 수 있듯이 화자는 당신이 올 것을 확신할 수도 없다. 그리하여 플잎피리 소리와 저녁 연기가 만들어주는 황혼 녘의 아스라한 분위기와 집으로 돌아가는 만물들의 모습은 화자에게 가슴이 먹먹해지는 불안감과 슬픔을 느끼게 한다.

“숲들은 바람과의 유희를그치고 잠잠히 섯습니다”에서 바람은 화자와 당신을 이어주는 매개항이다. 여기서 당신과 나의 사랑은 숲이 바람과 유희를 나누는 것과 대칭을 이룬다. 그러나 마침내 바람까지 그쳐버린다. 사람들과 짐승들이 집으로 돌아가고 바람도 그친 숲속에서 화자는 홀로 남겨진다. 그리하여 서글픈 심정이 심화되고 화자는 자신 앞에 잠잠히 서 있는 숲의 모습을 자신을 동정하는 몸짓으로 느끼게 된다.

이렇듯 이 1연의 분위기는 전체적으로 기다리는 마음의 안타까움과 슬픔으로 젖어 있다. 시인은 이러한 애상적인 정조를 감각적인 이미지로 표현해냄으로써 서정시 본연의 미학성을 확보한다. “기약없는 기대”의 운맞춤과 “제소리에 목마”치는 “풀입피리” 소리, “저녁연긔에 헤염”치는 새들의 귀환, “어둠의품에안겨서” 잠드는 “모래ㅅ길”의 풍경 등이 형성하는 아득한 미감은 독자로 하여금 서정시 본연의 아름다움에 젖어들게 한다.

화자는 한없이 기다린다. 그러는 동안 시간은 자꾸 흘러 시내를 따라 굽이친 모랫길이 어둠의 품에 안길 때가 된다. 그러나 당신은 끝내 나타나지 않는다. 결국 화자는 고요하고 아득한 밤하늘에 긴 한숨을 토하고는 집으로 발길을 돌린다. 그런데 몸과 마음이 지쳐 집으로 돌아오면서도 화자는 당신이 돌아올 것이라는 기대를 완전히 버리지 못한다. 이는 일부러 게으른 발걸음으로 천천히 돌아오는 화자의 모습에서 여실히 드러난다. 당신에 대한 미련이 남아 조금이라도 집에 오는 시간을 지연시키고 있는 것이다. 이러한 미련이 화자가 집에 와서도 다시 문 밖에 서서 당신을 기다리게 만든다.

> 당신은 나로하여금 날마다날마다 당신을기다리게합니다.
>
> 어둠의입이 황혼黃昏의엷은빗을 삼킬때에, 나는 시름업시 문밧게서서 당신을 기다립니다.
>
> 다시오는 별들은 고흔눈으로 반가은표정表情을 빗내면서, 머리를조아다투어 인사합니다.
>
> 풀새이의 벌레들은 이상한노래로, 백주白晝의 모든생명生命의전쟁戰爭을 쉬게하는 평화平和의밤을 공양供養합니다.
>
> 네모진적은못의 연蓮닙위에 발자최소리를내는 시럽슨바람이 나를 조롱嘲弄할때에 나는 아득한생각이 날카로은원망怨望으로화化합니다.

2연의 시간적 배경은 "어둠의입이 황혼의엷은빗을 삼킬 때"로 완전히 어두워졌을 때이다. 마을 숲 밖에서 기다리던 화자는 이제 문 밖에 서서 당신을 기다린다. 황혼 무렵에는 만물이 보금자리로 돌아가는 상황이 그려졌다면, 완전히 밤이 되어서는 별들과 벌레들이 평화로운 밤을 공양하는 상황이 그려진다. 밤이 되어 다시 세상으로 나온 천상의 별들과 지상의 벌레들은 모두 화자를 위로하며 밤을 지극히 평화롭게 만든다. 그러나 시름없는 기다림에 마음이 타들어가는 화자에게 자신을 둘러싼 것들의 아름다움을 느낄 만한 정신적인 여유는 없다. 때문에 밤의 고요하고 아름다운 모습은 화자에게 애상적인 기분을 더욱더 느끼게 할 뿐이다.

마을 숲 밖에서 잠잠해졌던 바람이 연잎 위에 발자취를 내며 다시 인다. 이 '실없는 바람'으로 인해 화자는 짧은 순간 놀라움과 반가움을 느낀다. 그러나 그것이 바람의 자취인 것을 깨닫는 동시에 화자는 이내 더 큰 절망감을 맛보게 된다. 바람의 조롱이 당신을 그리는 아득한 마음을 날카로운 원망으로까지 변하게 만들어버린다. 어떤 것에 대한 그리움이 지나치면 그것에 대해 야속함을 느끼게 되고 그로 인해 원망하는 감정까지 생기는 것은 당연하다. 그리하여 1연의 긴 한숨은 긴 기다림으로 인한 날카로운 원망으로 발전하게 되는 것이다. 화자와 당신을 이어주는 바람은 2연에서는 말 그대로 실없는 바람이다. 바람은 그리운 이의 발자취 소리를 내고는 그래서 더욱더 화자로 하여금 그를 생각하게 하고 짧은 순간이나마 그를 만나는 반가움을 느끼게 해주고는 그냥 사라져버리는 것이다.

당신은 나로하야금 날마다날마다 당신을기다리게합니다.
일정一定한보조步調로거러가는 사정私情업는시간時間이, 모든희망

希望을 채찍질하야 밤과함께 모러갈때에, 나는 쓸쓸한잠자리에 누어서 당신을 기다립니다.

가슴가온대의저기압低氣壓은 인생人生의해안海岸에 폭풍우暴風雨를 지어서, 삼천세계三千世界는 유실遺失되얏습니다.

벗을일코 견듸지못하는 가엽슨잔나비는 정情의삼림森林에서 저의숨에 질식窒息되얏습니다.

우주宇宙와인생人生의근본문제根本問題를 해결解決하는 대철학大哲學은 눈물의삼매三昧에 입정入定되얏습니다.

나의 「기다림」은 나를찻다가 못찻고 저의 자신自身까지 이러버렷습니다.

3연은 완전히 밤이 깊어 잠자리에 들 시간이다. "일정한 보조로 걸어가는 사정없는 시간"이 모든 희망을 채찍질한다. 더 이상 희망을 품는 것이 부질없음을 결국 당신이 오늘 돌아오지 않을 것임을 재촉하듯 일깨우는 것이다. 그리하여 화자는 계속 시간이 흘러갈수록 당신이 오리라는 기대와 희망이 엷어져 괴로워할 수밖에 없다.

하지만 이렇게 희망이 엷어지는 상황에서도 화자는 끝까지 마지막 기대를 버리지 못한다. 희망이 사라지는 상황에서도 미련을 버리지 못하므로 괴로움은 더욱더 심화된다. 잠자리에서조차 쓸쓸하게 누워서 "당신"을 기다리는 화자는 자기 자신을 잃을 만큼 처절한 고통 속에 내던져진다. 그러다가 가슴 한가운데에 계속해서 자리 잡고 있던, 그러나 애써 참고 있던 외로움과 그로 인한 슬픔의 눈물이 봇물 터지듯 터져

나와 시적 화자를 송두리째 흔들어버린다. 이러한 마음의 상태를 화자는 "가슴가온데의저기압은 인생의해안에 폭풍우를지어서, 삼천세계는 유실되"어버린 것이라고 표현한다. 이러한 거대한 슬픔은 벗을 잃어버려 그 그리움에 질식되어 죽은 잔나비의 그것처럼 길고 뼈에 사무치는 것이다. 그 슬픔으로 인한 눈물의 강은 "우주와 인생의 근본문제를 해결하는 대철학"조차 삼켜버릴 수 있을 만큼 깊고 넓다. 어떠한 위대한 사상이나 명확한 법칙이라도 기다림으로 인한 사무치는 슬픔을 치유할 수는 없는 것이다.

그리하여 어찌해 볼 수 없는 고통은 화자로 하여금 '눈물의 삼매'라는 부정항의 절정을 경험하게 한다. '삼매'란 흔히 독서삼매, 염불삼매라는 말에서 볼 수 있듯이 어떠한 고차원적인 정신행위에 도취된 나머지 몰아沒我의 경지에까지 이르게 된, 즉 긍정적 절정에 이른 정신의 고양 상태를 의미한다. 그런데 이 시에서 화자의 몸과 마음을 사로잡는 것은 고차원적인 이성의 영역이 아니다. 화자가 돌입된 것은 이성의 정 반대편에 놓인 슬픔과 고통이라는 감정의 차원이다. 슬픔과 고통을 녹여버리고 마침내는 그리움을 담는 몸통조차 녹여버려 그 형체를 없애는 경지가 바로 '눈물의 삼매'인 것이다. 이는 부정적 마음이 절정에 이르러 오히려 한없이 가라앉는 경지라 할 수 있다. 마지막 행의 "나의 기다림은 나를찾다가 못찾고 저의 자신까지 이러버렷슴니다"라는 구절은 바로 이렇게 화자의 슬픔이 극에 달한 상태를 보여준다. 나 자신까지 잃어버렸다는 것은 화자의 외로움과 슬픔의 눈물이 자기 자신을 소멸시키는 경지에까지 도달하고 있음을 의미한다.

이렇게 이 시는 기다림이 진행될수록 화자의 마음이 긴 한숨을 내뿜게 되는 서글픔에서 날카로운 원망으로, 자기 자신을 잃어버리는 단계의 소멸로 심화되는 상황을 구체적으로 형상화하고 있다. 그리하여 기다림이 주는 고통과 절망이 극에 달한 상황에서 끝을 맺는다. 종국에 가서는 자아를 온전히 점령해버리는 기다림과 슬픔은 대철학도 사랑도 모두 삼켜버릴 만큼, 그 심연을 알 수 없을 만큼 깊고 넓다.

## 흐르는 시간과 기다림의 삼매三昧

우리를 견딜 수 없게 하는 것은 시간이다. 우리에게 시간이 영원히 이어지는 것이라면 기다리는 마음의 안타까움은 덜어질 수도 있을 것이다. 그러나 시간은 언제나 우리를 재촉한다. 빛이 광채를 내뿜는 낮은 석양을 거쳐 순식간에 캄캄한 밤으로 흐른다. 시 「고대苦待」는 연의 진행과 시간의 변이 그리고 공간의 이동이 순차적으로 변화하면서 님을 기다리는 화자도 함께 마음이 변화하는 양상을 구체적으로 그려내고 있다. 석양이 시작될 무렵부터 한밤중까지의 시간이 흐르는 시적 공간은 마을 숲 밖에서, 그리고 집으로, 잠자리로 이동된다. 이러한 시공간의 변화에 따라 화자의 감정은 처음의 아득한 그리움과 기대의 감정에서 야속함과 원망으로, 한없는 슬픔으로 순차적으로 바뀌어가고 있다.

시집 『님의 침묵』의 대부분의 시들은 이별의 슬픔을 초극하는 신념으로 확실한 태도를 보여주는 반면, 이 시는 이렇듯 님을 향한 한없는 기다림이 '나를 찾다 못해 저의 자신까지 잃어버리는', 그리하여 슬픔과 고통이 삼매의 경지에까지 이르는 한없이 가라앉는 경지를 보여준다. 이렇게 님을 기다리다 눈물의 삼매에까지 다다르게 되는 시적 화자의 통절한 목소리는 독자를 한없이 쓸쓸하게 만든다. 그러나 그 진솔함은 다른 한편 민족과 중생을 향해 큰 사랑을 실천했던 스승 만해를 한없이 가깝게 느끼도록 만드는 힘이 되기도 한다.

# Part 2

# 시간과 사물의
# 풍경

# 안정사安靜寺

김명인

안정사 옥련암玉蓮庵 낡은 단청의 추녀 끝
사방지기로 매달린 물고기가
풍경 속을 헤엄치듯
지느러밀 매고 있다
청동 바다 섬들은 소릿골 건너 아득히 목메올 테지만
갈 수 없는 곳 풍경 깨어져 몸 부딪쳐 우는 저 물고기
벌써 수천 대접째의 놋쇠 소릴 바람결에
쏟아 보내고 있다
그 요동으로도 하늘은 금세 눈 올 듯 멍빛이다
이 윤회 벗어나지 못할 때 웬 아낙이
아까부터 탑신 아래 꼬리 끌리는 촛불 피워놓고
수도 없이 오체투지로 엎드린다
정향나무 그늘이 따라서 굴신하며
법당 안으로 쓰러졌다가 절 마당에 주저앉았다가 한다

가고 싶다는 인간의 열망이
놋대접풍으로 쩔렁거려서
그리운 마음 흘러 넘치게 하는
바다 가까운 절간이다

# 7

# 가고 싶은 생生의 열망과 풍경 소리

### 김명인 「안정사安靜寺」

## 시인과 삶의 탐색

김명인의 시는 단단하다. 이 단단함은 세계에 대한 경직된 자세도, 그렇다고 공격적으로 웅크린 날카로움과도 다르다. 오히려 그 단단함은 고요한 견고함에 가깝다. 그의 시에서는 감정의 과장이나 엄살이 없는 담담한 구도求道적 체취가 묻어난다.

첫 시집 『동두천』과 두 번째 시집 『머나먼 곳 스와니』에서 그는 전쟁의 삶이 주는 고단함과 여기에서 기인하는 개인적인 슬픔을 표현했으며, 이를 확장시켜 사회적이고 역사적인 고통을 담아내었다. 동두천에서의 교사로 재직한 경험과 베트남 참전 경험은 그에게 혼혈아, 전쟁고아 등 역사 밖으로 버림받은 이들을 구체적으로 그려낼 힘을 주었다.

그러나 그의 시가 주는 감동은 민중적, 혹은 참여적인 시들에서 발견할 수 있는 직접적이고 선언적인 울림과는 다르다. 그는 대상이 주는 날것 그대로의 날카로운 감정, 곧 부끄러움이나 슬픔, 괴로움 등을 직접적으로 토로한다거나, 독자에게 각성을 요구하는 방법을 취하지 않기 때문이다. 담담한 시선은 삶의 순간들을 통합적으로 수렴한다. 시인의 눈에 포착된 외적 세계는 과장되어 있지 않으며, 의도적으로 배제되어 있지도 않다. 역사와 개인, 현실과 내면, 부정의 정신과 포괄의 시의식이 놀라운 평형 감각을 바탕으로 공존하고 있다.

이러한 평형의 감각은 대상에 대한 진지하면서도 객관적인 시선과도 연관된다. 한 발 물러서서 걸러내되 대상에게서 받은 인상을 천천히 곱씹기 때문이다. 뒤에 발표되는 작품에서 보이는 풍경과 길, 그리고 여행 등을 통해 드러나는 삶의 탐색 과정은 곧 존재의 자아 확인과 모색, 그리고 구도에의 탐구로 이어진다. 담담한 어조와 거리두기 의식, 그리고 이 모두를 조화롭게 균형 짓는 시적 서정성은 그의 시세계를 더욱 빛나게 하고 있다.

## 풍경風磬 소리를 따라 열리는 생의 풍경風景

이 시는 어느 절간의 정취를 한 편의 수채화처럼 펼쳐 보이고 있다. 절집 지붕의 추녀 끝에 매달려 있는 풍경이 바람에 흔들리고 절마당에서 기도드리는 아낙이 있고, 정향나무가 그늘을 드리우며 서 있는 평화로운 장면이 떠오른다. 세속과 떨어져 있는 절간이라면 으레 떠올릴 법한 풍경을 시인은 담담하게 산문적인 서술 형태로 관조하고 있다. 그것은 시인 자신의 비어 있는 마음의 경지를 보여주고 있기 때문에 무섭도록 아름답게 느껴진다.

안정사 옥련암玉蓮庵 낡은 단청의 추녀 끝
사방지기로 매달린 물고기가
풍경 속을 헤엄치듯
지느러밀 매고 있다

'안정사 옥련암'은 이 시의 배경이 되는 장소이다. "안정사"라는 고유 명사의 의미와 함께 "옥련암"은 운맞춤을 이루며 조용하고 단아한 인상을 환기한다. 더불어 안정사가 있는 장소를 확대해 생각해본다면, 이곳이 바로 경계의 공간이라는 것을 알 수 있다.

하늘과 땅 그리고 바다를 앞에 둔 그 중심에 있는 건축물, 곧 절의 "추녀 끝"과 안정사는 전형적인 삼계三界의 구조를 보여준다. 하늘과 땅 사이에 있는 산은 수직적인 상하를 연결하는 공간이다. 우뚝 솟은 산은 땅에 발을 두고 있지만 하늘을 향해 솟아 있기에 경계의 공간이 된다. 하지만 시인은 안정사라는 공간을 수직적 상하의 경계에만 두지 않는다. 바로 땅과 바다라는 물과 뭍의 경계를 두고 있기 때문이다.

두 공간의 경계에 있다는 것은 곧 어느 곳으로도 갈 수 있는 가능성을 열어 놓지만, 동시에 그 어느 곳으로도 갈 수 없음을 의미한다. 이 두 모순되는 의미의 충돌은 상호 대립되는 공간의 배치와 더불어 시 전체에 긴장감을 불어 넣는다. 이 긴장감의 절정에 놓인 것은 바로 "낡은 단청의 추녀"의 날카로운 끝이 된다. 추녀 끝에 매달린 풍경 속의 물고기는 놋쇠로 된 광물질의 정적인 사물이다. 실제로 물고기가 사방지기로 매달려 있다는 것은 십자로 된 풍경 속 놋쇠로 붙박혀 있는 네모꼴의 안에 한정되어 있는 제약을 말해준다. '지기'란 문을 지키고 있는 문지기처럼 무언가를 지키는 존재를 의미하기도 하지만, 동시에 방향을 표시하는 기구일 수도 있다. 어떤 의미이든 둘 다 한 자리에 멈추어 있는, 공간적인 제약을 받는 존재라는 점에서는 차이가 없다.

그러나 실제의 풍경은 추녀 끝에 매달려 있는 것이기도 하지만, 동시에 바람을 따라 흔들리면서 소리를 내는 대상이기도 하다. 정적인 동시에 동적인 대상인 것이다. 그런 의미에서 풍경 속을 헤엄치는 물고기는 매달려 있는 고정된 사물에서 움직임을 가진 생명체로 전이된다.

> 청동 바다 섬들은 소릿골 건너 아득히 목메올 테지만
> 갈 수 없는 곳 풍경 깨어져 몸 부딪쳐 우는 저 물고기
> 벌써 수천 대접째의 놋쇠 소릴 바람결에
> 쏟아 보내고 있다
> 그 요동으로도 하늘은 금세 눈 올 듯 멍빛이다

5~9행은 가장 산문적인 해석이 어려운 부분인 동시에 잘 짜인 은유의 고리를 발견할 수 있는 부분이다. 먼저 "청동 바다 섬들은 소릿골 건너 아득히 목메올 테지만"에서 바다의 색깔이 청동빛으로 되는 것은 풍

경의 물고기가 청동으로 만든 것이기 때문에 그 색깔의 공통항에 의해 가능해진다. 그렇다면 섬들은 왜 소릿골 건너 아득히 목메어 오는 것인가? 아마도 그것은 "갈 수 없는 곳 풍경 깨어"지라 몸 부딪치는 물고기 때문일 것이다. 물고기는 바다에서 자유롭게 헤엄쳐야 함에도 불구하고, 이 물고기는 지상의 추녀 끝에 매달려 있을 뿐이다. 아무리 열심히 헤엄친다 해도 그것은 허공에서의 몸부림으로만 남을 뿐 바다로 갈 수는 없는 것이다. 그래서 이 몸부림은 가고 싶은 곳에 대한 기원의 소리, 풍경 소리가 된다. 그와 더불어 '소릿골'은 그러한 바램이 쌓이고 쌓여 골이 패인 곳이라는 의미망이 구축된다. 뒤이은 "수천 대접째의 놋쇠 소릴"은 대접으로 퍼 나르는 물과 물고기의 몸부림으로 읽을 수 있는 소리를 병치시킴으로써 물고기의 몸부림과 소리를 은유의 틀로 연결한다. 이 은유는 결국 물고기를 포함한 모든 삼라만상의 갈등을 상징하는 것이다. 이 은유의 틀은 뒤의 행에서도 여전히 유효한 고리가 된다.

앞서 말했듯 물고기는 매여 있기 때문에, 혹은 청동으로 만든 것이기 때문에 바다로 갈 수 없다고 하지만, 이 몸부림을 바라보는 바다 위의 섬들 역시 물고기에 가까이 갈 수 없다. 섬 역시 바다 한가운데 갇혀 있는 존재이기 때문이다. 그리하여 이 대상들은 서로 바라만 보며 아득한 거리를 유지한 채, 그 채울 수 없는 거리 때문에 슬픔에 잠긴다. "청동 바다 섬들은 소릿골 건너 아득히 목메"온다는 표현은 풍경의 사물성으로부터 기인한 것이며 그것은 존재론적 제약으로부터 기인하는 은유인 것이다.

물고기의 움직임은 다시금 매달려 있고, 몸부림치고 요동하는 땅에 속하는 모든 것의 운명으로 연결된다. 그래서 물고기의 움직임에 의해 멀리 떨어져 있는 하늘조차 멍빛이 되는 것이다. "멍빛"은 온몸을 부딪쳐 우는 물고기의 몸에 새겨지는 것이어야 한다. 그러나 이 푸른 멍빛은 비단 물고기의 몸에만 물드는 것이 아니라 하늘로까지 확장된다. 하늘을 향해 몸부림치는 물고기의 '요동'이 하도 격렬해서 하늘조차 멍이 들어버린 것이다.

사실 멍이 든다는 표현은 인간의 피부에서야 가능한 것이다. 그러나 시인은 인간의 영역에 해당하는 "멍빛"을 물고기에로, 그리고 하늘빛으로 바꾸어나간다. 푸른 하늘을 배경으로 흔들리는 청동의 물고기로 인해, 더더욱 푸르러지는 하늘빛의 전이를 통해, 물고기의 몸부림에서 느껴지는 긴장감은 극대화된다.

이제 청동 바다는 추녀 끝에 매달린 물고기가 결코 갈 수 없는 곳이 되어버린다. 풍경(물고기)은 단지 바람에 흔들리는 것이 아니라 존재론적인 제약으로부터 벗어나고 싶어 하는 물고기의 몸부림이 되는 것이다. 이 사물들의 움직임은 그다음 행의 "윤회"라는 말로 집약되고 있다.

## 아낙과 물고기, 정향나무의 동일화

이 윤회 벗어나지 못할 때 웬 아낙이
아까부터 탑신 아래 꼬리 끌리는 촛불 피워놓고
수도 없이 오체투지로 엎드린다
정향나무 그늘이 따라서 굴신하며

법당 안으로 쓰러졌다가 절 마당에 주저앉았다가 한다

10~14행은 위의 5~9행의 의미망이 좀 더 정교하게 정리되는 부분이다. 위에서 언급한 물고기와 자연물의 겹침뿐 아니라 이 시의 심층부에 깔려 있던 인간의 영역이 위로 드러나고 있기 때문이다. 청동의 풍경은 자연물인 물고기로, 그리고 이 물고기는 바다와 하늘이라는 자연물을 통해 그 영역을 확장시킨다. 그러나 벗어나고자 하는 욕망으로 인해 몸부림치는 물고기의 움직임이라든가 멍빛이 되는 하늘, 목이 메는 섬 등은 모두 기본적으로 인간의 몸으로 유추되는 표현이다. 곧 이들 은유의 기본이 모두 인간의 영역과 연결되는 것임을 알 수 있다. 화자가 10~14행에서 절하는 아낙에게로 시선을 돌리면서 이 은유는 보다 견고해진다.

이 부분에서 사방지기로 매달린 물고기는 오체투지로 엎드린 아낙의 이미지로 동일화된다. 또한 아낙을 따라서 굴신屈身하는 정향나무도 마찬가지이다. 이유는 알 수 없지만 "수도 없이 오체투지"하는 아낙에게서는 알 수 없는 슬픔이 묻어나온다. 그녀를 따라 절하는 정향나무 역시 마찬가지이다. 이들의 슬픔은 어디에서 기인하는 것인가.

본디 '촛불'이나 향은 성스러운 공간에서 기원을 발發하는 이들의 소원을 상징하는 것이다. 하늘로 올라가는 연기나 타오르는 촛불의 일렁임은 지상에 못 박힌 몸뚱어리를 태워 올리며 하늘로 올라가 그 기원의 끝으로 달한다. 소원의 성격이 있던 자리에서 몸을 바꾸어 상승하는 촛불의 그것에 비유될 수 있다면, "탑신 아래 꼬리 끌리는 촛불"에서 아낙과 나무의 슬픔을 읽어낼 수 있을 것이다.

화자는 일렁이는 촛불에 집중하기보다는 “꼬리 끌리는 촛불”을 이야기한다. 꼬리를 가진 촛불, 인간화된 촛불은 가볍게 날지 못하고 무겁고, 낮게 몸을 끈다. 수도 없이 오체투지로 ‘엎드리는’ 아낙과 정향나무의 ‘그늘’의 움직임 역시 마찬가지이다. 물고기와 아낙은 갈 수 없는 곳으로 가고자 하는 열망을 가졌고, 거기에 식물인 정향나무조차 아낙을 따라 쓰러졌다 주저앉았다 한다. 수없이 머리 조아리는 마음의 간절함, 그리고 그녀를 따라 움직이는 나무 그늘의 모습은 몸부림치는 물고기의 열망과 다르지 않다.

그러나 물고기가 추녀 끝에 매어 있기에 몸만 멍빛으로 머물 뿐 섬으로 갈 수 없듯이, 그것은 베이지 않는 한 뿌리박힌 땅을 떠날 수 없는 나무와, 그 나무를 떠날 수 없는 나무 그늘의 운명과 다르지 않다. 나무는 서 있지만, 거기서 꼼작 못하는 그늘만이 움직이는 것처럼 보이고 그것조차도 나무에서 떨어져 나갈 수 없다. 결국 그들의 열망은 목표에 닿지 못하고 수없이 그 자리에서 미끄러지는 것이다.

법당 안에서 나가지 못하고 절하는 아낙과, 땅에 붙박혀 오로지 움직일 수 있는 것은 그늘밖에 없는 나무의 ‘굴신’은 몸부림치고 기어다니고, 매달리는 땅의 속성, 곧 슬픈 인간의 마음을 닮았다. ‘엎드리다’, ‘쓰러지다’, ‘주저앉다’, ‘몸 부딪치다’의 서술어는 위에서 언급한 “탑신 아래 꼬리 끌리는 촛불”을 통해 더 깊은 슬픔을 드러낸다. 건축물인 무생물의 탑조차 탑신塔身이라는 몸의 언어로 나타냄으로써 시인은 은연중에 인간의 영역으로 이들을 설명하고자 하는 무의식과의 일치를 보여준다. 물고기, 인간, 나무는 어디론가 가고자 하는 열망으로 동일화되지만, 결국 갈 수 없는 것들의 몸부림과 한계를 보여주는 것이다.

> 가고 싶다는 인간의 열망이
> 놋대접풍으로 쩔렁거려서
> 그리운 마음 흘러 넘치게 하는
> 바다 가까운 절간이다

2연에서는 보다 직접적으로 이들의 열망이 무엇인가를 보여준다. 어디로인지는 알 수 없지만, 가고 싶다는 인간의 열망이 직접 언급되기 때문이다. 열망과 쩔렁대는 놋대접은 "쩔렁거려서"라는 술어에 의해서 관념과 사물이라는 이질적인 먼 거리를 건너 나란히 병치된다. 지금까지의 서술이 객관적인 서술어를 통해 끓어오르는 열망을 담담하게 걸러낸 것이라면, "흘러 넘치"는 "마음"을 직접적으로 언급함으로써 시인은 7행의 "수천 대접째의 놋쇠 소리"와 '쩔렁대는 소리'를 연결시키면서 그 간절함을 독자에게도 간곡히 전한다.

이 열망이 흘러넘치게 되는 이유는 아마도 화자가 "바다 가까운 절간"이 배경이 된다는 것을 인식하기 때문일 것이다. 바다 가까운 절간, 바다 가까운 산은 두 경계 사이에 놓인 애매모호한 공간이자 긴장감 넘치는 공간이라 할 수 있다. 이 공간의 긴장이 강하면 강할수록 가고 싶다는 인간의 열망은 더더욱 강렬해질 것이며, 강렬해진 열망은 결국 '놋대접'에 담겨 있다가 불쑥, 흘러넘치는 물이 되는 것이다. 곧 "인간의 열망"이라는 직접적인 표현을 통해 화자는 물고기와 섬, 바다, 아낙을 인간으로 귀결시키고, 그들의 몸부림을 인간의 열망으로 정리한다. 이 모든 것은 「안정사安靜寺」가 경계의 공간에 세워져 있기에 가능한 서술일 것이다.

특별히 "바다 가까운 절간"이라는 맨 마지막 행은 모든 것이 귀결되는 부분으로 위에서 언급한 모든 은유적인 틀과, 섬세하게 짜인 의미망이 정리되고 거리가 조정되는 부분이다. 산과 하늘, 땅과 바다가 수직의 대립축을 이루고, 그리고 땅과 바다의 사이에 놓인 산 속의 절, 그 중심에 놓인 풍경과 탑은 자연물에서 인공물로 이동하는 화자의 시선을 보여준다. 하지만 시인은 건축물인 물고기를 자연물로 전이시키고, 물고기를 인간의 영역으로 끌어당긴다. 풍경 속을 헤엄치는 물고기, 목메어 슬픈 섬, 몸 부딪치는 물고기가 그것이다. 시인은 물고기의 몸부림을 놋쇠 소리로 은유화하고, 그것을 다시금 인간의 열망으로 전이시킨다. 이 섬세한 배열의 절정은 아낙과 물고기, 그리고 나무 그늘의 움직임으로 집약되고, 마지막에 가서 보다 직접적으로 표출되면서 자연스럽게 파격을 시도하는 것이다. 지금까지의 긴장감이 닫혀 있음, 혹은 절제에서 오는 긴장감이었다면 지금의 파격은 절제했던 감정의 표출구를 슬며시 열어놓고 한 걸음 물러서는 데에서 오는 유연함이라 하겠다.

## 평정심의 미학과 투명한 결정結晶

풍경 소리를 따라가다 보면, 마음에는 어느덧 절집 한 칸이 자리 잡는다. 그리고 놋쇠소리가 바람 소리가 되고 다시 파도 소리가 되어 먼 우주적 공간으로 확산되어가면서 마음의 법당은 고요해진다. 맑고 고요한 절 '안정사'는 삶에 대한 깊은 통찰과 담담한 균형의식이 이루어낸 아름다운 경계 공간이며, 굴신하는 몸들을 쉬게 하고, 투명하게 씻어주는 안식의 장소이기도 하다. 절, 인간, 사물이 소리를 매개로 해서 절간으로 집약되는 것, 그리고 공간의 수직적 계층화에 의해서는 하늘과 하늘에 가까운 추녀 끝에서 시작해서 광물, 무생물이 생물로, 생물이 인간으로 전이되는 전 과정을 살펴보았다. 탑과 촛불, 아낙, 나무, 땅에 이르기까지 하나의 궤로 이어지면서 안정사라는 공간으로 드러나고, 그것을 바다 가까이로 가져감으로써 시의 내포적 의미는 은유적으로 구체화된다. 시의 첫 행으로부터 마지막 행에 이르는 전 과정이 의미와 더불어 공간적 조형감을 형성하는 것이다.

시의 처음부터 끝까지 시인은 잘 짜인 은유적 틀을 통해 삼라만상의 고뇌와 인간의 열망을 효과적으로 드러낸다. 그러나 그는 그 열망을 적극적으로 노출하지도, 그렇다고 무조건적으로 억누르지도 않으며 적절하게 거리를 조정한다. 이러한 그의 태도는 열망에 대한 집착, 혹은 간절함을 한 걸음 물러서서 비우려고 하는 구도자적 자세와도 연결된다고 할 수 있다. 열망을 인정하되 비우려 하는 것, 그것을 절제하고 담담하게 표현하는 것이 그의 시 특유의 빛나는 미학성이라 할 것이다.

# 나방이 풍경을 완성한다

정현종

넓은 창
바깥
먹구름떼
쏟아지는 비
저녁빛에 젖어
큰바람과 함께 움직인다.
그렇게 싱싱한 바깥
풍경 속으로
나방 한 마리가 휙 지나간다
—.

나방이 풍경을 완성한다!

# 8

# 풍경으로 태어나는 작은 생명체의 아름다움

정현종 「나방이 풍경을 완성한다」

## 생명체의 역동성과 느낌표

평범한 사물과 세계를 통해서도 온 우주의 원리와 그 생명의 깊이를 감지해내고 그것을 극도의 정제된 언어로 형상화해내는 것은 시인의 몫이다. 이때 대상과 시인의 거리는 시적 긴장과 미감을 만들어내며 시의 참맛을 느끼게 해준다.

'선시禪詩'는 대상, 특히 자연에 대한 관조와 거리를 유지함으로써 그 미적 세계를 이루는 시 경향의 하나인데, 정현종은 도시적이고 기계적인 삶에 맞서는 방법으로서 선禪적 정신세계를 적극적으로 수용하고 있는 시인이라고 할 수 있다. 이러한 특성은 그의 후기 시로 갈수록 더욱 더 분명하게 드러난다. 그러나 정현종에게서 발견되는 선禪은 초월적인 세계만을 지향하는 정신주의도, 무리한 관념주의도 아니다. 일반적으로 '선시禪詩'라고 할 때 자칫하면 빠지게 될 수도 있는 위험, 즉 현실과의 괴리가 낳을 수 있는 문제들을 그는 뛰어넘고 있기 때문이다. 그는 일상의 사소한 경험에서, 혹은 작은 생명체의 몸짓 하나에서도 깨달음을 찾아내고자 하는, 자연적 질서에 대한 긍정론자이다. 이에 그의 시가 보여주는 사유와 성찰은 건강하고 투명한 '생명주의'라고 명명할 수 있을 것이다.

> 나는 시를 쓰려고 한다기보다는 시라는 것을 태어나게 하는 그 힘들과 신호들의 소용돌이 속에 항상 있고 싶을 따름이며 만일 내 속에서 시가 움튼다면 그 발아發芽는 마땅히 예의 그 소용돌이의 중심으로부터 피어나는 것이기를 희망하고 있거니와…

시작詩作에 대한 시인의 이러한 진술은 그의 선시적 경향이 지향하고 있는 바를 감지할 수 있게 해준다. 그는 아주 작고 미세한 대상의 사소한 움직임과 꿈틀거림마저 조심스럽고도 끈질기게 바라볼 줄 안다. 그러면서도 그 대상을 지배하려고도 움직이게 하려고도 하지 않는다. 바라보는 대상에 주체는 동화되고, 대상과 주체는 이미 하나가 되어 있다. 이제 바라봄의 대상에 두었던 거리는 내 안으로 좁혀지고 그 안에서 주체는 작은 생명의 떨림 속에 자유롭고도 새롭게 피어나는 것이다.

시 「나방이 풍경을 완성한다」는 사물의 근원과 본질을 일상적인 사건을 통해 탐구해내고자 하는 정현종 시의 특성을 잘 보여준다. 이 시에서 시인은 일상을 새로운 풍경으로 포착하고 그 풍경에 생명성을 투영함으로써, 불연속적인 순간 속에 도사리고 있는 충일한 생명력을 보여주고자 한다. 특히 시인의 원거리의 시선이 포착하고 있는 말 없는 서경敍景의 순간은 사변적 논리를 넘어선 자유롭고 투명한 선禪의 세계를 구축하고 있다.

## 건강한 활력과 투명한 결정結晶

이 시는 두 연으로 구성되고 있지만, 의미론적으로는 네 부분으로 세분할 수 있다. 창밖의 전체적인 풍경을 제시하고 있는 1연 1~6행과 갑자기 그 풍경 속을 가로질러 날아가는 "나방"을 보여주는 1연 7~9행이 말 없는 서경의 순간을 보여주고 있다면, 느낌표 하나로 처리되고 있는 1연 10행은 그러한 풍경, 즉 현상에 대한 시인의 자각의 순간을 드러내고 있다. 이렇게 시인이 바라보고 있는 풍경과 그 풍경에 대한 인식은 연과 연 사이의 휴지休止를 거쳐 마지막 2연에 이르면 단 한 행에 의해 집약되어 나타나고 있다.

넓은 창
바깥
먹구름떼
쏟아지는 비

저녁빛에 젖어

큰바람과 함께 움직인다.

시의 첫 부분에서는 원거리의 시선에 의해 포착된 외부 세계의 장면들이 묘사되고 있다. “넓은 창”이라는 시어가 가리키듯이 시인은 시선을 넓게 하여 대상을 바라본다. 창을 통해 시인은 창밖의 자연과 그 현상을 살핀다. 여기에서 넓은 창이라는 프레임은 일상에서 특별하게 선택된 새로운 세계를 변별해낸다. 시인과 외부 세계를 직접적으로 단절시키는 “창”이라는 매개항은 소리와 냄새, 촉감 등을 차단함으로써 비 오는 저녁 풍경을 단지 시각적인 이미지로만 경험할 수 있게 하는 것이다. 창으로 차단되어 있으므로 소리를 들을 수도, 냄새를 맡을 수도 없다. 단지 “저녁비에 젖어” 희뿌옇게 된 풍경의 색감과 “큰 바람”에 움직이고 있는 비의 모습, 그리고 그 풍경 속을 휙 지나가는 나방 한 마리가 보일 뿐이다. 자아와 세계의 거리를 가장 멀리 잡는 시각 이미지는 풍경의 객관적 제시와 함께 그 풍경에 대한 인식론적인 접근을 가능케 해줄 수 있다. 이러한 이미지의 활용 방식은 시 속에 펼쳐지고 있는 풍경에 대한 시인의 관조적인 태도를 그대로 드러내준다. 이 시의 중심은 단순히 풍경을 제시하는 데 있는 것이 아니라, 그 풍경에 대한 시인의 인식 과정을 드러내주는 데 있는 것이다. 시인의 시선은 우주적으로 확장되고 있다. 이러한 창밖으로 가득히 메워지는 무언가가 있다. “먹구름떼”와 “쏟아지는 비”가 그것이다. 여기에서 “바깥/ 먹구름떼/ 쏟아지는 비” 등은 조사나 연결어가 생략되어 매우 간결하게 표현되고 있을 뿐 아니라, 각 행은 명사형 종결어구로 끝이 나고 있다. 이로써 창밖의 풍경은 넓은 창을 가득히 메워 미적 효과를 극대화시킬 뿐 아니라 시각적인 이미지 자체를 전경화시킴으로써 선 굵은 이미지들을 간결하고도 효과적으로 제시하고 있다.

그런데 이 창밖의 "먹구름떼"와 "쏟아지는 비"는 '젖어드는' 어두운 풍경 속으로 잠기지만은 않는다. 그것은 큰 바람과 함께 움직임으로써 정지된 장면에 생기를 불어넣어주고 있는 것이다. 이에 창밖 너머에 있는 일상의 무심한 공간에서 한 장의 선명하고도 살아 있는 장면이 구축된다.

이러한 과정에서 넓은 창은 풍경을 발견하는 통로이며, 풍경의 발견자로서의 시인의 위치를 확인시켜주는 것이기도 하다. 자연을 관조하고 우주 탄생의 비밀을 엿보는 시인의 옆자리에서 우리는 풍경의 창조자가 되어 창 너머의 세계를 들여다본다. 그 풍경은 정지해 있는 것이 아니다. 큰 바람과 함께 생동하며 움직인다. 시인의 관조적인 시선도 곧 변화를 맞이한다.

그렇게 싱싱한 바깥
풍경 속으로
나방 한 마리가 휙 지나간다

조용한 창밖을 가득히 메우는 일기日氣 현상과 그 움직임은 먹구름 낀 날씨가 가질 법한 음산하고 어두운 분위기로 자칫 상투화될 수 있다. 그러나 이 시에서 시인은 그 상투성을 벗어난다. "싱싱한" 바깥으로 새롭게 하고 있는 것이다. 이것은 하나의 일탈이자, 이 시가 주는 신선한 충격이라고도 할 수 있다.

이 싱싱하고 커다란 풍경 속으로 갑자기 작은 "나방 한 마리가 휙 지나간다". 이 시의 방점은 바로 이 구절에 있다. 나비도 아닌 초라한 나방, 나방과 나비는 같은 군群의 생명체이자, 같은 전신轉身의 과정을 거치는 존재임에도 얼마나 다른가? 노랑빛, 흰빛, 호랑무늬, 오색찬란하고 화려한 무늬의 날개를 가진 나비에 비해 칙칙하고 어두운, 작고도 괴기스럽기까지 한 나방. 그것은 바라보기에도 눈물겹도록 애처롭기까지 하다. 그런데 이 작고 초라한 나방 한 마리가 어두운 저녁 창밖으로 보이는 전우주적이고도 거대한 풍경 속에서 생명체가 지니는 무한한 역동성을 드러내는 것이다.

이 역동성은 풍경과 대상의 존재 방식과 움직임의 방향성을 통해서도 드러난다. "큰 바람과 함께 움직이"는 비가 무겁고 느린 수직 하강 운동을 보여주는 반면 그 풍경 속을 "휙 지나가"는 나방은 가볍고 빠른 수평 운동을 보여준다. 하강하는 수직 운동이 자연의 커다란 움직임을 드러내고 있다면, 그것과 대비되는 나방의 작고 재빠른 수평 운동은 동적이고 경쾌한 생명체의 움직임을 보여주고 있는 것이다.

먹구름, 비, 저녁빛, 큰 바람이 만들어내는 거대하고 우주적인 순간에 나방 한 마리가 끼어든다. 그런데 낯선 이 작은 존재를 통해서 넓은 창밖의 풍경은 일순 해체되며 전혀 다른 서경의 순간이 펼쳐지게 된다. 넓은 창이라는 고정된 틀이 휙 하고 벗겨지면서, 거대한 우주의 크고 수직적인 뚜렷한 운동성이 나방 한 마리의 날개짓과 충돌하는 것이다. 무생물적 세계와 생명의 존재, 수직적 하강과 수평적 가로지름, 큰 것과 작은 것의 맞부딪침에서 시는 역동적인 생명성을 획득한다. 이제 작은 생명은 풍경의 일부로 몰입되어 새로운 풍경이 만들어진다. 따라서 관조와 풍경이라는 동양적 서경의 거리의식은 소멸되면서 관조하는 자의 자리 역시 풍경에 몰입되어 전혀 새로운 풍경이 구축되는 것이다.

—·

감탄사, 그것도 옆으로 뉘여져 있는 감탄사 하나로 이루어지고 있는 10행은 바로 이러한 자각의 순간을 강렬하게 표현해준다. 갑자기 시인에게서 저절로 터져나오는 탄성은 독자를 어리둥절하게 한다. "—·"는 1~9행에서 제시되었던 "싱싱한 바깥/ 풍경"을 통해 화자가 무엇인가를 깨닫게 되었다는 사실을 보여준다. 1연과 2연을 통해 볼 수 있듯이, 1연 10행의 느낌표는 풍경을 완성시키는 나방의 몸짓에 대한 시인의 경탄을 드러내준다고 할 수 있다. 작은 나방의 존재 하나가, 그리고 단지 비 오는 풍경 속을 휙 지나가는 그것의 작은 몸짓 하나가 풍경을 그냥 그림이 아닌 실제로 살아 움직이는 역동적인 세계로 만들어주다니! 시인은 이러한 생명의 위대함에 대한 자각을, 그리고 이를 통해 느끼게 되는 작은 생명체에 대한 경이를 느낌표 하나로 표현하고 있는 것이다. 이것은 바로 화룡점정畵龍點睛의 경이와 감탄의 순간이 아닐 수 없다.

특히 가로로 뉘어 있는 느낌표의 모습은 시인의 인식적 전환, 혹은 깨달음이 수평으로 빠르게 직선 운동하는 나방의 움직임을 따라 이루어진 것임을 형상적으로 드러내준다. 나방의 움직임과 시인의 인식 과정이 동일한 호흡으로, 혹은 같은 리듬으로 이루어지고 있는 것이다. 따라서 나방은 생명을 풍경의 일부분으로 관조하게 하는 매개체이며, 누워 있는 느낌표는 자신을 포함한 모든 생명을 풍경으로 보는 깨달음의 과정을 말해준다. 즉 풍경을 해체하여 새로운 풍경을 창조했듯이, 언어를 부정하고 감탄부호를 옆으로 뉘어놓음으로써 존재에 대한 성찰을 언어 이전의 침묵과 무언無言의 메시지로 전달하는 것이다.

> 나방이 풍경을 완성한다!

연과 연 사이의 침묵을 거쳐 시인은 단숨에 자신의 깨달음을 일갈하고 있다. "나방이 풍경을 완성한다"고. 10행의 마침표에서 이미 언어를 넘은 메시지가 전달되었을 터인데도 불구하고 왜 이 마지막 행은 또다시 필요했던 것일까? 나방이 풍경을 완성한다는 단호한 맺음은 관조자로서의 인간 존재에 대한 단호한 부정이기도 하다. 한없이 작고 초라한 나방 한 마리가, 나비도 아닌 나방 한 마리가 온 우주와 생명이 깃들어 있는 하나의 풍경을 '완성完成'하다니! 만물의 영장이자 우주와 세계의 중심이라 자부하는 인간 앞에서 이 작은 생명체는 그 작은 몸짓 하나로 전우주적 풍경을 완성한다. 이에 우리 인간은 그 작은 존재 앞에서 무력해지는 부끄러운 스스로의 모습을 발견하게 된다. 이러한 과정에서 우리는 다시 우리의 모습을 반추하게 된다. 우주의 풍경을 완성할 때 인간의 자리란 어디인가? 나방이 풍경을 완성한다는 것을 깨달을 때 이미 시인은 더 이상 방관적인 관조자가 아니며, 스스로의 생명의 근원성을 저 풍경의 어느 부분에서 확인했음이 아닌가? 먹구름떼, 쏟아지는 비, 저녁빛의 어느 하늘 아래, 큰 바람 속에서 풍경의 일부분이 된 생生의 아름다움을 시인이 작은 나방의 존재를 통해 발견했음을 이 마지막 행은 강조해주고 있다.

## 사물에 대한 거리와 관조의 깊이

정현종의 「나방이 풍경을 완성한다」는, 순간적으로 지나가는 풍경에 완성이라는 단어를 부여함으로써 일상 속에서 찾아낸 깨달음의 모색 혹은 우주와 사물에 대한 존재론적 성찰을 보여주고 있는 시이다. 이는 바슐라르Gaston Bachelard가 말한바, "삶은 '가치 부여 작용'이며, 그러한 가치 부여 작용이 존재를 결정한다"라는 지적과도 상통한다.

정현종이 그려내고 있는 풍경, 즉 말 없는 서경 속에서 마음, 곧 인식의 주체는 소멸되고 있다. 여기에서는 다만 자연이라는 대상과 주체의 합일과 바라봄이라는 행위의 흔적만 남겨지고 있을 뿐이다. 근본적으로 이러한 정관靜觀은 바라봄의 생생한 체험을 수용하기 위해서 그 전제로 '텅 비어 있는 상태'를 요구한다. '텅 빔'은 일종의 몰입이며, 주체와 대상 간의 이질성 때문에 발생하는 거리를 소멸시키는 행위이다. '텅 빔'에서 일어나는 거리의 소멸은 주체가 대상을 일체적으로 포용할 때 비로소 가능해진다. 이러한 합일의 순간은 주객의 융합과도 연관된다. 그리하여 시인은 자연을 회감하고, 자연은 시인을 회감한다.

풍경이란 객관화된 거리에 의해 유지되는 것이기에, 풍경이라는 언어에는 항상 근대적인 오만함의 향기가 떠돈다. 그러나 정현종의 이 시는 풍경을 발견하는 것을 넘어 풍경을 완성하는 빛나는 시적 탐구의 과정을 보여준다. 이로써 깨달음 안에서 새롭게 생을 투신해가는 개체와 세계 사이의 조화의 미덕을 발견하고, 화해로운 동일시를 이룬 인간과 사물의 근원, 그 본질을 탐구해가는 과정을 깊이 있게 음미할 수 있게 해준다. 이러한 표현의 바탕에는 모든 사물의 개별적 차이와 분별을 통합하는 원리가 자리하고 있다.

문명화된 세계, 발전과 변화의 속도가 모든 가치의 척도가 되는 이 시대에 정현종의 이 짧은 한 편의 시는 우리가 존재하고 인식하는 사유의 내용과 방식에 대한 새로운 성찰을 가져다주기에 더욱 의미 있다. 세계와 대상에 대한 우리의 일상화된 관념이 분절과 지배, 소유라고 한다면, 정현종의 시가 보여주는 대상에 대한 관조와 성찰, 그 통합에 대한 지향은 현재 우리가 살아가고 있는 현실을 다시금 반추해보고 바라보게 하는 더없이 소중한 계기가 될 것이기 때문이다.

# 청포도青葡萄

이육사

내 고장 칠월은
청포도가 익어 가는 시절

이 마을 전설이 주저리 주저리 열리고
먼 데 하늘이 꿈꾸며 알알이 들어와 박혀

하늘 밑 푸른 바다가 가슴을 열고
흰 돛단배가 곱게 밀려서 오면

내가 바라는 손님은 고달픈 몸으로
청포青袍를 입고 찾아온다고 했으니

내 그를 맞아 이 포도를 따먹으면
두 손은 함뿍 적셔도 좋으련

아이야 우리 식탁엔 은쟁반에
하이얀 모시 수건을 마련해 두렴

# 9

# 익어 가는 포도의 향기와 품격 높은 정신의 향기

이육사 「청포도青葡萄」

## 쉬운 시와 좋은 시

시를 가르치면서, '시란 무엇인가'라는 질문이 나올 때마다 얼른 머리에 떠오르는 것이 있다. —추상적 세계를 구체적 이미지로 압축적으로 그려낸 것— 대학 시론 교과서의 가장 첫 장에 나올 법한 이 말은 시에 대해 이야기하고 있으면서도 실상 시 자체보다 더 어려운 감이 없지 않다. 이 잘 요약된 모범 답안 같은 말에서는 왜 시에 대해 운운할 때 구체와 추상이라는 말이 나와야 하는지가 설명되어 있지 않다. 물론 여기에 산문과는 다른 시의 몇 가지 속성, 예를 들면 '명징하고 절제된 언어를 사용한다', '리듬이 있어야 한다' 등의 설명을 부가한다 해도, 여전히 왜 좋은 시는 감동을 주는 것인지, 그리고 그 감동은 세월이 지나도 왜 변하지 않는지를 설명하기는 어렵다.

오히려 필자는 '시란 무엇인가'라는 질문 앞에서는 좋은 시를 제시하고, 꼼꼼히 정성스럽게 읽는 것이 가장 훌륭한 답이 되리라 생각한다. 이육사의 「청포도」는 '시란 무엇인가'를 쉽고도 깊이 있게 깨우쳐줄 수 있는 명편名篇이라고 할 수 있다.

초여름, 자연의 눈부심과 함께 「청포도」를 읽는 기쁨은 싱그럽다. 청포도라는 제목에서부터 맑고 시원한 포도송이를 떠올리는 시각적 기쁨과 새콤달콤한 미각적 즐거움, 그리고 손에 닿는 촉감을 한껏 누릴 수 있기 때문이다. 그러므로 이 시를 읽는 첫인상은 포도가 익어가는 계절을 해맑게 묘사했다는 것 정도면 충분하다 할 수 있다. 시가 그려내는 정경과 시에 등장하는 사람과 그 속에 담긴 이야기와 분위기를 파악하는 것이야말로 심층의 계단을 내려가는 첫걸음이리라. 「청포도」는 표면적 의미에서는 포도와 마을과 하늘과 바다와 나의 소망을 진술하고 있으면서도, 그 심층적 의미는 기다림이라는 삶의 이념 체계와 깊숙하게 연결되어 있다. 즉 포도의 성숙成熟과 손님의 도래到來가 기다림이라는 추상적 영역을 향해 이중적으로 표현되고 있다. 두 개의 표상은 서로 서로의 안에 완전히 용해되어 나타나고 있는데, 육사는 단순한 물질로서의 포도의 성숙을 묘사하면서 그것을 통하여 일상적 체험과 정서 이상의 것을 획득하고 있는 것이다.

## 포도의 성숙과 손님의 도래到來

시가 함유하는 의미의 진폭은 항상 독자 앞에 자유롭게 열려 있다. 그러므로 '청포도'라는 쉽고도 친근한 우리말로 가득한 이 시가 어떻게 시간과 공간을 포괄하는 추상의 영역을 획득해가는가, 다시 말해 구체적인 물질성의 시어가 인간의 정신과 존재의 의미 영역으로 어떻게 전환되어가는가를 주목해보면 「청포도」가 갖는 감동의 본질이 들여다보일 것이다.

1연에서는 "내 고장", "칠월", "청포도"가 시간, 공간, 사물의 중심에 떠오르고 있다. 누구라도 친밀감을 느낄 만한 싱그러운 칠월의 푸르름이 그대로 나타나고 있다. 한 비평가는 1연의 의미 단위를 시간(칠월)/공간(고장)/ 사물(청포도)의 세 꼭짓점을 지닌 삼각형으로 보면서, 이 삼각형이 자연에서 우주로 그리고 인간계로 패러다임이 변화되어가는 것이 청포도의 묘미라고 지적한 바 있다. 그만큼 1연의 배경은 단순하지만 우리 삶의 가장 기본적인 존재 조건을 두루 포함하고 있다는 것일테고, 이 배경 안에 서 있는 화자의 소망과 기다림이 독자 누구에게라도 확대될 수 있다는 가능성들을 말하는 것이기도 하다. 그러므로 마을에서 손님을 기다리고 있는 화자를 중심으로 한 평이한 서경敍景은 전설과 바다와 포도 등의 시어와 어우러지면서 시간과 공간을 포도송이 속으로 응축해가는 시적 상상력으로 전환되어간다.

2연의 "이 마을 전설이 주저리 주저리 열리고"는 원관념인 포도가 생략된 은유의 형태인데, "주저리 주저리"라는 의태어는 전설과 포도를 일치시키면서 전설이라는 시어의 느낌을 풍성함, 신비함, 비현실적인 투명함으로 감싸고 있는 것이다. 전설이야말로 잃어버린 과거에 대한 꿈과 자기 존재의 근원에 대한 추억의 다른 이름이 아닌가. 또한 공간적으로도 "먼 데 하늘이 꿈꾸며 알알이 들어와 박혀"라고 하여 지상에 열매 맺은 포도 안에 하늘의 꿈까지도 모두 응축시켜버리는 능동적인 상상력의 일면을 보여준다. 그러므로 전설을 간직하고 있는 포도를 통해서 화자는 하늘, 즉 무한히 넓은 외부 세계가 자기 속으로 들어오고 동시에 자신이 확대되면서 온 우주에 자신의 숨결이 퍼져나갈 수 있는 투사投射의 개념을 획득하고 있다.

3연의 "하늘 밑 푸른 바다가 가슴을 열고"라는 구절은 과거의 시간을 탐색했던 1·2연의 영상과 연결되며 시간의 지속성을 상징화한다. 이 시에서 "바다"는 어떤 미래의 시간으로 화자를 이끌어주는 것으로, 이질적인 것을 결합시키고, 떨어졌던 것들을 이어주는 대상이다. 이 시에서도 마찬가지로 바다와 바다의 전령인 흰 돛단배의 이미지가 전설의 시간으로부터 시간을 축적시키고 하늘의 공간을 응축시킨 포도 위로 겹쳐지면서, 이 포도에 미래를 향한 예비와 기다림의 의미를 부여하게 된다. 이육사의 상상력 속에서 물의 이미지는 바다, 강물, 시냇물, 푸른 샘, 밀물, 해조海潮 등으로 다양하게 변용되며 불연속과 혼동 속에서 인간 의식에 질서와 연속성을 회복시켜주는 기능을 하고 있는 것이다.

4연에서부터는 이 시의 중심인물인 "나"와 "손님"이 등장한다. 어쩌면 3연까지의 시간과 공간에 대한 성찰은 이 두 인물을 위해 예비된 무대였는지도 모른다. 익어가는 청포도 아래에서 기다리는 나와 청포를 입고 찾아오는 손님은 음상音相적으로도 서로 자연스러운 교집합交集合을 형성하면서 숙명적인 만남의 시간을 예비한다. 그 만남을 위한 기다림과 그 안에 숨 쉬고 있는 시공을 넘나드는 상상력의 깊이는 시인이 삶을 얼마나 진지하게 들여다보고 있는가를 말해준다. 사실 「청포도」야 인구에 회자되는 유명한 작품이고, 이육사의 전기적 사실은 이 시에 등장하는 손님이 누구인가에 대한 논의를 불러일으키기도 했었다. 그러나 「청포도」의 7월이 조국 광복을 예시했다는 예언가적 단언이나, 도포 입은 손님이 독립투사였다는 식의 주장은 시를 평면적인 일상어의 감옥에 가두는 일이 되기 쉽다. 시란 닫힌 틀 속에서는 질식사할 수밖에 없다. 손님이 독립투사라면 포도는 무엇이고 전설은 무엇인가. 과연 이 다음 세대에도 독립투사의 노래가 살아남을 수 있을 것인가.

이 시에서 "고달픈 몸"으로 화자를 찾아오는 손님은 「해조음海潮音」에서는 지축이 흔들리게 달려오는 거인의 이미지로, 「광야廣野」에서는 백마를 타고 오는 초인超人의 이미지로 연결되고 있다. 그러므로 화자가 포도의 성숙을 기다리며 손님을 위해 "은쟁반에/ 하이얀 모시 수건을 마련"하는 행위는 이육사의 다른 시 「광야」에서 '눈 오는 겨울에 씨를 뿌리는 것', 시 「꽃」에서 '북쪽 쑨드라에도 찬 새벽에 눈 속 깊이 꽃 맹아리가 움작거리는 것' 등과 그대로 연결되는 행위라 할 수 있다.

그렇다면 왜 시인은 자꾸 시간과 공간을 축적시키고 응축시키는 것일까. 시인에게서 가장 중요한 것은 미래를 예비하는 현재이다. 이 현재는 시간적으로 말하자면 과거와 미래가 연속적으로 연결된 현재이다.

즉 시인은 현재의 상황 안에서 과거와 미래를 포괄하면서 시적 초월을 시도하는 것이다. 기다림이라는 의미로 수렴되는 현재적 시간의 의미는 「청포도」가 갖는 가장 중요한 시적 메시지가 된다. 이 시에서의 기다림은 포도가 성숙하는 시간이고 바다를 건너 손님이 찾아오는 시간이며, 농부에게 있어서는 수확의 시간이 된다. 또한 흔히 해석되듯 조국의 해방일 수도 있고 인간 각자가 지니고 있는 꿈이요 동경일 수도 있다. 그리고 전체 시의 의미 구조 속에서의 기다림이란 결국 삶을 살아가는 시인의 진지한 자세와 삶을 관조하는 정신적 깊이와 연관되어 있는 것이다.

마지막 연은 시 전체를 하나의 선명한 이미지로 정돈하면서 「청포도」를 또 다른 관념의 차원으로 이끈다. 백색 은쟁반의 반사적인 색채와 모시의 담백한 색채는 수고와 기다림, 땀방울에 실린 질량감을 제거하면서 삶에 대한 또 다른 초탈의 경지를 보여준다.

## 기다림의 이중구조

시에서는 구체적인 것과 추상적인 것, 사물과 관념이 늘 긴장감 있게 맞부딪친다. 청포도, 하늘, 바다, 손님, 식탁의 시어들은 우리가 일상에서 늘 쓰는 구체적인 단어들이면서도 이 시의 콘텍스트 안에서는 인생과 삶을 이야기하는 관념적 지표로 변화된다. 하지만 이 시가 언제 읽어도 아름답고, 누가 읽어도 감동적일 수 있는 이유는 어느 한쪽으로 치우치지 않은 팽팽한 장력張力 때문이다. 구체적인 것과 추상적인 것,

이미지와 관념이 잘 어우러져 있으므로, 아름다운 그림이면서도 진지한 메시지이고 쉽게 읽히면서도 우리 영혼에 깨달음을 줄 수 있는 것이다.

시 「청포도」의 "포도", "하늘", "바다" 등의 쉽고 평이한 자연어들이 불러일으키는 심상들은 부드럽고 담백한 풍경화처럼 다가오지만, 그 표층적인 영상 밑에는 삶이 주는 숙명적 고달픔과 수고로움이 자리하고 있는 것이며 그 땀방울의 무게가 기다림으로 추상화되어 있다고 할 수 있을 것이다. 그러므로 화자에게 있어 기다림이란 만남의 환희라든가, 해피엔딩과 같은 고대 소설적 결말을 기대하는 정서와는 사뭇 다를 수밖에 없다. 화자에게는 기다림을 감내하는 수고로운 현재가 더욱 의미 있는 것이며, 이 예비의 땀방울이 더 소중하게 여겨지는 것이다. 그러므로 고달픈 몸으로 찾아오는 손님과 함께 두 손을 함뿍 적시는 식탁을 나누는 것은 인생의 수고로움 뒤에 찾아오는 참된 안도와 평안을 느끼게 한다. "함뿍 적셔도" 좋은 손 속에 살아 있는 생생한 신체 감각의 이미지는 나와 손님, 현재와 미래를 조화롭게 화합시키면서, 오래 인내한 자, 멀리 바라보는 자만이 얻을 수 있는 축복과 충만함의 정서를 감동적으로 전달해주는 것이다.

기다림과 수고와 만남과 땀방울을 응축하고 있는 '청포도'의 영상과, 이 모든 것 뒤에 예비된 '은쟁반 위의 모시 수건'은 한국 시사詩史에서 오래 기억될 개성적인 이미지이며, 시 정신의 드높은 경지라 할 수 있을 것이다.

# 오후의 구도

김광균

바다 가까운 노대露臺 위에
아네모네의 고요한 꽃방울이 바람에 졸고
흰 거품을 물고 밀려드는 파도의 발자취가
눈보라에 얼어붙은 계절季節의 창밖에
나즉이 조각난 노래를 웅얼거린다.

천정天井에 걸린 시계는 새로 두시
하—얀 기적汽笛 소리를 남기고
고독한 나의 오후午後의 응시凝視 속에 잠기어 가는
북양항로北洋航路의 깃발이
지금 눈부신 호선弧線을 긋고 먼 해안海岸 위에 아물거린다.

기인 뱃길에 한 배 가득히 장미薔薇를 싣고
황혼黃昏에 날아온 작은 기선汽船이 부두에 닻을 내리고
창백蒼白한 감상感傷에 녹슬은 돛대 위에
떠도는 갈매기의 날개가 그리는
한줄기 보표譜表는 적막하려니

바람이 울 적마다
어두운 카—텐을 새어 오는 보이얀 햇빛에 가슴이 메어
여윈 두 손을 들어 창을 내리면
하이얀 추억追憶의 벽 위엔 별빛이 하나
눈을 감으면 내 가슴엔 처량한 파도 소리뿐.

# 10

# 가벼움을 향한 몽상

김광균 「오후의 구도」

## 은유의 이질성이 주는 새로움

김광균의 시에는 한국 시문학사의 새 장章을 여는 탁월한 명 비유들이 살아 있다. "눈은 아스피린 분말이 되어 곱게 빛나고", "낙엽은 폴란드 망명정부의 지폐" 등 이질적인 것의 유추에 의해 대상에 대한 새로운 인식을 환기하면서 비유의 생명력으로 시의 의미를 확장시키고 있다.

「오후의 구도」는 1935년 5월 1일자 『조선중앙일보』에 발표된 것으로 김광균의 초기 작품에 속한다. 제목이 나타내는 바와 같이 어느 오후의 정경을 구도가 잘 잡힌 한 편의 그림과 같이 펼쳐놓은 시이다. 김광균의 시들은 시인의 정서나 생각을 그대로 토하지 않고 그것을 사물 자체의 이미지로 바꾸어 대상에 대한 새로운 인식을 환기시킨다.

이 시는 오후 두 시라는 시간 배경에 의해 굴절되어 있는 바닷가의 풍경을 그리면서 시적 화자의 내면의식을 드러내고 있다.

바다 가까운 노대露臺 위에
아네모네의 고요한 꽃방울이 바람에 졸고
흰 거품을 물고 밀려드는 파도의 발자취가
눈보라에 얼어붙은 계절季節의 창밖에
나즉이 조각난 노래를 웅얼거린다.

1연은 시각적 이미지들이 의인화되어 있으며, 풍경 자체가 낮잠에 겨워 있는 형태를 보인다. 꽃이 졸고 있거나 파도가 노래를 웅얼거리는 풍경은 극히 정적이며 미미한 형태의 움직임을 지닌, 즉 사물이 낮게 잠겨 있으며 긴장 없이 풀려 있는 상태를 그리고 있다.

2연에서는 이러한 상태의 시간적 배경이 되는 오후 두 시의 풍경을 제시하면서 그 풍경을 바라보는 주체인 "나"가 등장하고 있다.

천정天井에 걸린 시계는 새로 두시
하ㅡ얀 기적汽笛 소리를 남기고
고독한 나의 오후午後의 응시凝視 속에 잠기어 가는
북양항로北洋航路의 깃발이
지금 눈부신 호선弧線을 긋고 먼 해안海岸 위에 아물거린다.

오후라는 무위無爲의 이미지, 그렇지만 두 시의 선명한 빛으로 파악되는 외부 공간을 묘사하고 있으며, 화자가 마치 숨어 있던 곳에서 나와 창에 얼굴을 불쑥 내민 것처럼 드러나 있다. "하-얀 기적 소리"는 소리를 시각화함으로써 시끄러운 기적 소리를 완화시켜 이 시의 정일한 분위기와 조화롭게 어울리는 효과를 지닌다. "고독한 나의 오후의 응시"는 외부 세계의 풍경과 그것을 바라보는 자아와의 거리감을 표명하는 것으로, 사물은 사물대로 존재하고 나는 사물로부터 유리된 공간에서 있으면서 창이라는 벽면을 통해 볼 수밖에 없는 거리감이 시인을 고독하게 만든다.

1연의 "눈보라에 얼어붙은 계절의 창밖에", 4연의 "여윈 두 손을 들어 창을 내리면"에서 화자가 창을 통해 바깥 풍경을 내다보고 있는 것을 알 수 있다. 이 시는 전체적으로 동작이 멈춰버린, 정지된 상태에 잠겨 있는 듯한 풍경을 그리고 있는데, 이런 시적 효과는 시인이 내부에서 창을 통해 사물과 만나고 있기 때문에 얻어지는 것이다. 나의 오후의 응시는 창을 통한 거리를 두고 풍경을 바라보는 행위이다. 창은 바깥 세계를 만나게 해주는 통로이지만, 청각 등 다른 감각보다는 단지 시각으로서만 사물을 인지하게 하는 제한된 속성을 가지고 있다. 1·2연에 나타나는 사물이 '파도 소리가 나즉이 웅얼거린다'거나 '하얀 기적 소리' 등 낮은 소리로 파악됨은 이러한 화자의 위치와 연관이 있다.

> 기인 뱃길에 한 배 가득히 장미薔薇를 싣고
> 황혼黃昏에 날아온 작은 기선汽船이 부두에 닻을 내리고

창백蒼白한 감상感傷에 녹슬은 돛대 위에
떠도는 갈매기의 날개가 그리는
한줄기 보표譜表는 적막하려니

3연은 표면적으로는 항구의 풍경을 묘사하고 있지만, 풍경에 대한 시인의 의도적 설정이 엿보이기도 한다. 물고기 대신 "한 배 가득히 장미를 싣고" 오는 기선이나 "창백한 감상에 녹슬은 돛대"는 실제적 풍경이라기보다 외부의 공간 속에 시인의 내면적 적막감이 투사되어 외적 세계와 화자의 내면 공간을 이어주는 기능을 하고 있다.

이러한 매개적 사물들과 함께 오후의 빛은 황혼의 빛깔을 띠게 된다. 오후 두 시의 빛은 사물과 '나'를 구분하는 구도를 그린다. 하루 중에 가장 강한 빛이 쏟아져 내리는 두시는 그만큼의 그늘 또한 만드는 시간이기도 하다.

졸고 있는 듯한 이완 상태에 있는 사물들이 따뜻한 열기를 가진 빛 속에 있다면, 이를 응시하고 있는 화자는 그늘 속에 있다. 1연과 2연에서는 빛 속에 있는 외부 세계가 그려졌는데, 3연에서는 어둠 속에 있는 화자의 세계가 드러난다. 외부 세계에서 화자의 세계로, 빛에서 어둠으로 전환되는 사이에 황혼의 빛이 존재하고 있다. 즉 이 시에서 오후의 빛은 세 가지 명도明度로 분절되며 그에 따라 시점이 외부 세계에서 내면 세계로 이동하고 있다.

3연에서는 모든 외부의 소리가 차단된다. 1연의 나즉이 들려왔던 파도의 웅얼거림은 2연의 "하-얀 기적 소리"로 시각화되고 3연에서는 시각적 소리조차 사라진 적막만 흐른다. 이러한 상태에서 외부를 그리던 시선은 완전히 시인의 내면 공간을 향하게 되는 것이다.

> 바람이 울 적마다
> 어두운 카—텐을 새어 오는 보이얀 햇빛에 가슴이 메어
> 여윈 두 손을 들어 창을 내리면
> 하이얀 추억追憶의 벽 위엔 별빛이 하나
> 눈을 감으면 내 가슴엔 처량한 파도 소리뿐.

"보이얀 햇빛에 가슴이 메어"나 "내 가슴엔 처량한 파도 소리뿐." 등의 구절에 나타나는 바와 같이 시인은 추억에 침잠하고 있다. 추억의 벽 위에 떠오른 별빛은 희망적인 것이 아니다. 그것은 움직임이 없는 고여 있는 빛이며 창백한 이미지로 슬픔이나 애상감을 표상하고 있다.

화자는 지금까지 창을 사이에 두고 보아온 것을 중단하고 결국 추억에 잠기고 눈을 감음으로써 자신의 내면 공간으로 침잠해버리고 만다. 즉, 화자는 창을 뛰어넘을 수 없는 밀폐된 공간에서 다만 제한된 감각으로 사물을 파악하기 때문에, 생동하는 사물과 동화되지 못하고 사물과의 거리감이 야기한 쓸쓸함을 확인하게 되는 것이다.

### 감각과 비애悲哀의 융합

이 시가 독특한 인상을 주는 이유 중 하나는 감각의 특수성이라 할

수 있을 것이다. 김광균은 대부분의 그의 시에 깔려 있는 오후의 느낌을 회화적이며 기하학적인 구도로 그려내고 있다.

1연 4행 "눈보라에 얼어붙은 계절의 창"을 비롯한 1연 2~5행 그리고 2연 1~2행은 모두 감각에 관련된 표현들이다. "계절의 창밖에/ 나즉이 조각난 노래"는 소리를 작게 만들고 낮게 함으로써 오후라는 시간과 이 시 전체의 정적인 분위기와 조화되어 비실제적 시어에 양감과 체적감을 부여한다. 반대로 3연 5행의 갈매기의 날개가 그리는 "한줄기 보표"는 시각적인 갈매기의 날음을 보표로 청각화함으로써 높고 낮게 몸짓하는 갈매기의 날개짓을 리듬화하는 신선함을 창출하고 있다. 이 밖에 '가슴 메이는 보이얀 햇빛', '가슴속 파도 소리'도 모두 여기에 속한다. 이와 같은 공감각적synaesthetic[1] 이미지를 사용함으로써 하나의 감각에서 다른 감각으로의 이동을 시도한 예는 김광균 시의 가장 큰 특성을 이루고 있다. 그의 다른 시에서도 이러한 특징은 두드러지게 나타난다.

> 겨울이 오는 육교路橋 위에
> 한줄기 황망한 기적을 뿌리고

「향수鄕愁」 부분

1 Ren Wellek, & Austin Warren, *Theory of Literature*, Harcourt, Brace & Company, 1949, p. 191. 'Synaesthetic imagery (Whether the result of the poet's abnormal psychological constitution or of literary convention) translates from one series into another.'

분수처럼 흩어지는 푸른 종소리

「외인촌外人村」 부분

황혼이 고독한 반음半音을 남기고
어두운 지면地面위에 구을러 떨어진다

「황혼黃昏에서」 부분

우유차牛乳車의 방울소래가 하얀 오후午後를 싣고
언덕넘어 사라진 뒤에

「산상정山上町」 부분

어디서 날러온 피아노의 졸린 여음餘韻이
고요한 물방울이 되어 푸른 하늘에
스러진다

「산상정山上町」 부분

먼 — 기적汽笛소리
저 마을 스쳐가고

「노신魯迅」 부분

위의 여러 예에서 볼 수 있는 바와 같이 우리의 내밀한 곳에 있어서 볼 수 없는 이성의 세계는 은유에 의해 영상화되어 실재적인 것으로 변용된다. 따라서 마음속에 떠오른 심상을 구체화시킬 때 시는 가시적인 것을 목표로 하기 때문에 은유의 시각화가 자연히 먼저 이루어지는 것이다.

> 공허空虛한 군상群像의 행렬에 섞이어
> 내 어디서 그리 무거운 비애悲哀를 지녀왔기에

「와사등瓦斯燈」 부분

> 피부皮膚의 바깥에 스미는 어둠
>
> (…)

「와사등瓦斯燈」 부분

또한 이렇게 촉각을 시각화하는 것도 찾아볼 수 있다. 이와 같이 다양한 감각을 사용함으로써 시인은 의미를 시각화시키는 데 있어서 참신한 은유를 구사하고 있는 것이다.

## 백색 이미지와 이국정서의 환상성

다음으로 이 시의 특색으로 들 수 있는 것은 색채적인 이미지이다.

그는 색채, 그중에서도 백색의 비유를 가장 즐겨 쓰고 있다. 우선 이 시의 제목이 되어 있는 '오후'라는 것부터가 흰白 느낌을 우리에게 준다.

2연의 "천정에 걸린 시계는 새로 두시"에서 "천정"은 하늘이고 "시계"는 태양을 의미하는 은유이다. 이 하늘의 시계 '해시계'가 펼쳐 보이는 오후 두 시의 개념은 첫째 애매한 시간의 무력함, 둘째 휴식, 셋째 비현실적인 느낌을 준다. 그러므로 그것은 분명히 색깔로 치면 백색 개념에 속한다. 자연적인 것을 기계적·문명적이며 현대적인 비유로 바꾼 것은 김광균 시의 중요한 특성을 이룬다. 시인이 무색의 세계에 잠입하고 있음은 그의 감정적 기조를 무언으로 설명해주는 것이 될지도 모른다. 이 「오후의 구도」 한 편의 시에서만 보더라도 "흰 거품을 물고 밀려드는 파도의 발자취"를 비롯하여 여러 번에 걸쳐 그 색채 개념을 표시하고 있다. "하-얀 기적 소리"로서 청각에 색채를 칠하고 있거나 "창백한 감상", "하이얀 추억" 등 감정의 느낌에까지 백색에 대한 그의 기호를 드러내고 있는 것이다. 이러한 백색의 도입은 그의 시 전편에서 쉽게 찾아볼 수 있는 현상이다.

다음으로 이 시의 중요한 부분을 이루고 있는 것은 이국정취exotism이다. 첫 구절부터 등장하는 "바다 가까운 노대"는 서구화된 용어로서 우리의 재래적 한식 가옥과는 거리가 먼 어느 이층 양옥집의 정경을 상상하게 한다. 덧붙여 거기에는 "아네모네"의 꽃방울이 방긋 웃고 있는 것이다. 늦봄과 초여름의 꽃인 '아네모네'의 이 시에서의 역할은, 어쩌면 할미꽃이나 민들레보다 새로운 청각적 영상을 불러일으키면서 "북양항로의 깃발"과 더불어 먼 외국의 나라를 동경하는 시인의 정서를 북돋아준다. "깃발"과 "돛대"와 "부두"와 "닻"이 의미하는 것, 그것은 어쩌면 가슴 뛰는 희망과 유랑에의 기대를 갖게 하는 원천이 될 것이다. 북양항로를 따라 내려가본 나라는 스칸디나비아, 핀란드, 노르웨이, 아이슬란드 등 당시에는 좀처럼 가보기 힘든 나라들이다. 이러한 이국적인 세계에 대한 순수한 꿈이 몽환적인 감각을 더해주고 있다.

1연 2행의 "고요한 꽃방울이 바람에 졸고"와 3연 2행의 "황혼에 날아온 작은 기선이 부두에 닻을 내리고" 등은 의인화로 설명된다. 그는 자연물을 인공적 · 도시적 · 현대적인 비유로 유추하고 있고, 때로는 일상적 · 생활적인 이미지를 학습어learning language 내지 문화적인 언어로 대치시키는 기교도 보여주고 있다. 이러한 그의 비유에 효과를 불어넣어 주는 것이 그의 시의 밑바탕이 되고 있는 암시적 긴장suggestive tension임은 말할 것도 없다.

「오후의 구도」는 바닷가 항구의 풍경을 작고 정적靜的인 움직임, 낮은 소리, 흰색, 먼 이국정조를 불러일으키는 이미지들로 구성하고 있다. 이러한 이미지들은 독자를 복잡하고 무거운 현실에서 벗어나 가볍고 평온한 몽상의 세계로 이끈다. '대낮에 보는 별빛 하나', '하얀 기적 소리', '갈매기의 날개가 그리는 음표' 등의 은유의 참신성이 이 시를 빛나게 뒷받침한다.

## 향수鄕愁

정지용

넓은 벌 동쪽 끝으로
옛이야기 지줄대는 실개천이 회돌아 나가고,
얼룩백이 황소가
해설피 금빛 게으른 울음을 우는 곳,

– 그 곳이 참하 꿈엔들 잊힐 리야.

질화로에 재가 식어지면
빈 밭에 밤바람 소리 말을 달리고,
엷은 조름에 겨운 늙으신 아버지가
짚벼개를 돋아 고이시는 곳,

– 그 곳이 참하 꿈엔들 잊힐 리야.

흙에서 자란 내 마음
파아란 하늘 빛이 그립어
함부로 쏜 활살을 찾으려
풀섶 이슬에 함추름 휘적시던 곳,

– 그 곳이 참하 꿈엔들 잊힐 리야.

전설 바다에 춤추는 밤물결 같은

검은 귀밑머리 날리는 어린 누이와
아무러치도 않고 여쁠 것도 없는
사철 발벗은 아내가
따가운 햇살을 등에 지고 이삭 줏던 곳,

– 그 곳이 참하 꿈엔들 잊힐 리야.

하늘에는 석근 별
알 수도 없는 모래성으로 발을 옮기고,
서리 까마귀 우지짖고 지나가는 초라한 집웅
흐릿한 불빛에 돌아앉어 도란도란거리는 곳,

– 그 곳이 참하 꿈엔들 잊힐 리야.

# 11

# 고향 회상의 정서적 원형성과 후렴구의 미감

정지용 「향수鄕愁」

## 우리말의 보물창고

소리만으로도 독자에게 깊은 울림을 주는 시구들이 있다. 청산별곡의 후렴귀 “얄리얄리 얄랑셩 얄라리 얄라”는 다른 말로 번역이 불가능하다. 그러나 현실로 환원불가능한 말임에도 불구하고 이 시어들은 언어화되기 이전의 본능적인 공감과 선험적인 이해를 불러일으키는 힘을 갖는다. 아리랑의 “아리랑 아리랑 아라리요”의 소리가 주는 미감 역시 그 의미를 알 수는 없어도 한국어를 사용하는 사람들에게 한없는 아름다움을 느끼게 해주는 것처럼 말이다.

아름답고 오묘한 시어詩語 하나만으로도 독자는 인상 깊은 감동의 순간을 경험할 수 있다. 뛰어난 시인들에게는 모국어의 숨과 결에 대한 감각이 천부적으로 갖추어져 있다고 할 수 있다. 일찍이 이상李箱은 정지용이 쓴 시어의 아름다움에 찬탄을 아끼지 않았다. "우리 고장에서는 사탕을 댕구알이라고 그럽니다", "검정 콩 푸렁 콩을 주마"(「말1」), "감람 포기 포기 솟아오르듯 무성한 물이랑이요!"(「다시 해협」) 등 그는 정지용이 쓴 시어에 너무나 감탄한 나머지 달려가서 "지용을 껴안고 뽀뽀하고 싶다."는 말을 토로하기도 했다. 우리말의 음상과 시의 분위기를 생생하게 살려내는 정지용의 탁월한 언어감각이 이상으로 하여금 질투와 경쟁심을 넘어선 순수한 공감의 순간을 맛보게 해주었던 것이다. 정지용의 시들은 우리말의 보물창고라는 느낌이 든다.

## 시어와 리듬의 유기체적 결합

정지용은 1926년 『학조學潮』 창간호에 「카페프란스」 등을 발표하면서 문단에 첫선을 보인 이래 시의 형식과 시적 감수성의 개척으로 현대적 인식을 보여주어 한국 현대시사에 뚜렷한 업적을 남겼다. 시의 언어에 대한 인식이 인상적이고 서술적인 것에서 벗어나 사물을 새로운 존재의 영역으로 드러내 보였다는 점에서 현대시 인식의 출발점이 된다. 이러한 인식을 토대로 이미지즘적 사물시를 쓴 시인으로 알려진 그는 능란한 시어 구사를 통해 선명한 이미지를 살린 모더니즘적 요소와 더불어 고유의 향토적·고전적 정서를 표출하고 있어 근대시와 현대시의 경계에 한 획을 긋는 역할을 담당하고 있다.

시의 신비를 언어의 신비로 인식하고 있는 그는 "시의 본질이란 언어의 가장 자유스럽고 구체적인 상태에서 시작 발전된 것이며, 새로운 시는 이러한 언어에 대한 자각으로, 문자와 언어에 혈육적血肉的 애愛를 느끼지 않고서 시를 사랑할 수 없다"[1]고 말함으로써 현대시에 새로운 빛을 던지고 있다. 그리하여 그의 시는 언어와 이미지에 대한 자각과 실천에 주목하게 되는데 언어의 조탁과 감각적 이미지를 통해 실현하고 있음이 주목된다. 그는 추상적인 것, 관념적인 것을 시각을 중심으로 한 감각적 이미지로 표현하여 눈으로 볼 수 있는 구체적 대상의 형태로 전달해준다. 또한 잘 연마된 한국어의 신선함과 감각적 구조를 위해 외래어나 고어古語, 방언까지도 적극적으로 활용하면서 때로는 말을 만들어 쓰기도 한다.

일반적으로 그의 시는 세 단계의 변모 과정 속에서 그 지향성을 조금씩 달리하고 있다. 첫째는 고향에 대한 그리움과 함께 비관적인 현실인식에 대한 비애의 정조를 나타내고 있는 시들로 「향수」나 「고향」 및 동시류의 초기 시에 해당된다. 둘째는 바다의 이미지와 도시의 이미지를 추구한 모더니즘적 요소가 두드러진 시의 계열들이다. 그리고 셋째는 중기 및 후기 시의 경향으로 종교적 관념을 표백하고 있는 카톨리시즘의 신앙시와 지성·극기·절제의 동양적 세계관의 형이상학적 계열들이다. 특히 산을 중심으로 한 후기 시들은 인간과 자연이, 자아와 세계가 융화 합일된 무위자연無爲自然의 경지를 추구하는 동양 전통 지향성에

---

1 정지용, 『문학독본』, 박문서관, 1948, 208쪽.

근거한 특성을 보이고 있다.

이러한 그의 문학적 업적은 "그 감각에 있어서 조선 현대시의 새로운 역사를 개척한 동시에 세련된 조선적 현대시를 만드는 데 있어서 또한 특별한 공적을 남긴 시인"[2]이라고 평가되고 있으며, 또한 "일체의 인간적인 주장이 배제된 그의 시집 『백록담白鹿潭』의 세계는 사물의 투명한 영상만으로 인간이 무욕無慾과 청정清淨의 자연에 합일하는 순간을 포착하고 있다는 점에서 사물시physical poetry가 다다를 수 있는 한 정점頂點"[3]으로 지적되고 있다.

1930년대에 들어서면서, 티 없이 맑고 순수한 자연의 아름다움을 표상하는 그의 자연 이미지들은 현실적 삶의 고뇌, 즉 때 묻은 경험의 세계를 정화시키는 정신적 승화작용을 떠맡고 있다. 나아가 생략과 함축, 문체 및 시 형식의 다양화 등 방법론적 단련을 통해 궁극적으로 '시란 언어의 자각에 의한 대상의 표현'이라는 점을 일깨우고 있는 것이다.

## 금빛 이미지와 후렴구의 미감

1927년 3월 『조선지광朝鮮之光』에 실린 「향수」는 널리 알려진 정지용의 대표작 중 하나이다. 이 시에서 특이한 것은, 연과 연 사이에 후렴구 "그곳이 참하 꿈엔들 잊힐 리야"라는 연을 5회나 반복함으로써 그 연결을 시도하고 있다는 점이다. 이것은 다만 경물적景物的인 시구詩句

2 백철, 『조선신문학사조사』, 백양당, 1949, 229쪽.

3 문덕수, 『한국 모더니즘시 연구』, 시문학사, 1981, 122쪽.

를 기본적으로 삽입한 것이 아니라 이미지에 통일성을 이루기 위한 연과 연을 연결하는 유대紐帶가 되고 있고, 한 연의 종결이나 발단을 전개시키는 구실을 하고 있다. 그 위에 한 연의 공간이 차지하는 시각적인 효과를 위해서도 매우 적절한 수법이라 생각된다. 이것은 이미지의 명확성을 중요시한 것으로 시각적인 의미만을 시로 나타내는 과정을 보여준다. 또한 이 시에 동원된 시어들은 실개천과 얼룩백이 황소, 질화로, 짚벼개, 서리 까마귀 등 전통적이며 토속적인 어휘들이다. 몽상 속의 고향도 옛이야기처럼 전설적이므로 "그곳"이라는 원칭遠稱의 장소로 드러나고 있다. 먼저 1연에서는 그의 고향 마을을 둘러싼 자연적인 공간이 제시되고 있다. 넓은 들판과 실개천의 대조, 원천적인 삶의 공간으로서의 자연이 옛이야기라는 먼 시간의 개념과 함께 펼쳐지고 있다.

넓은 벌: 조용하다. 고적孤寂하다. 무한無限하다.
실개천: 흐르다. 지즐대다. 섬세하다.
황소: 온순하다. 평화롭다. 한가하다.

여기 등장한 시어들은 한 단어가 무수한 속성을 가지고 있는 것이 없고 시어의 모두가 조용한 느낌을 주는 단어들이다. 은유의 속성 분석이나 난해성이 여기서는 별로 문제가 되지 않는다.

얼룩백이 황소가

해설피 금빛 게으른 울음을 우는 곳,

황소의 울음소리를 눈으로 볼 수 있게끔 시각화하면서 얼룩백이라 할지라도 황소가 지닌 대체적인 누런 색과 동일한 계통의 금빛으로 신비화하고 있다. 그것은 어릴 적 기억, 몽환의 요소와 결합된 풍경이라 할 수 있다. "금빛 게으른 울음"은 공감각synaesthetic[4]을 일으키고 있다. 곧 황소의 울음소리가 금빛이라는 은유는 시각적인 것이 청각적인 것으로 전이되어 음에 일정한 색채를 느끼게 한다. 시각은 대상물을 명확히 보기 위한 것임은 말할 것도 없는 것이겠지만, 청각은 사물의 상태를 느낌에 상관하고 있다고 생각된다. 가까운 예로서 귀머거리가 눈으로 대상을 파악하듯이 장님은 귀로 소리를 들어서 그 상태를 마음속으로 느끼는 것이다. 이러한 예를 생각할 때 색채는 청각과 가장 밀접한 상관관계를 맺고 있음을 알 수 있다. 그러므로 이 '금빛 울음'이란 말할 것도 없이 대상물을 시각으로 느낀 것이 아니라 그 상태를 청각으로 느낀 것으로 '금빛'은 '게으른'을 수식하고 있다. 여기에서의 "게으른"은 금빛으로 물든 게으름인 것이다. 한가한 농촌의 하늘에 퍼져가는 소의 울음소리를 선연히 듣는 것 같이 부사 "헤설피"는 야무지지 않고, 약간 늘어진 느낌의 크고 순한 짐승의 울음소리를 연상시킨다. 밝고, 따뜻하고, 명랑한 금빛의 상념을 통하여 우리들은 화평한 한 마을의 정경을 연상하는 것이다.

---

4 Stephen Ullmann, *The Principles of Semantics*, Jackson, 1957, chapter 3.

2연에 표상된 고향은 아버지의 모습으로 구체화된다. 재가 식은 질화로와 짚베개의 이미지를 통하여 단순하고 소박하며, 가난하나 평화롭고 단란한 농가의 정경을 상상할 수 있다. 토속적인 원초적 이미지와 함께 가을걷이를 끝낸 빈 벌판의 바람 소리와 질화로가 이어짐은 자연스럽다.

질화로: 미지근하다, 온기가 남아 있는 재.
비인 밭: 쓸쓸하다, 황량하다, 바람이 불다.
아버지: 자애, 늙다, 피곤.
짚벼개: 가난, 휴식.

1연이 인간과 어느 정도 거리가 있는 부동의 풍경 묘사임에 비해, 여기서는 운동성을 지닌 인간의 세계가 펼쳐지고 있다. 즉 움직이지 않는 정적靜寂에서 움직이는 현실 세계로 상상력의 이미지가 옮겨지고 있는 것이다. 이것은 곧 우리의 상상력이 능동적이며 의식적인 것으로 귀착됨을 뜻한다고 할 수 있다. 둘째 구절 "비인 밭에 밤 바람 소리 말을 달리고"는 'ㅁ', 'ㅂ'의 순음 계열과 'ㅏ' 모음부에 의해 정돈이 되면서 활유活喩(혹은 의인화personification)에 의하여 '바람이 분다' 혹은 '바람이 지나간다'는 서술 대신에 '말을 달린다'는 단순문장을 대치시키고 있다. 여기서 바람과 인간은 혼연일체가 되고 있다. 정지용의 시에 나타난 활유는 '빠른 속도로 지나가는 바람'과 '말이 달리는 모습'의 좋은 대조를 이루고 있는데

골이 울어 멩아리 소리 찌르렁 돌아옴즉도 하이

「장수산長壽山」 부분

도체비 꽃이 낮에도 혼자 무서워
파랗게 질린다

「백록담白鹿潭」 부분

먼데서 바다가 구길때 솨 — 솨 — 솔소리

「백록담白鹿潭」 부분

이런 시에서 보는 바와 같이, 은유가 대상과 대상의 융합을 나타냄에 비하여 이것은 인간과 대상의 융합을 의미하고 있다. 이러한 융합의 종류는 원시적animism 상상력에 대하여서는 지극히 당연한 것이다. 이를테면 "도체비 꽃이 파랗게 질린다"를 형성함은 결국 융화의 과정에 의해 모든 사물과 정신적 능력 및 성질에 생명이 부여되는 것이다. 그것은 "원시적 형식 속에 존재하는 것이며 신화에서는 보다 더 생활이 되어진 현실이며 생존하는 존재 그 자체이기도 하다."[5] 그러므로 이 활유

5 Ren Wellek, & Austin Warren, *Theory of Literature* (3rd ed.), Harcourt, Brace & Company, 1984, chapter 15, p. 210.

를 통해 언어는 구체적인 것이 되며 주로 시각적 이미지가 뚜렷해지게 되는 것이다.

다음 3연은 화자 자신의 유년기를 향한 회상으로 이어지고 있다. 흙과 하늘과 이슬에 의한 고향의 환기, 하늘을 향해 쏘아올린 화살은 그 상승적 지향성과 함께 유년기의 순수를 표상한다고 할 수 있다. 3연의 이미지를 살펴보면 다음과 같다.

흙: 농경생활, 본질적인 것, 안정.

하늘: 푸르다, 맑다, 깨끗하다.

화살: 동심, 미지의 세계.

이슬: 청신함.

이 연의 주인공은 어린 날 '나'의 모습이다. 순수하고 무구한 과거의 기억과 연결되는 하늘과 숲과 이슬은 한 인간의 유년 시절, 동경憧憬 또는 내면 세계 같은 것이 아직도 인간의 향수와 성격을 결정시켜준다는 사실을 확인하게 하는 것이다. 왜냐하면 "결국에 있어서 인간이란 그 근본에 다다르게 되어도 늘 점멸하는 삶의 같은 모습, 가장 내적인 모습을 여전히 찾는 것이기 때문이다."[6]

4연의 이미지를 살펴보자. 4연은 2연과 함께 고향의 모습을 그리고 있는데, 여기서 표상된 고향의 모습은 아버지와 누이, 그리고 아내의 이

---

6 Corrado Alvaro, *Roma Vestita di nuovo, Bompiani*, 1957, p. 181; 『현대문학』 권34호, 142쪽에서 재인용.

미지에 의해서 환기된 가족질서로서 화해의 공간을 이룬다. 엷은 졸음에 겨워 짚벼개를 돋아 고이시는 늙은 아버지, 검은 귀밑머리의 어린 누이, 사철 발 벗고 일하는 부지런한 아내는 고향의 가족들이다.

인물들의 공간 구도를 살펴보면 다음과 같다.

| 공간 | 가족 | 행위 |
|---|---|---|
| 방 안(질화로)<br>↕<br>밭(햇살) | 아버지(늙음)<br>누이(어림)<br>아내(젊음) | 졸다 → 눕다<br>춤추다 → 머리카락 날리다<br>일하다 → 등을 구부리다 |

여기서는 특히 누이와 아내 두 인물이 비교되고 있다.

누이: 이상, 깨끗하고 때 묻지 않은 순결.

아내: 현실, 생활과 속세.

시인의 시 안에서 대상화되고 있는 누이와 아내는 단순히 그 내연적內緣的인 관계를 유지하려 하지 않고 시인이 자기 심상의 영역 안에서 그것을 목적화하려고 한다. 즉 그것은 미적인 형성과 논리적인 형성의 병치juxtaposition에 의하여 은유로서 생성되는 것이다.

"전설 바다에 춤추는 밤물결 같은/ 검은 귀밑머리 날리는 어린 누이"는 '밤물결'과 '귀밑머리'에서 그 유사성을 추구하고 있다. 끊임없이 출렁이며, 검정빛과 신비로운 감각을 가득 안겨주는 밤물결은 매체vehicle로 본체tenor인 검은 귀밑머리를 선명히 해주고 있는 것이다.

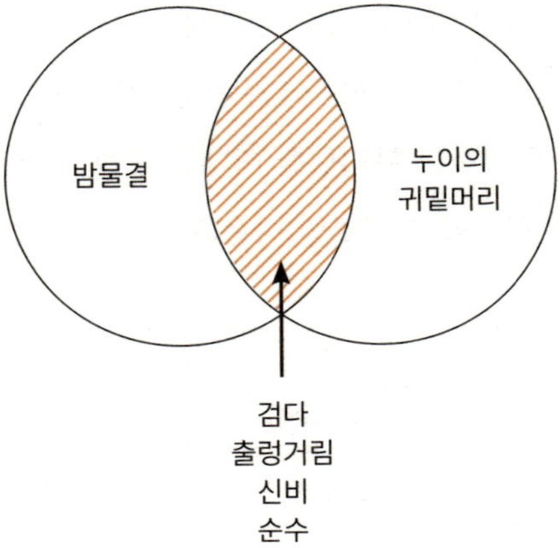


'머리카락'이라는 부분으로 누이의 전체를 상징하는 제유법은 누이를 추상화·신비화하며 시적 의미를 확대시켜 나아간다. 그러나 이 구절 전체로 볼 때는 "전설바다"와 "누이"가 보다 더 직접적인 유추에 의해 가깝게 느껴진다.

마지막 연에서 "하늘에는 석근 별"과 "모래성"과 "서리 까마귀" 등으로 이어지는 이미지의 전개는 가난하고 힘든 농촌 생활의 어려움을 나타낸다. 그러나 유년기의 몽상 속에서 결코 상처 입지 않은 고향이라는 생의 터전은 이 연의 중심이며, 그것은 흐릿한 불과 초라한 지붕을 감싸안는 가족들의 도란거림으로 연결된다.

하늘: 밤하늘, 정적.

별: 성글다, 어둡다.

모래성: 미지未知, 고난, 허물어짐.

서리 까마귀: 겨울, 불행.

지붕: 초가, 초라하다.

불빛: 흐릿하다, 등잔불.

고향의 이미지 속에 등장할 수 있는 모든 외계의 사상事象이 과거에의 기억 및 비실제적 존재기억과 함께 감성적이며 정조적情調的인 결합에 의하여 비유화되어 나타난 것이다.

한편 전체적으로 볼 때 이 시에서는, 우리 시에서는 드물게 의미를 북돋우는 두운頭韻·alliteration 현상이 많이 나타나고 있다.

① 비인 밭에 밤바람 소리 말을 달리고

② 함부로 쏜 화살을 찾으려/ 풀섶 이슬에 함추름 휘적시던 곳

③ 서리 까마귀 우지짖고 지나가는 초라한 집웅

④ 검은 귀밑머리 날리는 어린 누이와/ 아무렇지도 않고 예쁠 것도 없는

⑤ 흐릿한 불빛에 돌아 앉어 도란 도란거리는 곳

①의 예문은 'ㅁ', 'ㅂ'의 순음脣音 계열이 반복되면서 빠른 속도감과 긴 여운을 자아내 바람이 몰아치는 정경을 사실적으로 형상화하는 효과를 거두고 있다. 특히 모음부에서 'ㅏ' 음이 압도적으로 많이 사용되어 바람 소리에 힘과 속력을 불어 넣고 있다.

②의 자음운子音韻 'ㅎ'이나 ③의 '우지짖고'의 '지' 음은 동일한 단어

의 되풀이나 단순한 운韻의 반복이 아닌, 부분적으로 접근되어 대응됨으로써 그 말들이 의미하는 시적 효과를 더해주고 있다. ④의 'ㄱ', 'ㅇ' 음과 ④의 '도' 운도 같은 효과를 시도하고 있다. 이와 같이 시 한 행에서 전체나 혹은 부분에의 음·운이 'ㅎ', 'ㅣ', '지' 등으로 비교적 접근되어 있으면서도 '함/화', '함/휘'에서처럼 교묘히 비껴가는 두운효과는 매우 특징적이다. ③에서 볼 때 'ㅣ' 음과 '지' 운의 동일한 계열 속에서도 '리/귀', '지짖/지/집'과 같이 또 다른 변화를 주고 있다. 동일한 어휘가 아닌 자음이나 모음운을 미묘하게 변형시켜 자연스럽게 사용하고 있는 이러한 두운의 예들은 그가 특출한 언어감각을 지녔음을 입증해준다.

정지용의 시에 사용된 비유는 미학의 범위를 넘어서며, 한 시대의 정신을 재구성할 것을 목표한 그의 시적인 창조는 그 표현매체에 가장 잘 나타나 있다. 미에 대한 예리한 감수성으로 자연적인 것과 인공적인 것의 대립을 잘 적용시키고 있으며, 무의식이 주는 이미지와 감성이 잘 어우러져 있다. 그리하여 그는 언어에 대한 특유한 감각을 통하여 그의 언어들을 가장 투명하게 드러나게 하고 있는 것이다.

# Part 3

# 우리를 일으키는
# 내면의 목소리

# 크낙산의 마음

김광규

다시 태어날 수 없어
마음이 무거운 날은
편안한 집을 떠나
산으로 간다
크낙산 마루턱에 올라서면
세상은 온통 제멋대로
널려진 바위와 우거진 수풀
너울대는 굴참나무잎 사이로
살쾡이 한 마리 지나가고
썩은 나무 등걸 위에서
햇볕 쪼이는 도마뱀
땅과 하늘을 집삼아
몸만 가지고 넉넉히 살아가는
저 숱한 나무와 짐승들
해마다 죽고 다시 태어나는
꽃과 벌레들이 부러워
호기롭게 야호 외쳐보지만
산에는 주인이 없어
나그네 목소리만 되돌아올 뿐

높은 봉우리에 올라가도
깊은 골짜기에 내려가도
산에는 아무런 중심이 없어
어디서나 맷새들 지저귀는 소리
여울에 섞여 흘러가고
짙푸른 숲의 냄새
서늘하게 피어오른다
나뭇가지에 사뿐히 내려앉을 수 없고
바위틈에 엎드려 잠 잘 수 없고
낙엽과 함께 썩어버릴 수 없어
산에서 살고 싶은 마음
남겨둔 채 떠난다. 그리고
크낙산에서 돌아온 날은
이름없는 작은 산이 되어
집에서 마을에서
다시 태어난다

# 12

# 마음이 무거운 날 크낙산으로 가리라

### 김광규 「크낙산의 마음」

## 크낙산으로 가는 길

상징적 이미지와 복잡한 의미의 얽힘으로 대상을 분석하여 숨겨진 심층으로 독자를 인도하는 시가 있는가 하면, 쉽고 명징한 언어로 갈라진 정서를 채워주고 읽는 과정에서 어느덧 새살을 돋게 하는 시도 있다. 김광규의 「크낙산의 마음」은 후자에 해당하는 시이다. "다시 태어날 수 없어/ 마음이 무거운 날은/ 편안한 집을 떠나/ 산으로 간다"는 이 쉽고도 명징한 문장은 담담한 목소리로 독자를 '치유와 재생의 산행'이라 부를만한 시 읽기의 세계로 인도한다.

그 길은 크낙산으로 열려진 길인데, "크낙산"이라는 시어는 '크다'라는 동사 또는 '크나큰'이라는 형용사에 어원을 둔 시인의 신조어로서 일상성을 단숨에 압도해버리는 청정한 울림을 만들어낸다. 그리고 우리나라 광릉에 살았다는 세계적인 희귀조인 크낙새의 신비로운 이미지가 겹쳐지며, 우리가 가야 할 '크낙산'은 물리적 공간으로서의 산을 넘은 매우 특별한 곳이 된다.

자연이 우리에게 주는 기쁨과 감동의 요소나 인간과 자연의 근원적인 관계의 문제에 관한 깊은 성찰은 주관과 정감을 바탕으로 한 시인의 자아의식과 밀접하게 관련되어 있다. 그래서 크낙산으로의 산행은 자연 자체에 내재하고 동시에 시인의 자아 속에 있는 어떤 지향성이나 작가 특유의 존재의식을 탐구하는 과정이기도 하다.

## 집과 산의 공간적 이항대립

이 시의 의미는 공간적으로 집과 산의 이항대립 구도로 이루어져 있다. 그리고 이러한 대립항을 따라서, 집에 속하는 나와 산에 속하는 자연 만물들이 의미상의 대립 구조를 형성한다.

> 다시 태어날 수 없어
> 마음이 무거운 날은
> 편안한 집을 떠나
> 산으로 간다

내가 편안한 집을 떠나는 이유는 마음이 무겁기 때문이며, 마음이 무거운 이유는 다시 태어날 수 없기 때문이다. 여기에서 담담하지만 매우 절실한 아이러니가 발생한다. 살아 있는 사람이 다시 태어나고 싶은 순간은 삶과 죽음의 운명에 갇혀 있는 인생의 비의秘義를 실존적으로 자각하는 순간이며, 안주와 일탈의 양면적 욕망에 갇혀 있는 일상성을 깨닫는 순간이기 때문이다. 따라서 편안한 집을 떠나 산으로 가는 화자의 행위는 삶의 아이러니에 대한 담담하면서도 냉철한 통찰에서 오는 것이라고 할 수 있다.

집은 편안함의 이미지로 나타나 있는데, 이 편안함은 다시 태어날 수 없다든가 무거워 가라앉는 것과 연관되어서 무게나 비가역적 질서 등의 인공적 세계를 형성한다. 거기에 속해 있는 나 역시 비가역적이고 단절적인 시간 속에 고립되어 있는 존재이며, 단지 무거움이라는 물질적인 공간성만을 점유하고 있을 뿐이다.

그러나 이와 다르게 이 시인이 찾아가는 산은 높이 솟아 있으면서도 하찮은 미물이나 벌레들의 본성인 "몸만 가지고 넉넉히 살아가는" 가장 단순히 자연적인 세계이다. 해마다 죽고 다시 태어나는 삶과 죽음이 자연스러운 생명들의 모습은 인간들에게는 쉽사리 허용되지 않는 관습이나 태도로부터의 자유로움을 의미한다. 이 시의 산은 초월과 신성의 위용을 자랑하는 중심으로서의 장소가 아니라, 다시 태어날 수 없는 집이라는 장소와 대비되고 있다는 점에서 주인이 없고 중심이 없는 곳이다.

## 소멸과 재생의 의미 구조

「크낙산의 마음」을 의미상의 단위로 나누어보면, 크게 4개의 의미 단락을 지닌다. 1~4행은 집에서 산으로 가는 과정이라면 5~14행은 크낙산의 의미를 중심으로 이루어져 있다.

크낙산 마루턱에 올라서면
세상은 온통 제멋대로
널려진 바위와 우거진 수풀
너울대는 굴참나무잎 사이로
살쾡이 한 마리 지나가고
썩은 나무 등걸 위에서
햇볕 쪼이는 도마뱀
땅과 하늘을 집삼아
몸만 가지고 넉넉히 살아가는
저 숱한 나무와 짐승들

산은 "제멋대로", "널려진", "우거진", "너울대는" 등의 시어에서도 알 수 있듯이 무질서하고 원시적인 세계이다. 즉 만물이 자신들의 존재 방식대로 자연스럽게 얽혀 있는 공간이다. 자연은 도시의 반대 개념으로서의 자연이 아니고, 만물이 자신들의 존재 방식대로 피고 지는 곳이다. 노자의 자연自然의 개념을 굳이 빌려온다면 어떤 목적의식과도 무관한 '스스로 그러한' 세계인 것이다. 자연이 스스로 그러한 세계이기에 5행에서 14행 사이에 드러난 바위며 수풀이며 살쾡이, 도마뱀을 묘사하는 데 있어서도 시인은 그 하나하나의 사실적인 형상화에는 관심이 없고, 오히려 자연 속에서 만물이 살아가는 일반적인 원리를 그냥 담담하게 보여주고 있을 뿐이다. 특별히 화해롭지도 않고 특별히 안락하지도 않은, 그저 자신의 생명의 원리에 따라 숨 쉬고 움직이며 살아가는 만물은 편안하지는 않지만 넉넉한 것이 된다. 심지어는 땅과 하늘조차도 특별한 공간이 아니고, 만물이 숨 쉬는 배경이고 터전인 동시에 자연의 한 구성요소로서 스스로 그러하게 존재하는 자연이 된다.

해마다 죽고 다시 태어나는
꽃과 벌레들이 부러워
호기롭게 야호 외쳐보지만
산에는 주인이 없어
나그네 목소리만 되돌아올 뿐
높은 봉우리에 올라가도
깊은 골짜기에 내려가도
산에는 아무런 중심이 없어
어디서나 멧새들 지저귀는 소리
여울에 섞여 흘러가고
짙푸른 숲의 냄새

서늘하게 피어오른다

15~26행에서는 집과 산의 이항대립 아래서 궁극적으로 갈등하는 나와 자연에서 사는 만물의 대립성이 부각된다. 현실적 삶이 내포하는 근본적 특성이 무거움이라면 중심은 무거움의 개념에 의해 우리를 벗어나지 못하게 한다. 반면에 한갓 이름 없는 풀꽃이나 새들의 삶은 유유자적한 우주적 근원의 품성을 구현하고 있다. 이름 없는 풀 앞에서 "호기롭게 야호"를 외치는 화자의 모습은 무게와 중심의식에서 벗어나지 못하는 인간을 담담하면서도 냉소적으로 객관화시키는 것이라 할 수 있다. 화자는 해마다 태어나고 죽는 생명체를 부러워하고 주인이 된 듯이 '야호'를 외치지만 실상 산에는 봉우리도 골짜기도, 그리고 그것들의 중심도 존재하지 않는다. 새소리, 물의 흐름, 숲의 냄새는 그냥 그렇게 자연스럽게 자기 생명의 원리를 다할 뿐이다. 중심이 없다는 것은 경계가 없는 것이고 단절이나 억압의 개념 역시 존재하지 않는 것이기에 소리와 냄새는 자유자재로 하늘과 땅을 넘나드는 것이다. 자연의 그러한 생명원리 속에서 어느덧 호기롭게 산을 제압해보려는 화자의 야호 소리는 사람은 왜 다시 태어날 수 없는지에 대한 답을 명확하게 가리킨다. 자신의 생명의 원리대로 그렇게 살지 못하고 무겁게 중심을 잡으려 하고 그 중심을 위해 욕망을 불태우기 때문이 아니던가.

나뭇가지에 사뿐히 내려앉을 수 없고
바위틈에 엎드려 잠 잘 수 없고

낙엽과 함께 썩어버릴 수 없어
산에서 살고 싶은 마음
남겨둔 채 떠난다. 그리고
크낙산에서 돌아온 날은
이름없는 작은 산이 되어
집에서 마을에서
다시 태어난다

27~35행은 산에서 다시 집으로의 공간의 이동이 나타난다. 집과 산, 나와 산(만물)의 대립적 의미구도에서 한 발자국 더 나아가 자연의 '스스로 그러한 생명의 원리'를 터득하는 과정을 보여준다. 생명의 원리란 바로 무게에서 벗어나는 소멸의 과정이다. 땅과 하늘, 높은 봉우리와 깊은 골짜기의 대립성도 자연이라는 거대한 총체 속에서 변별할 수 없는 하나의 대우주로 통합되었고, 이 속에 내재하는 생명 역시 대우주의 곳곳에 "사뿐히 내려앉"거나, "잠"자거나 "썩어버"린다. 완전한 소멸만이 다시 태어남의 바탕이며, 크낙산이 넉넉하고 큰 산이 될 수 있는 비밀임이 드러난다. 하강과 소멸의 이미지가 주를 이루면서 하늘의 공간과 땅의 공간이 생명을 잠재우고 무화無化시키는데, 이 철저한 무화에서 생명은 '서늘하게 피어오르게' 되는 것이리라.

따라서 화자는 중심과 무거움을 버리고, 또는 소멸시키고 "작은 산"이 된다. 이것은 맷새나 살쾡이나 이파리들과는 다른, 사람의 존재론적인 재생의 방식이다. 무거움을 떨치는 순간 그는 치유되기 시작하며, 중심을 잡으려는 발버둥에서 벗어나는 순간 작은 생명으로 재생한다. 크낙산이 어미라면 화자는 그 어미의 품에서 태어난 새로운 작은 생명이 되는 것이다.

산행의 종착점은 집과 마을이다. 인간의 삶은 늘 일상의 집 안에 있으며, 결국 산은 일상의 집을 찾아 돌아오는 먼 길이다. 시인은 삶에 대한 명징하고 예리한 통찰을 쉬운 언어로 담담하게 들려준다. 음악적으로 고르고 단정한 호흡에 실려서 우리는 그의 산행에 동참한다. 인생에 대한 아이러니적인 냉소와, 생명의 신비로움에 대한 깊은 사색과, 거기에서 얻어지는 삶의 깨달음까지를 무겁지 않게 받아들일 수 있는 것은 시인의 호흡과 어조와 정서가 일관된 균형을 이루면서 흘러가기 때문이다. 일상 – 비일상 – 새로운 일상이라는 얼핏 평이한 구성 역시 이러한 균형을 유지하는 데 중요한 역할을 하고 있다고 해도 과언이 아닐 것이다.

## 크낙산의 마음과 시의 힘

우리들은 모두 다시 태어날 수 없는 슬픔을 갖고 살아간다. 그렇기 때문에 우리 모두는 영원히 사는 꿈을 갖는다. 시인은 이 시에서 일상에 갇혀 사는 답답한 우리들에게 다시 태어나는 방법을 일러준다. '몸만 가지고 살아가는' 나무와 짐승들을 부러워하며 산에서 살고 싶은 마음이 간절하다. 그리고 시인의 시를 통해 크낙산을 다녀온 이후에는 우리도 다시 태어나는 것이 가능하다. 시인은 크낙산을 통해 그러한 깨달음을 얻었지만 우리는 한 편의 시를 통해서 다시 태어나는 열망의 존재로 재생을 시도할 수 있다. 이것이야말로 시의 힘이 아닌가? 집에서, 마을에서, 이 세상의 모든 공간에서 무수한 '나'의 태어남이 이 시를 읽음으로써 가능해질 수 있는 것이다.

# 달걀속의 생生 5

김승희

달걀을 보면
알 수 있지.
아, 저렇게 해방을 기다리는 사람도
있구나.

조그맣게 차갑게
두 눈을 감고
아, 어찌 해.
저리도 못다한
벙어리 사랑을.

외치고 싶고
깨지고 싶어도
시간의 실금이 온몸에 강물처럼 퍼지기를
기다려, 배꼽 같은 씨눈이
노른자위를 먹어 치워.
흰자위를 먹어 치워.
아, 그 안에서 원무처럼 일어서는
열애 같은 혁명을 기다려.

달걀을 보면

눈물이 어리지.

아, 저렇게 미해방의 절벽 위에서

꿈꾸는 사람!

13

# 난생卵生의 꿈, 미완의 힘

김승희 「달걀속의 생生 5」

## 달걀이라는 일상성을 넘어서

냉장고 속에 들어 있는 달걀은 엄연한 하나의 알이지만, 껍질을 깨고 나올 생명의 약동으로 분주한 알과는 전혀 다르다. 달걀과 알의 거리는 일상과 신화의 거리이며, 달걀에서 알의 본질을 회상해내기에는 이미 일상의 껍질이 너무 단단하고 차갑다. 주몽이나 김알지 신화에서 신비롭게 숨 쉬던 알은 이제, 식은 달걀이 되어 냉장고의 한편을 차지하고 있다. 알의 신화성이 사라진 세계에서는 인간의 존재성 역시 특별한 알이 될 수 없으며, 차가운 달걀들처럼 그저 일상의 공간을 점유하고 있을 뿐이다.

따라서 한 시인의 눈이 알이 아니라 특별히 달걀에 가 있음은 오히려 따뜻하며 리얼리스틱하다. 알은 이제 유토피아가 되어 고대적 상상력의 세계에 남아 있고, 알을 잃어버린 세계에서 달걀은 우리들의 삶과 생명이 처한 무생명의 공간을 즉자적으로 보여주는 것이기 때문이다. 어떠한 자극도 줄 수 없는 평범하고도 낯익은 세계를 새롭게 바라보고, 그만의 정제된 언어로 그 세계에 새 숨을 불어넣어 주는 것은 시인의 몫이다. 시인은 그 예민하고도 섬세한 통찰의 언어로 이미 창조된 세계마저 재창조해낼 수 있으며, 이미 굳어져버린 질서에 칼을 들이댈 수 있는 것이다. 하여, 시인은 일상적 삶, 꿈꿀 수 있는 신화가 부재하는 바로 그 닫힌 공간을 새로운 이야기가 피어날 수 있는 공간, 다른 꿈이 소통할 수 있는 공간으로 중층화·다층화하여 열어줌으로써 독자로 하여금 현실을 떠난 바로 그 자리에서 더욱 깊은 삶에 대한 성찰을 경험하도록 한다. 이것이 바로 굴절을 경험한 내면화된 진실의 힘이며, 이 진실이 언어의 옷을 입어 생명력을 얻을 때 그 진실은 고정된 세계를 바라보는 주체의 시선을 움직이고, 그 낱낱의 움직임들은 다시 닫힌 세계를 흔드는 동력이 된다.

김승희의 시 「달걀 속의 생生」에서 볼 수 있는 달걀 역시 여느 달걀과는 다른 힘 있는 열정을 품고 있다. 일상에서는 달걀이 존재하는 공간은 물론, 달걀이 함축하는 의미의 공간 역시 새로운 상상력으로 확장될 가능성이 결여되어 있어 시적 몽상을 일으키기 어렵지만, 시인만은 이러한 죽은 공간에 새삼 주목해 새로운 세계의 몽상을 시작한다. 냉장고에서 꺼내든 시인의 달걀은 삶에 대한 꿈과 열정을 품고 있다. 그리고 시인의 거리낌 없는 언어는 가공되지 않은 날것으로 미완의 열정에 대한 절망과 괴로움으로 살아 숨쉰다. 어쩌면 이는 시인 자신이 현실에 대해 끝까지 눈감아버리지 않기 때문에 가능한 것이다. 시인은 결코 갇힌 공간을 등지고 도망가지 않으며 팽팽하게 맞서 응시하되 그 공간에 다시 갇히지도 않는다. 당장은 깨부술 수 없을지라도 그 자리에서 당당히 꿈꾸며, 지금은 설령 불안과 고독을 감수해야 할지라도 오래도록 앓다가 터뜨릴 열정을 품는 것, 그것이 바로 시인의 달걀이며 달걀에 얹은 시인의 열정인 것이다.

## 기다림과 자기 부정, 그 지난한 꿈꾸기

달걀은 부화되어 새로운 생명으로 거듭날 수도 있고, 깨어져버려 존재 자체를 증명하기 어려울 수도 있는 불확실한 상태에 놓여 있다. 그 자체가 생명성과 무無생명성의 상반된 운명을 함께 지닌 것이기에 그로 인한 긴장은 시인의 언어 운용과 시적 형상화의 과정을 통해 그 효과가 배가된다. 다시 말해, "해방", "배꼽 같은 씨눈", "열애 같은 혁명" 등 생명성을 드러내주는 시어들과, "두 눈을 감고", "벙어리", "미해방의 절벽" 등 생명에 대립하는 시어들 사이의 긴장은 무無생명성을 극복하는 생명성, 그 깨어남에 대한 열띤 갈망이라는 하나의 이미지를 구축하는 데 기여하게 되는 것이다.

1연의 시어에서 볼 수 있듯이 '해방을 기다리는 삶'으로 압축될 수 있는 달걀은 살아 있는 채로 무수한 죽음과 자기 해체를 경험하며 자아의 혁신을 기다려야 하는 불확실한 우리의 삶이다. 불확실한 현재에서 해방을 기다리는 것은 기약 없는 완성에 대한 고독한 싸움이기에 헤아릴 수 없을 만큼 깜깜한 절망을 가져다주는데, 더욱이 이 현실을 '억압된 상태'로 파악하는 이에게 그 고통은 더욱 참기 힘든 것이리라. 깊이 상하고 오래 억눌린 만큼 뛰쳐나가고 싶고 튀어오르고 싶고 벗어나고 싶음! 그것이 달걀과 우리의 삶이 함께 간직한 욕망인 것이다.

이러한 간절함과 절박함을 가진 달걀의 존재를 깨달은 시인은 2연에 이르러 자신의 감정을 대상에 이입한다. 동시에 그 감정이 쉽게 흘러넘치지 않게 극도로 자기를 절제함으로써 새로운 삶에 대한 준비 자세와 통과의례가 수반하는 아픔을 희망에 대한 자기 절제의 몸짓으로 보여준다. 그러나 해방에 대한 희망은 이렇듯 간절하지만, 현재의 시간만큼은 "조그맣고 차갑게" 갇혀 있어야만 하는 상황이 안타까워 시인은 "아, 어찌 해"라며 즉자적이고 원초적인 발성을 내지른다. 시인에게 있어 안타까움의 대상은 이제 생명의 숨소리조차 잃은 듯 사랑하면서도 말 못하는 "벙어리 사랑"으로 자각된다. 못다 한 뜨거운 사랑을 간직하고 있으면서도 차갑게 눈감아버리는, 그래서 더욱 비장하게 느껴지는 생의 주체는 결국 안타까운 우리 자신으로 전이되는 것이다.

1연과 2연에서 '기다림'이 주는 괴로움은 그것이 바로 "벙어리 사랑"의 기다림이기에 더욱더 견딜 수 없는 고통이 된다. 이어 3연에서는 이러한 고통이 극대화되고 절정에 이르게 되어 시의 어조 또한 강렬한 울림을 갖는다.

외치고 싶고
깨지고 싶어도
시간의 실금이 온몸에 강물처럼 퍼지기를
기다려, 배꼽 같은 씨눈이
노른자위를 먹어 치워.
흰자위를 먹어 치워.
아, 그 안에서 원무처럼 일어서는
열애 같은 혁명을 기다려.

해방에 대한 열망, 사랑에 대한 갈구가 크면 클수록 기다림은 상상할 수 없는 인내와 고통을 안겨다주지만, 달걀은 그것을 외침과 깨짐으로 분출해내지 않고 그 견딤의 시간마저 온몸에 미세한 실금으로 뿌리내려 퍼지기를 기다린다.

부화로 상징되는 난생卵生의 해방에 도달하기 위해서는 이러한 기다림뿐 아니라 '자기 부정'의 과정 또한 필요하다. 기다림만으로도 이미 지쳐버린 존재는 또 다시 자기 부정이라는 괴로운 현실 앞에 서게 되는데, 새로운 삶을 꿈꾸기 위해서는 노른자위와 흰자위를 먹어 치워야만 하는, 즉 전신前身의 자신을 버려야만 하는 아픔을 피해갈 수 없다. 여기에서 시인은 대상으로 하여금 이러한 자기 부정의 과정을 온전히 승인토록 하는데, 이 부정은 안온한 부정이 아닌 변증법적 지양이 된다. 다시 말해, 새로운 삶의 단계로 해방되고 도약하는 것은 노른자위와 흰자위뿐인 존재에 대한 부정이지만, 노른자위와 흰자위를 완전히 부정하고서는 역설적이게도 해방에 이를 수 없는 것이다.

새로운 탄생을 위해 되풀이되는 자기 부정과 자기 해체. 그 과정 가운데에서 씨눈은 현존하는 주체이자 매개의 역할을 충실히 감당한다. 달걀은 시간적 순서로 변별되는 하나 혹은 둘의 존재를 감싸안으며 시간의 실금이 온몸에 퍼지기를 기다리거나, 외치고 싶고 깨지고 싶어도 꾹 참고 기다린 각고刻苦 끝에 얻어지는 값진 변용의 주인공이 되는 것이다.

이로써, 극도의 긴장과 고통, 자기 부정과 해체의 과정은 이제 적극적인 생산과 혁명의 과정으로 변모한다. 기다림과 자기 부정을 통해 그 안에 팽팽하게 내재된 에너지와 생명에의 솟구치는 열망은 "열애 같은 혁명"의 불꽃을 당기고, 마침내 힘찬 폭발력을 지니게 된다.

> 아, 그 안에서 원무처럼 일어서는
> 열애 같은 혁명을 기다려.

가장 고통스러울 때 그것을 피하지 않고 오히려 그 고통을 있는 그대로 받아들이는 동시에, 자기 존재 자체를 스스로 부정함으로써 기다림을 지탱하는 힘을 얻는 것, 이때의 기다림은 오지 않을 것에 대한 체념적 기다림이 아니라 반드시 오고야 말 "열애 같은 혁명"에 대한 기다림이며, 기다림 끝에 쟁취하는 열애 같은 혁명은 그 생명성으로 인해 "원무"로 일어선다. 그 갇힘과 닫힘을 거두고 준비된 생명성을 마음껏 발산하는 것이다. 뜨거운 사랑으로서 일어선 몸짓인 원무圓舞는 그리하여 완전한 성취이자 완성에 이른 꿈이다.

> 달걀을 보면
> 눈물이 어리지.
> 아, 저렇게 미해방의 절벽 위에서
> 꿈꾸는 사람!

그러나, 새로운 해방에 대한 열망과 꿈이 간절하다고 해서 주어진 현실이 쉽게 변할 리는 없다. 결국 현실은 그리 녹록하지도 나긋나긋하지도 않다는 사실을 다시 한번 상기할 수밖에 없는데, 4연에서 다시 돌아온 달걀의 자리는 "미해방의 절벽"이라는 가혹한 공간이자 눈물이 어리는 안타까운 현실이다. 해방과 미해방의 대립, 원무처럼 일어섬과 절벽 아래로 떨어짐이 대립하는 경계, 그 불확실의 운명의 자리에 지금 존재는 놓여 있는 것이다. 이 '절벽'은 움찔하면 끊어질지도 모를 아슬아슬한 삶과 죽음, 생명성과 무생명성의 긴장이 팽팽한 곳이다. 그러면서도 이 '미해방'의 절벽은 비록 해방에 바로 맞닿아 있는 것은 아닐지라도 해방과 가장 가까운 곳에 위치해 있으며, 절벽이라는 아슬아슬한 자리를 버텨내며 꿈꾸는 해방이기에 그 해방은 끝내 더욱 찬란한 것이 되고 말 것이다.

"미해방의 절벽" 위에 서 있는 존재는 비단, 부화를 기다리는 달걀뿐만 아니라 난생의 해방을 꿈꾸는 모든 존재와 동일시된다. 그렇기 때문에 시인은 달걀의 눈물겨운 투쟁을 보며 "꿈꾸는 사람!"을 연상한다. 시인은 우리 존재의 불확실성을 날카롭게 직시하면서도 삶에 대한 사랑과 희망을 끝끝내 놓아버리지 않는다. 그것은 '꿈꾸는 사람'의 영원히 깨지 않는 무한한 꿈으로 언제나 '미해방의 절벽' 위에 놓인 우리에게 삶의 동인이 되어줄 것이기 때문이다.

## 미해방의 절벽, 살아 있는 원무圓舞

냉장고에서 갓 집어든 달걀은 부화의 가능성과 해방의 가능성이라는 의미의 확장을 실현해내지 못한다. 일상의 달걀들은 더 이상 새 생명이 잠재해 있는 존재로 바라볼 여지를 남기지 않기 때문이다. 그러나 김승희 시인은 이처럼 절망적이고도 냉랭한 현실의 냉장고 속에서 해방을 꿈꾸는 견고한 달걀 하나를 꺼내들 줄 안다. 또한 그 꺼내든 한 알의 달걀을 가지고 무한한 꿈을 꾼다. 달걀의 꿈이란 오랜 기다림과 자기 절제와 부정의 고통을 감수해야 하는 아프고도 힘든 꿈이지만, 그래서 더욱 찬란하고 아름다우며 영원히 깨어지지 않는 혹은 포기할 수 없는 절절한 꿈이다. 때문에 시인은 마지막 연까지 혁명과 해방, 그 새로운 시작을 알리는 부화에 대해 아직 완성되지 않은 희망을 이야기해나갈 수 있는 것이다.

그렇지만 시인은 이 밝은 한 줄기 생명의 꿈에 들뜨지 않으며 끝까지 현실 인식을 놓치지 않는다. 냉장고 속에 갇혀 차갑게 식어가는 존재들, 치열하게 꿈꾸되 아직 해방되지 못한 달걀의 절박한 상황들에서, 시인은 달걀 너머 우리들의 눈물겨운 삶의 고단함으로나마 생 자체를 온전히 ‘살아 있는 것’으로 요동치게 하려 간절히 바라고 있다. 우리 자신 역시 달걀 속의 생生을 떠올릴 때, 다시금 우리 삶의 존재 방식에 대해 한 번 더 되묻지 않을 수 없다. 물론, 오랜 기다림과 자기 절제 그리고 자기 부정이 필요한 눈물겨운 싸움과 고단함을 견뎌내야만 하는 우리의 생이 마침내 해방의 원무로 일어설지, 끝내 미해방의 절벽 아래로 떨어져버리고 말지는 그 누구도 장담할 수 없다. 완성되지 않은 희망의 끝없는 꿈꾸기가 오히려 아무것도 실현할 수 없는 현실에 대한 역설일 수도 있겠지만, 그럼에도 불구하고 가장 절망스럽고 냉혹한 현실에서 희망을 ‘기다리고’, ‘꿈꾸는’ 난생의 꿈은 그 자체가 이미 희망이 우리 삶에 열애 같은 혁명으로 다가와 있음을 뜻하는지도 모른다. 그래서 오늘도 우리는 손 안에 쥔 달걀 안의 꿈틀거리는 그 열정, 그 미완의 힘이 필요한 것이다.

# 자화상自畵像

윤동주

산모퉁이를 돌아 논가 외딴 우물을 홀로 찾아가선 가만히 들여다봅니다.

우물 속에는 달이 밝고 구름이 흐르고 하늘이 펼치고 파아란 바람이 불고 가을이 있습니다.

그리고 한 사나이가 있습니다.
어쩐지 그 사나이가 미워져 돌아갑니다.

돌아가다 생각하니 그 사나이가 가엾어집니다.
도로 가 들여다보니 사나이는 그대로 있습니다.

다시 그 사나이가 미워져 돌아갑니다.
돌아가다 생각하니 그 사나이가 그리워집니다.

우물 속에는 달이 밝고 구름이 흐르고 하늘이 펼치고 파아란 바람이 불고 가을이 있고 추억처럼 사나이가 있습니다.

# 14

# 자아탐색의 내면적 깊이와 아청빛 우주

윤동주 「자화상自畵像」

## 우물 들여다보기와 무의식의 심층

한국 현대 시인 중에서 특히 윤동주의 생애는 우리에게 한 시인의 체질이나 심성心性, 시인과 사회적 배경의 문제를 깊이 생각해보게 한다. 그가 시를 쓴 시기의 개인적·민족적 불행은 고인故人이 된 시인에게 항용 있기 쉬운 미화美化의 과정을 가능한 한 절제한다 하더라도 한 젊고 순결한 영혼의 너무나 비극적인 생과 죽음이 환기하는 슬픔과 함께 민족적 유대감으로서의 고통을 우리에게 준다. 그와 어릴 적부터 가까웠던 문익환 씨의 회고에 따르면 "나는 그를 회상하는 것만으로 언제나 넋이 맑아지는 것을 경험"했고, "그는 아주 고요하게 내면적인 사람이었다."는 것이다. 이와 같은 회고는 그의 사람됨이 작품과의 유기적인 합일을 지녔음을 보여준다. 그의 시들은 한 시인의 순결한 젊은 영혼이 사람들에게 줄 수 있는 눈부신 순수의 빛을 펼쳐 보여주고 있다.

사람들은 왜 자화상을 그릴까? 북적이는 현실의 거리에서 돌아온 자기만의 방에서 불현듯 자신과 대면하거나, 거울이나 냇물에 자신의 모습을 비춰보고, 혹은 도화지 위에 자신의 얼굴을 아로새겨볼 때 이러한 일련의 행위들은 자아에 대한 고요한 응시와 다스림의 태도에서 시작되는 것이 아닐까? 자신의 욕망과 감정에 반성하고 절제할 줄 모르는 사람이라면 자화상을 그리지 않을 것이다. 자화상은 물에 비친 자신의 얼굴을 바라보며 무한한 자기애에 빠졌던 나르시시즘의 포즈와는 다르다. 고요하고 내면적인 포즈인 자화상 그리기의 작업은 자기가 또다른 자기에게 말을 건네는 행위이다. 그것은 서글픈 인간의 한계와 이기성을 깨닫고 때묻지 않은 본원적 자아에게 다가서려는 노력이다. 뼈를 깎고 자신을 곧추세워 나가는 다스림과 다듬음의 행위는 젊고 순결한 영혼을 가능하게 한다. 우리가 윤동주를 떠올릴 때마다 티 없고 해맑은 20대의 얼굴을 그려보게 되는 것도 거기서 연유한 것이리라.

맑고 밝아서 투명한 소리가 날 것 같은 하늘의 아청빛 이미지, 어디서 우는지 몸은 보이지 않은 채 소리만 들리는 뻐꾸기, 끊임없이 스스로 몸을 맑히는 우물처럼 윤동주의 시는 우리의 영혼을 씻어내린다.

## 시 「자화상自畵像」의 구조

이 시의 구조는,

A. 배경: 달 · 구름 · 하늘 · 바람 · 가을

B. 주인공: 사나이 → 나[我] ← 모든 인간人間

C. 행위: 우물 속을 들여다봄

우물에서 떠남

다시 돌아감

의 되풀이로 되어 있다. 전체적으로는 미움/그리움, 돌아감/다시 돌아옴의 슬픈 대조적 행동이 반복되는 구조이다. 자기 성찰에의 동경과 자신을 받아들일 수 없는 미움 사이에서 갈등하는 한 사나이의 모습은 행위의 긴장을 유발한다. 이는 '우물 속의 사나이', '그 사나이를 그리워하는 사나이'로 상반된 의지를 지닌 두 자아의 대립으로 인해 더욱 고조되는 듯하다. 그러나 시 「자화상自畵像」의 긴장은 윤동주 특유의 독특한 이미지 사용법에 의해 오히려 편안함과 아련한 연민, 고요한 시적 분위기로 걸러지는데 이는 물 흐르듯이 이어지는 시어의 배열과 산문적 형식, 부사어에 의한 시적 분위기의 환기, 상반된 감정의 교차가 일으키는 묘한 객관화 때문이다. 시인은 객관적인 시점에서 사나이의 행동을 관찰하게 하면서도, '그 사나이'를 애처로워하거나 연민하게 만들고, 결국은 독자 스스로 자기 자신에게로 심원한 눈이 열리는 것을 경험하게 한다. 스스로 논가 외딴 우물을 찾아가서 밉지만 사랑할 수밖에 없는, 자아의 본질과 대면하게 하는 것이다.

1연에선 주인공의 행위가 내면적이고 고립된 것임을 강조하는 "외딴", "홀로", "가만히" 등의 부사어가 사용되고 있다. 사나이의 행위가 자의식적 내면적 행위임을 환기해준다. 우물의 공간성은 그 자체로 고립적 성격을 띠며, 현실 공간에서 멀리 떨어져 있기 때문에 진정한 자아와 조우할 수 있도록 한다. 우물은 자기 응시의 공간이다. 언뜻 보아서는 깊이를 가늠할 수 없는 우물은 평상시에는 잘 보이지 않는 내면의 공간과 유사성을 지닌다. 고요한 물에 비친 자신의 영상을 비춰보는 것은 누구나 경험하는 일이지만 이 시의 경우에는 정반대되는 의식으로 나타나고 있다. 그의 자세는 우물-자신의 내부에 물이 고이기를 바라는 긴 기다림과 망설임의 자세인 것이다.

2연에서는 달, 구름, 하늘, 바람, 가을 등의 자연 배경이 제시된다. 이들 자연은 우물 속에 깃든, 즉 반영의 과정을 거친 것으로 여기서 우물의 우주성을 갖게 된다. 우물은 테두리를 가지고 있어 어떤 공간적 한계를 내포하지만, 우주 만물을 받아들여 비추임으로써 자연의 원리를 함축한다. 우물 속의 자연물들은 "한 사나이"와 연결됨으로써 시인의 존재 탐구와 연관을 맺고 그 배후에 숨어 있는 생의 의미 내지는 형이상학적 해명을 깨우치고 있다.

3연의 접속부사 "그리고"는 대등병렬의 기능으로 우물 속의 자연물(달, 구름, 하늘, 바람, 가을)과 인간(한 사나이) 사이의 인접성을 강조해준다. '한 사나이'는 문맥상 시적 자아 자신이지만 3인칭의 간접적 서술 형식은 자신을 객관적으로 거리화할 수 있게 한다. 미움과 그리움, 돌아감과 다시 돌아옴의 대칭적 행동의 반복을 통하여 이 시의 화자는 객관적인 서술과 자책自責, 그리고 자기 긍정을 되풀이한다. 이 객관화된 인물은 결국 윤동주의 자아의식이자 우리들 모두의 보편화된 심성心性의 원형이다.

3연은 끊임없는 자기 자신에 대한 자책으로 이어지고 있다. "한 사나이가 있습니다."라는 객관적 서술에서 "어쩐지 그 사나이가 미워져 돌아갑니다."라는 자책과 반성으로 바뀌고 있다. 부사어 "어쩐지"는 존재를 추구하는 일의 덧없음, 허무를 환기한다. 우물의 폐쇄성과 함께, '돌아감/돌아오는 행위'가 대비되며, 이 모순을 함께 지니고 있는 것이 바로 우리들의 생生인 것이다. 이러한 생의 괴로움에서 야기되는 실존 자체의 문제를, 그 불분명하고 애매한 원인을 '어쩐지'라는 부사어를 통해 '미워진다'는 감정 자체를 추상화·관념화시키고 있다.

끝 연 '추억처럼 있는 사나이'는 추상의 개념을 인간으로 끌어오는 은유 체계이다. '가을'이라는 추억하는 시간, 자신을 들여다보는 사나이, 고여 있는 우물의 이미지 간의 동일성은 무의식적 원형이나 심연을 암시한다. 여기서 "추억처럼"은 외계外界의 것을 안으로 끌어들이는 기능을 담당하고 있다. 우물 안에는 우주의 모든 것이 담겨 있다. 우물을 윤동주 자신의 내면으로 본다면, 끊임없이 외부의 것을 안으로 끌어들이는 사려 깊은 내면화의 작업인 것이다. 이러한 표현은 원심적·간접적 시어법으로써 독자로 하여금 자신의 문제로 동일하게 끌어들이게 하는 효과를 나타낸다.

## 순정한 영혼의 고양高揚

시 「자화상自畵像」은 윤동주의 시와 그의 생애가 일관되게 모색해온 하나의 태도를 보여준다. 끝없이 새 길을 찾아 떠나며, 우물 속을 들여다보며 자기 연민과 미움 속에서 방황하며, 결국은 좀 더 젊고 순결한 영혼으로 자신을 고양시켜나가려는 생의 태도인 것이다. 그것은 독자에게 추억처럼 아련해진 자아의 본질에 조용히 다가서게 하는 간접경험을 가져다준다. 그래서 윤동주의 시를 읽으면 우리의 마음이 맑아지고 고요해지는 느낌을 받게 되는 것이리라.

시인의 섬세한 염결성은 테두리를 벗어날 수 없는 한계 상황과 예리한 현실의 논리에 쉬이 상처받지만 결코 나약하지는 않다. 여리고 부드러운 것이 갖는 강함이 그 내면에 흐르고 있기 때문이다. 그의 감수성은 모순된 명제를 동시에 포용하는 자신의 내면적인 합치와 서로 분리되어 존재하는 사나이, 더 나아가 모든 인간을 나와 결합시키고자 한다. 그것은 현실에 대한 부정적인 것을 인식함과 동시에 그것을 긍정적 깨달음에로 고양시키는 시적 의미 체계로 나타난다. 대립하는 세계를 이어주는 매개항들, 자연과 인간의 인접성, 시어와 이미지의 연속적 흐름 등의 구조는 시의 의미 체계와 조응한다.

그가 가장 깊이 천착한 자아의식의 공간은 '우물'이며, 물이 고여 있는 우물을 들여다보며 혹은 뒷모습을 보이며 걸어가는 '한 사나이'를 미워하고 그리워하며, 그는 자신을 정돈하는 작업을 계속한다. 때로 그러한 행위는 하늘에까지 확대되어 지상에 서서 거꾸로 하늘에다 자신을 비춰보기도 한다. 하늘조차 이 시인에게 있어서는 자신을 비춰 주는 거울이 되는 것이다. 하늘과 우물과 거울은 모두 현실을 반영하는 대상으로 외부적인 것을 내면화시키는 오묘한 방법을 통해서 윤동주는 자신의 모습뿐 아니라 인간의 보편적 모습을 비추는 대상으로 객관화시킨다. 그의 괴로움은 어둡고 부정적인 인간의 실존이 지니는 보편적 상황과 함께 어두운 일상 속에 매몰되어 있는 자기 자신을 들여다보는 괴로움의 이중적 의미를 내포하고 있다. 우물의 내면적 깊이와 화자의 존재론적 깊이는 서로 밀접하게 대응하는 변증법적 통합을 이룬다.

## 아청빛 이미지와 객관적 거리화距離化

자화상을 그리는 작업은 현실적 자아가 또 다른 자아(본질적 자아)에게 말을 건네는 행위이다. 그것은 자신의 지나온 삶을 성찰함으로써 영혼을 바로 세워나가는 다스림과 정화의 과정이다. 여기에는 순결을 지향하는 시인의 정신적 모습이 각인되어 있으며 성숙한 자기완성을 위한 몸부림과 희망의 과정이 내재되어 있다.

시 「자화상自畵像」은 자기 성찰에의 동경과 자신에 대한 미움 사이에서 갈등하는 윤동주 특유의 섬세한 의식세계를 잘 보여주는 시이다. 자신에 대한 긍정과 부정은 '그 사나이', '한 사나이' 등의 개관적 서술 방식을 통해 맑게 정화되고 적절한 거리의식을 확보하게 된다. 이는 이 시의 중요한 소재가 되는 우물의 반영성과도 관련이 깊다. 「자화상自畵像」의 객관화 · 거리화 수법은 수채화처럼 맑고 투명한 아청빛 이미지에 의해 고요한 내면의 세계로 눈을 돌리게 하는 시적 분위기를 뒷받침해 준다.

이 시는 또한 부사어의 적절한 배치로 시적 효과를 높이고 있다. "외딴", "홀로", "가만히" 등은 외딴 우물을 찾아가 그 속에 비쳐드는 자연과 자신을 들여다보는 주인공의 행위가 고요하고 내면적인 것임을 강조해준다. 부사어와 다른 문장 성분 간의 연결성은 시어의 흐름을 매끄럽게 하고, 각각의 이미지가 물 흐르듯이 자연스럽게 이어지도록 한다. "어쩐지"는 생의 괴로움에서 야기되는 실존 자체의 문제, 그 불분명하고 애매한 원인을 추상화·관념화시켜준다. "다시"는 돌아감, 다시 돌아옴, 미움과 질책 사이에서 어쩌지 못하는 시인의 망설임을 환기시킨다.

자연과 인간의 연접성을 강조해주는 이미지의 연속적 흐름, 대립하는 세계를 이어주는 매개항들, 부사어에 의한 의미의 환기 효과 등의 형식적 구조는 현실에 대한 부정적인 것을 인식함과 동시에 긍정적 깨달음에로 고양시키는 의미 체계와 조응하면서 시의 차원을 한 단계 끌어올려 주고 있는 것이다.

# 가는 길

김소월

그립다
말을 할까
하니 그리워

그냥 갈까
그래도
다시 더 한 번……

저 산山에도 까마귀, 들에 까마귀,
서산西山에는 해 진다고
지저귑니다.

앞 강江물, 뒷 강江물
흐르는 물은
어서 따라오라고 따라가자고
흘러도 연달아 흐릅디다려.

# 15

# 망설임이 갖는 시의 아름다움

김소월 「가는 길」

## 삶의 모순성과 사랑의 양면성

삶은 해명할 수 없는 이율배반적 충동과 요소들로 이루어져 있는 것처럼 보인다. 가장 행복한 순간에도 불안은 영혼을 잠식해 들어오고, 슬픔과 기쁨, 만남과 헤어짐, 사랑과 증오, 삶과 죽음 등의 이원적이고 대립적으로 보이는 가치들은 뿌리가 한데 엉겨 있으면서도 다른 개체로 자라나는 상사목처럼 뒤엉켜서 우리를 자주 그 경계선에서 머뭇거리게 하며 갈등하게 만든다. 이러한 이율배반성과 모순성이 삶의 진실 한 켠을 이룬다고 할 때 시인의 통찰력은 그것을 포용해내어 시의 진실로 구축해나간다. 그런 의미에서 시는 발견이자 경이이며 창조 행위이다. 과학자가 사물의 논리와 법칙으로 세계를 인식하고 철학자가 관념으로 세계를 인식한다면, 시인은 사물의 논리와 관념에 독특한 정서적 융화를 꾀한다. 이는 모든 이질적인 것, 대립되는 것들을 시인 자신의 상상력에 의해 재구성하고 체계화하는 것을 의미한다.

죽음과 삶, 멈춤과 방황, 만남과 헤어짐 사이에서 늘 머뭇거리고 주저하는 서정적 자아는 김소월의 시에서 일관되게 나타난다. 실로 소월의 시는 삶의 모순성, 사랑의 양면성 속에서 갈등이 섬세하게 아로새겨진 심리적 풍경이라 할 수 있다.

시 「가는 길」의 형식을 살펴보자. 이 시는 형태적으로 4연 12행으로 7·5조(3음보)의 전통적 운율을 채택하면서 그 변주 또한 보여주고 있다. 쉼표와 절제된 종결어미, 주체의 생략, 말줄임표 등의 과감한 생략법은 시 해석의 다양성을 넓혀주며 시각적으로나 청각적으로나 시의 음감을 높여준다. 1·2연이 생략과 압축, 뒤이어 올 말을 삼키는 구문상의 열림으로 많은 여운을 남기면서 멈춤과 방황 사이에서 갈등하는 화자의 내면 정서를 보여준다면, 3·4연은 '-ㅂ니다', '디다려' 등의 객관화된 어법을 사용해서 자연현상의 서술에 주력하면서 까마귀의 울음과 물의 흐름에 시인의 감정을 투영시키고 있다. 좀 더 세분화시켜 음보 단위로 살펴보면 전반부 1·2음보와 후반부 3음보 마디가 의미상 대칭을 이루고, 화자의 감정은 "하니 그리워", "다시 더 한 번"이라는 후반부 마디에 더욱 기울어져서 둘 사이에 긴장감과 대립이 발생한다.

이러한 대립은 김소월 시를 해독하는 중요한 열쇠이며, 시적 장치이기도 하다. 이 시는 표면적 의미에서 그리움을 형상화하고 있다. 사랑하는 사람을 그냥 두고 떠날 것인가, 아니면 그립다고 말을 함으로써 사랑하는 이의 곁에 머무를 것인가, 이렇듯 정착과 방황 사이에서 갈등하고 머뭇거리는 동안에도 자연의 객관적 시간은 무심하게 흘러간다. 결국 시의 테마Theme는 그리움이라는 개인의 감정적 요소에서 삶의 시간성이라는 좀 더 넓은 의미의 맥락으로 확대되어간다.

이 시의 의미 구조는 1연에서 "말을 할까"하는 행동에의 결의가 2연에서 "그냥 갈까"라는 행동을 막는 멈춤에 의해 대립된다. 어느 쪽으로도 기울지 않는 행동과 멈춤 사이의 팽팽한 긴장 사이에서 결단을 내리지 못하는 화자의 상황은 3연의 까마귀와 서산으로 지는 해에 의한 시간의 흐름으로 연결되어 결단을 재촉당하고 있다. 그것은 다시 4연의 강물의 흐름에 의하여 의미가 확장된다. 연이 진행됨에 따라서 변화하는 이 시 전체의 움직임은 화자의 행동과 행동의 멈춤 사이에서의 망설임이다. 팽팽히 이항대립을 이루는 두 운동 구조 사이에서의 망설임은 김소월의 내면적 심리의 갈등을 표현하는 운동의 특징이자 그 반대모순이 갖는 독특한 시적 아름다움의 기초를 이루고 있다. 그리움의 서정에 빠져 있는 화자와 실제 인식의 세계 사이의 이러한 갈등은 김소월의 시 전체를 통해 일관되어 나타난다. 그리하여 이 시에서는 물처럼 흐르고자 하는 의지와 멈춤의 충동 사이에 서 있는 화자의 심리적 풍경을 보여주기 위하여 대응적인 구조를 선택하고 있는 것이다.

① 말을 할까/ 그냥 갈까

② 산山까마귀/ 들까마귀

③ 압 강江물/ 뒷 강江물

④ 따라오라고/ 따라가자고

①은 주체자의 행위의 이항대립, ②는 대상이 되는 까마귀가 있는 장소의 이항대립, ③은 강물의 위치의 이항대립으로, 그리고 ④는 강물의 흐름이 '오다/가다'라는 서술어의 이항대립으로 구성되어 있다. 그것은 동시에 그 움직임을 멈추게 하는 반대의 이미지에 의해 긴장을 형성한다.

특히 이 시에서 중심이 되는 움직임은 '가다'라는 서술어에 집중되고 있다. 「가는 길」이라는 제목을 포함하여 "그냥 갈까", "어서 따라오라고 따라가자고"의 직접적인 서술이나 산과 들에서 날아다니는 까마귀의 움직임, 차차 서쪽을 향하여 가는 해의 움직임은 '가다'의 상황을 설정해주고 있다. 또한 앞 강물과 뒷 강물이 어디로인가 흘러감으로써 '가다'라는 서술어는 이 시 전체를 꿰뚫는 공통분모가 되고 있다. 즉 가는 길에 서 있는 화자를 중심으로 이 시에 등장하는 길과 까마귀와 지는 해와 강물 등은 흐름을 향하여 진행되고 있다. 시 「가는 길」의 구조를 표로 정리해보면 다음과 같다.

| 연(행) / 구분 | 1연(1~3행) | 2연(4~6행) | 3연(7~9행) | 4연(10~13행) |
|---|---|---|---|---|
| 풍경風景 | 화자의 내면 풍경 1 | 화자의 내면 풍경 2 | 산, 들 | 강물 |
| 의식意識 | 그리움 | 잊음 | 시간의 경고警告 | 행동의 권유 |
| 행위行爲 | 행동 | 머뭇거림 | (해가) 짐 | (강물의) 흐름 |

## 시인 의식의 지향점, 흐르는 물 이미지

김소월 시의 상상력 가운데 흐름을 끌어오는 물의 요소는 핵심을 이루는 이미지로서, 물과 관련된 냇물, 강물, 바다, 호수, 안개, 눈雪 등이 중요한 부분을 차지하고 있다. 여기에서는 "강물", "흐르는 물", "따라", "흘러도 연달아 흐릅디다려" 등 물에 관련되는 낱말뿐만 아니라 "그립다", "말을 할까", "그리워", "길", "그래도", "갈까", "들" 등의 유음, 비음, 모음으로 구성된 단어들이 압도적이어서 이 시에서 물이 흘러가는 부드러운 음향감을 불러일으키는 데에 기여하고 있다.

바슐라르는 물의 속성 중 유동성을 그 첫 번째로 들고 있는데 이러한 물의 속성은 「가는 길」의 풍경 중에서 이 시의 근간이 되는 요소를 이루고 있다. 물이라는 단어 자체가 3개의 음소 모두 물[m · u · l]의 유성음으로 이루어져 있어서 흐르는 느낌인데다 앞 강물, 뒷 강물, 흐르는 물이 반복되어 나타남으로써, 물은 이 시의 흐르는 느낌을 강조하는 데 가장 큰 몫을 하고 있는 것이다.

이와 같은 물의 유동성은 다음 단계에서 3연의 "저 산山에도 까마귀, 들에 까마귀/ 서산西山에는 해 진다고/ 지저귑니다"의 시간성과 밀접하게 연결된다. 이쪽도 저쪽도 가보지 못하고 망설이기만 하다가 흘러가 버리는 수많은 시간들, 일몰에 우짖는 까마귀는 시간의 유한함을 경고한다. 즉 우리에게 허락된 시간이 영원히 계속되지 않는다는 점을 알려주는 것이다.

서산에 지는 해는 흐르는 물과 잘 일치되어 전형적인 시간성을 표상하고 있다. 해가 지는 일몰의 시각, 그것은 낮과 밤의 중간에 있는 시간이며, 죽음과 삶, 노동과 휴식이 엇갈리는 경계선의 시간이다. 그것은 위안과 동시에 깊은 공백의 단애감을 제시한다. 시간의 전진을 표상하여주는 부사는 "다시", "어서", "연달아" 등으로 물의 흐름을 한결같이 시간 내지 세월의 개념으로 표상하고 있다. 사람은 두 번 다시 똑같은 강물 속에 서 있을 수는 없다고 한다. 물은 흘러가고 있기 때문이다. 시간도 그러하다. 어제와 오늘, 사람들은 똑같은 현실 속에서 결코 머무를 수가 없는 것이다.

이러한 의미에서 이 시의 물의 흐름은 시간 및 세월에 대한 한 상징으로 볼 수 있다. 4연의 마지막 행 "흘러도 연달아 흐릅디다려"는 이 시의 전체 구조를 포괄하는 개념이 된다. 종결어미 '흐릅디다려'의 '려'는 자신의 의지에서 나온 발언이 아니라 화자의 발언된 내용과의 사이에 거리를 두는 객관화된 전언傳言의 태도로서, 여태껏 강물의 영상과 겹쳐지던 자신을 강물이라는 대상과 분리시키고 있다. '흐릅디다려'는 남에게 판단을 전가시키는 듯한 종지어법終止語法으로 그의 시적 세계관을 암시하는 것이다. 그리하여 화자는 결국 물과 같이 흐르지 못하고, 즉 앞으로 나아가거나 그리움에 정착하지도 못하며, 그립다고 말을 하는 행위와 그냥 가버림의 대조적 행위, 즉 흐름과 멈춤의 이항대립이라는 이미지를 연출하는 것이다. 흐름과 멈춤의 연속으로 끝나버리는 끝연의 맺음 방식은 가는 곳이나 의지의 지향성이 애매함을 나타내고 있다. "하니", "그래도", "다시", "어서" 등의 부사는 그러한 두 행위 사이에서 어쩔 수 없이 고뇌하는 화자의 갈등을 보여준다. 여기에서 물의 흐름이 무엇을 의미하는 것인가를 살펴볼 때 그것은 7행의 까마귀, 8행의 지는 해와 함께 불길한 죽음을 의미한다고 생각해볼 수 있다.

"물은 항상 흐르며 물은 항상 떨어지며, 그리고 항상 수평적인 죽음으로 끝난다"는 바슐라르의 말은 흐름과 멈춤, 죽음과 삶을 동시에 바라보는 이 시의 해설자 역할을 하고 있는 것이다. 흘러가 버려 붙잡을 수 없는 시간과 삶, 아울러 인간의 의지로서는 더 이상 넘어설 수 없는 한계의식이 암시되고 있다. 그러나 동시에 흐르는 물은 영원성과 불변성을 상징한다. 그리하여 첫째 연의 "말을 할까"와 둘째 연의 "그냥 갈까"의 대립은 공간적 이동감과 함께 극적인 대조의 효과를 보여준다. 가고자 하는 의지와 머무름, 즉 흐름과 멈춤 사이의 상충은 "저 산山에도 가마귀/ 들에 가마귀", "압 강江물/ 뒷 강江물"의 대립된 이미지로 동시에 뒷받침되어 있다. 다시 말하면 두 행위 사이의 머뭇거림인 것이다. 그 망설임 사이에서 강물은 같이 흐르자고 권유하고 화자는 다시 한번 더 멈추는데, 까마귀들은 시간이 없음을 재촉한다.

| 주체자 | 화자 | 말을 할까/ 그냥 갈까 | 의식과 행동의 머뭇거림 |
|---|---|---|---|
| | 새 | 저 산에도 까마귀/ 들에 까마귀 | 어둠의 전조를 알리는 시간의 새 |
| | 강물 | 압 강물/ 뒷 강물 | 의식을 반사하는 흐름의 원소 |
| 대상 | 자연의 투영 | 따라 오라고/ 따라 가자고 | 시작과 끝이 없는 소멸의식 |
| 화법 | 종결어미 | - 할까<br>- 워<br>- ㅂ니다<br>- 흐릅디다려 | 주관과 객관의 미분리 상태 |
| | 음소 | 물, 강물, 흐르는 물[m.u.l]<br>유음流音 | 닫히지 않고 한없이<br>굴러가는 음소 |

## 양면성 사이의 망설임이 갖는 시적 아름다움

생의 머뭇거림, 살아가는 도중에 무수하게 와닿는 선택의 질문, 즉 가고자 하는 마음과 머물고자 하는 마음, 방황과 정착에 대한 두 명제는 사람을 영원히 머뭇거리게 하는 두 과제인바, 그 추구하는 것이 사람이든 진실이든 간에 행동 이전의 머뭇거림을 의미하고 있는 것이다. 그리하여 이 시에 나타난 김소월의 전체로서 파악된 대상의 이미지는 흐름과 멈춤 사이의 머뭇거림, 해가 지려는 순간의 애매한 시간의식, 강물과 지는 해의 우주 공간에서의 변화와 불변, 순간과 영원의 동시적 존재로서의 흐름에 대한 지향성으로 요약할 수 있겠다.

# 별 헤는 밤

윤동주

계절이 지나가는 하늘에는
가을로 가득 차 있습니다.

나는 아무 걱정도 없이
가을 속의 별들을 다 헬 듯합니다.

가슴속에 하나 둘 새겨지는 별을
이제 다 못 헤는 것은
쉬이 아침이 오는 까닭이요,
내일 밤이 남은 까닭이요,
아직 나의 청춘이 다하지 않은 까닭입니다.

별 하나에 추억과
별 하나에 사랑과
별 하나에 쓸쓸함과
별 하나에 동경과
별 하나에 시와
별 하나에 어머니, 어머니,

어머님, 나는 별 하나에 아름다운 말 한마디씩 불러봅니다. 소학교 때 책상을 같이 했던 아이들의 이름과, 패, 경, 옥 이런 이국 소녀들의 이름과 벌써 애기 어머니 된 계집애들의 이름과, 가난한 이웃사람들의 이름과, 비둘기, 강아지, 토끼, 노새, 노루, 「프랑시스 잠」「라이너 마리아 릴케」 이런 시인의 이름을 불러봅니다.

이네들은 너무나 멀리 있습니다.
별이 아스라이 멀듯이

어머님,
그리고 당신은 멀리 북간도에 계십니다.

나는 무엇인지 그리워
이 많은 별빛이 내린 언덕 위에
내 이름자를 써 보고,
흙으로 덮어 버리었습니다.
딴은 밤을 새워 우는 벌레는
부끄러운 이름을 슬퍼하는 까닭입니다.

그러나 겨울이 지나고 나의 별에도 봄이 오면
무덤 위에 파란 잔디가 피어나듯이
내 이름자 묻힌 언덕 위에도
자랑처럼 풀이 무성할 거외다.

# 16

# 별의 내면화와 통합의 상상력

윤동주 「별 헤는 밤」

## 시인과 별의 지향성

멀리서 숨어 우는 뻐꾸기, 아청鴉青빛 투명하고 맑은 하늘, 혼자서 울리는 산울림…… 문득 우리를 목 메게 하는 것들이다. 시인 윤동주를 떠올릴 때 갖는 느낌 또한 꼭 그러하다. 그의 첫 시집이자 유고 시집인 『하늘과 별과 바람과 시』의 시편들은 한 시인의 젊은 영혼이 지니는 눈부신 순수로 우리의 영혼을 씻어내린다. 그 시편들이 펼쳐 보이는 상상력의 질서 속에는 순결과 그것을 안고 있는 시인의 정신적 모습이 각인되어 있으며, 윤리적 자아의 완성을 위한 몸부림과 부끄러움, 그리고 어렵사리 이를 이겨내는 희망의 노정이 새겨져 있다. 시인은 자아의 순수성을 지켜나가려는 고통스런 영혼의 목소리로 하늘, 바람, 별, 그리고 시를 더듬어간다. 그렇기 때문에 자기완성을 향한 실존적 노력으로 집중된 그의 시편들을 읽으며 그것이 어떻게 생의 해명에 이르고 있는가를 느낄 즈음엔, 누구나 윤동주의 시에 매료되어버리는 것이리라.

윤동주 하면 떠오르는 시들은 많다. 그러나 「서시序詩」, 「자화상自畫像」, 「별 헤는 밤」과 같은 시들이 한국 현대시사상 100편 안에 손꼽힐 수 있는 대표적인 시편들이라는 데 이견을 제기할 사람은 많지 않을 것이다. 그중에서도 「별 헤는 밤」은 가장 '윤동주다운' 특성을 보여주는 시라고 할 수 있다. 우리는 누구나 이 시의 몇 구절을 즐겨 외운 경험을 갖고 있다. "별 하나에 추억과 별 하나에 사랑과 별 하나에 쓸쓸함과 별 하나에……", 그리고 뒤를 이어 자기 꿈의 결정結晶들을 덧붙여 보았던 기억 말이다. 물론 "그의 시를 읽는 것만으로도 언제나 넋이 맑아지는 경험"(문익환)을 하게 하는 윤동주의 시이기에 갖는 아름다움도 있지만, 그와 동시에 우리들 누구라도 갖고 있는 꿈의 이름들을 하나씩 붙여보는 매력을 지녔기에 이 시는 우리 모두의 시가 되어왔다.

'별'은 윤동주 시의 중심 시어이다. 시인 자신이 명명한 유일한 시집인 『하늘과 별과 바람과 시』는 물론, 「서시」의 "별을 노래하는 마음으로 모든 죽어가는 것들을 사랑해야지"에 이르기까지 그의 전 시세계를 꿰뚫는 시어의 핵이다. 자아와 동경과 이상과 사랑과 부끄러움 등 윤동주의 시적 주제를 현현해내는 가장 주체적인 상징이 바로 '별'인 것이다. 「별 헤는 밤」은 그러한 윤동주 시의 구심력을 이루는 시정신의 무게중심이자 추상적인 관념과 구체적인 사물을 넘나드는 시의 숙명적인 구심점의 좌표를 이루고 있다. 생명 있는 모든 것들이 끌어안고 있는 죽음과 절망을 극복하고 견인하기 위해 시인의 시선은 늘 천상의 '별'을 향해 있다. 어둠 속에서도 홀로 빛나며 바람이 불어도 괴로워할 필요가 없는 별의 그 높이에 시인은 자신의 정신적 높이를 두고 있는 것이다.

윤동주의 '별을 노래하는 마음'이야말로 그러한 순결한 정신적 높이를 향한 시인의 내밀한 열망의 발현일 뿐 아니라, 그 마음이 우리 서정시 본연의 그리움의 정서에 맞닿아 있다는 점 또한 「별 헤는 밤」이 갖는 위의威儀이기도 할 것이다. 어두운 밤에 '별을 헤는' 윤동주의 순결한 고뇌는, "별 하나에 추억과 별 하나에 사랑과, 별 하나에 쓸쓸함과……." 같은 친근한 구절들을 통해 시공을 초월해 시원을 향한 그리움의 정서를 환기하며 그 울림 속에서 자기 자신을 되돌아보게 한다. 특히 '어머니'가 그 중심을 이루고 있는 유년의 소중하고 애틋한 존재들을 별 하나하나의 이름으로 붙여보는 시인의 고독한 행위는 곧 별을 노래하는 마음으로 혼신을 다해 쓴 그의 시 한 편 한 편처럼 존재의 무게를 싣고 있는 것이다.

또한 「별 헤는 밤」에는 별을 중심으로 이루어진 시간과 공간과 사람 사이의 교감이 있으며 별의 구체적인 내면화를 통해 드러나는 시인의 지향이 있다. 추억과 사랑과 쓸쓸함과 동경 같은 추상적 관념들과, 어머니와 어릴 적 친구들과 강아지나 토끼 같은 구체적 이미지들, 즉 추상과 구체 사이에 윤동주의 '시'는 위치한다. 그 사이에는 언제나 그렇듯 별에 붙여보는 '시'가 있고("별 하나에 시와") 또 별에 붙여보는 '시인의 이름'이 있는 것이다. 시인이 지향하는 저 하늘과 시인이 발 딛고 있는 이 땅, 이상과 현실 사이에서 매개항이 되어주는 것 또한 별이자, 또 별을 통해 드러나는 '시'와 '시인들'이다.

어디 그뿐인가. 윤동주의 시편들은 편안하고 쉽게 읽힌다. 그러나 꼼꼼히 들여다보면 그의 시편들이 고도의 '잘 빚어진' 혹은 '낯설게 하기'의 시 형식을 근간으로 하고 있음을 발견해낼 수 있다. 「별 헤는 밤」이 보여주는 계기적이면서 완결감을 주는 시적 구조, 효과적인 반복의 어조가 빚어내는 리듬감과 줄글 형식의 나열 혹은 서술이 빚어내는 산문의식은 40년대 우리 시단에 비추어볼 때 그 실험적 요소는 분명 앞선 것이었다.

윤동주에게 있어 '별을 헤는' 행위는 시 쓰는 행위에 대한 은유이다. 그는 시 쓰기를 통해 '별'이 지향하는 세계로 발돋움하고자 했던 것이다. "별 하나에 시와"라는 구절이나, "「프랑시스 잠」 「라이너 마리아 릴케」 이런 시인의 이름을 불러봅니다"라는 구절들이 바로 이러한 사실을 뒷받침하고 있다. 특히 "별 하나에 아름다운 말 한마디씩 불러봅니다"라는 구절은, 그가 불러본 아름다운 말 한마디씩이 바로 윤동주의 모든 "슬프도록 아름다운 시들"(정지용)이라는 것을 미루어 짐작토록 해준다.

시인이 별 하나하나에 붙여본 아름다운 한마디씩의 말, 그리고 별처럼 빛나는 그의 시들…… 시 「별 헤는 밤」이 윤동주의 시를 이해하는 가장 단단한 징검다리인 동시에 한국 현대시의 명편 가운데서도 그야말로 별처럼 빛나는 까닭이 여기에 있다.

## 하늘·가을·가슴속 별의 동일화

계절이 지나가는 하늘에는
가을로 가득 차 있습니다.

나는 아무 걱정도 없이
가을 속의 별들을 다 헬 듯합니다.

가슴속에 하나 둘 새겨지는 별을
이제 다 못 헤는 것은
쉬이 아침이 오는 까닭이요,
내일 밤이 남은 까닭이요,
아직 나의 청춘이 다하지 않은 까닭입니다.

윤동주의 시에서 하늘은 시인의 내면의식과 일치한다. 하늘은 높고 아득하며 영원을 상징하는 공간으로, 낮고 유한한 현실의 땅과 대립된다. 그것은 가을에 이어 봄을 마련하는 순환의 계절을 수용하고 있기에, 떨어지는 단풍잎의 죽음을 새싹으로 재생하는 역설을 가능케 하는 공간이며 무덤을 푸른 잔디로 덮는 힘을 품은 공간이다. 현상적으로 하늘은 우주의 맑고 푸른 아름다움을 의미하지만, 관념적으로는 현실을 뛰어넘는 초월의 공간이자 이상의 공간이다. 이 시의 1연 "계절이 지나가는 하늘에는/ 가을로 가득 차 있습니다"에는 바로 이 시간과 공간의 두 질서가 복합되어 나타나고 있다.

「서시」에서 "하늘을 우러러 한 점 부끄럼이 없기를" 기원했던 것처럼 이 시에서 역시 '하늘'은 시인 자신을 비추어보는 우주적인 우물로 등장한다. 시의 첫 행에서 드러나듯 시인은 하늘, 즉 상방上方을 향하여 사유한다. 하늘과 별 외에도 늘 "좀 더 높은 데", "언덕", "첨탑" 등 저 높은 길을 향하는 윤동주의 지향성은 항시 지고한 영혼을 추구했던 그의 시세계와 상응하며 이는 '별'에 대한 집요한 추구로 이어진다. 윤동주는 천상과 지상이라는 수직적인 높이의 시선을 지니고 늘 그 가운데 자리에서 부끄러운 자신을 하늘에, 땅에, 우물에, 손바닥에 끝없이 비추어보는 것이다.

그의 시는 하늘과 땅의 근원적 질서 속에서 스스로를 응시하며 자신에 대해 물음을 던지고 있다. 모든 살아 있는 것들의 괴로움, 잎새에서조차 느끼는 생명의식, 그리고 우주 속에서 느끼는 세월과 그 흐름이 가져다주는 변화, 이 모든 것은 존재와 소멸의 내밀한 대조를 이루며 시인으로 하여금 자기 자신을 다시 들여다보게 한다. 그래서 "아무 걱정도 없이 가을 속의 별들을 다 헬 듯" 하지만 결국 시인은 그 시선을 금세 거두어 그 별들을 자신의 가슴속에서 헤아리게 된다. 그러면서 아침이 쉬이 오고 내일 밤이 있기에, 또 아직 나의 청춘이 다하지 않았기에, 시인은 천천히 아끼듯 가슴속에 품은 별들을 하나씩 하나씩 헤게 되는 것이다.

윤동주의 '별'들은 희망적이고 긍정적인 이미지를 안고 있다. 그는 별과 자신과의 일체감을 시도하면서 천상적인 존재인 하늘을 내 안으로 끌어안고, 천상의 세계에 속해 있는 '별'을 내 가슴속의 별로 존재하게 한다. '별'의 높이만큼이나 아득히 먼 거리에 존재하는 이상적인 자아를 시인은 바로 그 별을 매개로 이 지상의 세계로 끌어들인다. 그때야 비로소 하늘의 별, 가을의 별, 화자 가슴 속의 별은 등가관계를 이루게 되고, 이는 헤아릴 수 있는 외적인 별, 차마 헤아릴 수 없는 내적인 별로 나뉜다. 물끄러미 올려다본 하늘에서 하나씩의 별을 향해 시인은 오래도록 추억을 떠올리고, 그것은 천천히 행을 바꾸어 다른 하나의 별에서 사랑을 기억하며, 또 그것은 천천히 행을 바꾸어 쓸쓸함, 동경들로 오래도록 이어진다.

별 하나에 추억과
별 하나에 사랑과
별 하나에 쓸쓸함과
별 하나에 동경과
별 하나에 시와
별 하나에 어머니, 어머니,

4연의 "추억", "사랑", "쓸쓸함", "동경"은 모두 추상적이며 심리적인 관념어들이다. 물론 이들은 다음 5연에서 한층 구체적으로 전개될 이름들의 대표항이기도 하다. 지나가 버린 시간에 대한 추억, 그네들에 대한 사랑, 지금 현실의 쓸쓸함, 시인들에 대한 동경들이 별 하나하나씩에서 빛나고 있다.

5행의 “별 하나에 시와”라는 행을 매개로 시는 결정적으로 기억과 관념의 세계를 잠시 벗어난다. 이 행은 다음 행의 “별 하나에 어머니, 어머니,”라는 구절로 이어지면서 추상적인 관념들로 빛나던 이름들을 지상으로 당겨 내린다. 즉 윤동주의 시에서 별은 상실과 아픔과 차가운 단절을 환기시키기도 하지만 그것은 이내 그리움과 사랑을 풀어내는 매개가 된다. “참을성 있고 다정하고 재간 있고 자상한 분”이었던 어머니, 이는 너무도 그립지만 멀리 떨어져 있는 그 모든 것들을 환기하는 강한 매개 역할을 한다. 멀고 높은 거리 때문에 순수한 동경과 노래로 바라보았던 별은 이제 그리운 사람과 존재들의 이름들을 갖게 되는 것이다.

## 그리워하는 대상들과의 시적 거리

어머님, 나는 별 하나에 아름다운 말 한마디씩 불러봅니다. 소학교 때 책상을 같이 했던 아이들의 이름과 패, 경, 옥 이런 이국 소녀들의 이름과, 벌써 아기 어머니 된 계집애들의 이름과, 가난한 이웃사람들의 이름과, 비둘기, 강아지, 토끼, 노새, 노루, 「프랑시스 잠」 「라이너 마리아 릴케」 이런 시인의 이름을 불러봅니다.

이네들은 너무나 멀리 있습니다.  
별이 아스라이 멀듯이,

어머님,

그리고 당신은 멀리 북간도에 계십니다.

4연에서 별 하나에 하나씩의 이름을 붙여 불러보던 시인은 마지막 행에서 "어머니, 어머니,"라며 북받치듯 두 번을 부른다. 애써 하나씩의 이름을 부르며 한 행씩의 호흡을 조절하던 시인은 끝내 어머니를 두 번 부른 직후 5연에 이르러서는 숱한 이름들을 쏟아붓듯 부르고 있다. 더욱이 4연에서 절제된 어법을 통해 긴장하듯 천천히 하나씩 명명하던 표현은 5연에 이르러 다시 산문적인 어법과 경어체로 서술됨으로써 외적 자연을 바라보는 시선과 구체적 내면의 독백이 다양한 조화를 이루고 있다.

'어머니'를 매개로 떠오른 이 이름들은 모두 지금은 사라진 행복했던 시절의 존재들이다. 내 유년과 순수함의 근원인 어머니, 잃어버린 고향의 상실감을 치유해줄 수 있는 유일한 존재인 어머니는 시인의 고향인 북간도와 그 시절의 모든 추억들을 상기하게 한다. 이제껏 애틋하게 간직한 시인의 유년과 고향이라는 회귀적 시공이 한 점 티끌 없이 담겨 있다. 어릴 적 함께 공부하고 자란 소학교 친구들의 이름, 북간도에 살던 시절 만난 "패, 경, 옥" 등 이국 소녀들의 이름, 이미 아기 엄마가 되었을 그네들의 기억, 함께 이웃하여 살던 가난한 사람들, 유순하고 친근한 동물인 비둘기, 강아지, 토끼, 노새, 노루 등의 이름, 그리고 그 시절 시인되기를 소망한 내가 늘 꿈꾸었던 시인들의 이름…… 이들은 모두 하나씩의 별들에 이름 붙여져 별과 등가물을 이루며 별만큼 빛나는 존재들이 된다.

너무도 그립지만 만날 수 없는 '어머니'라는 이름의 별은 이토록 많은 추억과 동경과 사랑과 쓸쓸함의 이름들을 불러온다. 이 이름들은 시간과 공간의 단절 때문에 그 만남이 끝없이 좌절되어 왔고, 존재하기는 하되 "별이 아스라이 멀어" 마치 부재하는 것처럼 되어버린 그런 대상들이다. 시인은 별을 매개로 하여 순수했던 시절의 자아와 일치하기를 기도하지만 아득한 거리감을 인식하며 다시 현실로 돌아오게 된다. 그 이름들은 소중하고 그리운 것이지만 어찌 보면 동화적인 비현실적인 것들이고 책 속에 있는 것들이며 과거의 것들일 뿐이기 때문이다. 별만큼 소중하되 동시에 별처럼 멀리 있는 그리운 이 존재들은 결국 별처럼 아스라이 먼 곳에만 존재하는 '너무나 멀리' 있는 것일 뿐이다. 시인은 결국 이 모든 그리운 연상을 불러일으킨 어머니에게 역시 "어머님, 그리고 당신은 멀리 북간도에 계십니다"라는 독백으로 끝없이 이어지는 안타까운 추억의 고리를 매듭짓고 있다.

하늘 가득한 별을 통해 가슴속의 별을 떠올려보고 추억 속의 순수했던 자아를 볼 수 있었지만 결국 그리운 그 모든 것은 가슴속의 별에서 다시 하늘의 별로 멀어져 가버리고 만다. 별이 아스라이 멀듯이, 어머니는 멀리 북간도에 계시듯이.

## '풀'과 '별'의 이항대립과 매개항으로서의 '언덕'

> 나는 무엇인지 그리워

이 많은 별빛이 내린 언덕 위에
내 이름자를 써 보고,
흙으로 덮어 버리었습니다.

딴은 밤을 새워 우는 벌레는
부끄러운 이름을 슬퍼하는 까닭입니다.

"별빛이 내린 언덕"은 내 이름자와 별빛이 합일되는 장소이다. 천상의 별과 지상의 내가 비로소 하나가 되는 지점이기도 하다. '언덕'은 하늘과 가장 가까운 땅이라는 점에서 이 지상을 천상으로 연결하는 매개 공간이다. 하늘로 올라가는 이 언덕의 땅에서 시인은 사랑하는 것들의 이름들과 헤어진 후 비로소 자신의 이름자를 쓰고 다시 흙으로 덮으며 별의 무한함과 빛남을 획득한다.

시인에게 있어 이름자를 쓰는 행위는 곧 시를 쓰는 행위이다. 별빛 내린 언덕에서 내 이름자를 쓰고 또 덮는 몸짓 앞에서 내 무력하고 부끄러운 존재는 밤을 새워 우는 벌레이다. 내 미미한 존재의 부끄러움, 추억과 사랑의 존재들로부터 멀어져 나와 그들에 다가갈 수조차 없는 막막한 현실 앞에서 시인은 이름자를 쓰고 흙으로 덮는다.

이는 다음 연의 "밤을 새워 우는 벌레"의 부끄러운 이름으로 이어지고 있다. 윤동주의 시에서 '부끄러움'은 존재론적인 고뇌를 보여주는 성찰의 부끄러움이다. 나를 '벌레' 같은 미미한 존재로 깨닫는 것은 부끄러움이라는 행위를 통해서 이루어진다. 그는 준엄한 자아 성찰의 모습을 부끄러움으로 집약하면서 "죽는 날까지 하늘을 우러러 한 점 부끄럼이 없기를"(「서시」), "돌담을 걷다 쳐다본 하늘이 부끄럽게 푸릅니다"(「길」)와 같이 하늘에 비추어 자신의 부끄러운 무력함을 끝없이 되새겨 왔다. 동시에 시인은 "인생은 살기 어렵다는데 시가 이렇게 쉽게 씌어지는 것은 부끄러운 일이다"(「쉽게 씌어진 시」)라고 고백하면서 시를 삶의 부끄러운 거울로 깊숙히 품고 있다. 내 이름자를 쓰는 행위와 부끄러운 이름을 슬퍼하는 벌레의 울음은 그럼에도 불구하고 시 쓰기를 포기할 수 없는 시인의 의지적 행위를 변주한 표현들인 것이다.

그의 또 다른 시 「자화상自畵像」에서 우물 속의 사나이가 미워져 돌아가고 돌아가다 생각하면 불쌍해져 다시 돌아와 들여다보기를 반복하던 몸짓이 끝내는 추억처럼 사나이를 그리워하며 그와 합일하는 모습으로 귀결되었던 것을 환기해보자. 「별 헤는 밤」에서도 자신의 이름자, 즉 자신의 시를 쓰고 흙으로 덮기를 반복하는 시인의 몸짓은 종국에는 희망의 씨앗을 심는 능동적인 행위로 변용된다. 이름자를 쓰고 흙으로 덮는 행위는 매장을 의미한다기보다는 시의 씨앗을 심는 행위라 할 수 있기 때문이다. 하늘 가득히 반짝이는 별빛을 받은 언덕 위에 심고 흙으로 덮은 나의 시는 곧 다가오는 봄에 싹을 틔울 희망을 품은 씨앗이다. 이는 내 이름자 묻은 언덕의 무덤에 무성해질 파란 잔디의 씨앗인 것이다.

> 그러나 겨울이 지나고 나의 별에도 봄이 오면
> 무덤 위에 파란 잔디가 피어나듯이

내 이름자 묻힌 언덕 위에도
자랑처럼 풀이 무성할 거외다.

이 시 전체의 긴 슬픔과 부끄러움은 마지막 연의 "그러나" 이후 급진적으로 의미론적 전환을 가져온다. 슬픔은 희망으로 나아가려 하고 부끄러움은 "자랑"으로 점화되려 한다. 윤동주의 시에서 이처럼 빠른 호흡으로 집약되는 후반부는 한층 긴 전반부와 대응해 시적 질서의 전환을 가져오면서 극적인 시적 효과를 반등시키고 있다(가령 「서시」, 「흐르는 거리」 등). 시인이 맞부딪쳐 온 현실적인 좌절들은 내 이름자 쓰고 묻기라는 희망의 행위와 "겨울이 지나고 나의 별에도 봄이 오면"이라는 기대의 시간으로 한층 화해적인 시의 세계로 상승한다. 현재에서 미래로 시간이 옮겨가면서 부정적인 상황은 긍정적인 지향으로 선회하고 시적 자아의 내면적 갈등은 의지를 향해 가파르게 상승한다. 가을과 겨울을 지나 봄이 오고, 죽음 같은 무덤이 '자랑처럼 무성한 풀'의 언덕으로 다시 살아나는 것은 이제 시인에게 희망이 확신으로 흐르고 있음을 의미한다.

이 시에서 화자의 행위는 '별을 헤다' → '이름을 부르다' → '이름자를 쓰다' → '흙으로 덮다' → '풀이 무성하다'로 변화되어왔다. 별을 헤어봄으로써 내면으로 별을 끌어들이려고 노력하지만, 그 어려움은 곧 이어 좀 더 적극적인 방법으로 별 하나씩에 이름을 부르는 행위로 이어졌다. 여기서 다시 추억과 사랑과 쓸쓸함을 좌절로 맛보면서 시인은 더 능동적인 방법으로 자신의 이름자들을 써본다. 하늘의 별을 내 가슴속의 별로 새기고 내가 쓴 이름자들을 자랑처럼 무성한 풀의 씨앗으로 심으면서, 시인은 별과 풀과 일체화되기에 이른다. 하늘 가득했던 별은 이제 이 언덕에서 '자랑처럼 무성한 풀'의 의미로 뿌리를 내리는 것이다.

자기 존재의 외로움, 추억 속의 유년, 그리운 어머니, 그리고 이 모든 사랑하는 것들에 가닿을 수 없는 식민지 조국의 부끄러움 등 현실의 '무덤'들은 봄과 함께 '파란 잔디'의 생명을 얻는다. "겨울이 지나고 나의 별에도 봄이 오면"은 시인으로 하여금 좌절과 절망을 희망의 코드로 힘겹게 돌리게 하는 강한 견인의 힘을 지닌 구절이다. 한껏 무성해질 푸르름은 불모의 무덤 같은 이 땅을, 고뇌를 벗어버릴 수 없게 하는 이 현실을 '자랑처럼' 되찾을 수 있게 하는 희망의 생명력인 것이다.

## 미래시제와 생명성

윤동주의 시와 생애가 궁극적으로 모색하고 있는 초점은 따뜻한 화해의 세계이다. 어둠과 빛, 자기 부정과 긍정, 괴로움과 사랑, 부끄러움과 의지력 등 대응을 이루는 두 세계를 하나로 묶는 융화의 세계인 것이다. 이 균형과 평정의 세계에 도달하기 위해 그는 끊임없이 새로운 길을 떠나고 잎새에 이는 바람에도 괴로워하며 자아 탐구와 실천적 시인 사이의 끊임없는 상충 속에서 요동치며 괴로워한다. 또한 이 숨 막히는 고뇌와 갈등은 "무엇엔가 쫓기우며 자조하는 젊은이가", "오래 마음 깊은 속에 괴로워하는 수많은 나"를 파악하기 위해 자신을 들여다보고 또 들여다보는 고통스러운 내면의 표현과 힘겹게 초극하는 모습들로 나타나고 있다.

이 예리한 현실적 상황과 이상적 세계의 부딪침 사이에서 윤동주는 늘 화해를 기도한다. 예민하고 섬세한 시인의 감수성은 나와 타인이라는 모순된 명제를 자신의 내면 안에 동시에 포용하려 애쓴다. 이를 위해 윤동주의 모든 시는 현실에 대한 부정적인 것을 인식하는 동시에 그것을 긍정적인 깨달음으로 이끄는 의미 체계를 구성한다. 대립하는 두 세계를 이어주는 매개항은 어린 날의 추억이나 친구들, 어머니와 순이, 때로는 이웃 사람들로 표상되기도 하고, 하늘과 바람과 별이라는 자연물로 상징되기도 한다. 늘 “노여움, 억울함, 아까움 같은 것을 마음속에 조용히 새기고는 늘 변함없는 미소로 사람을 대하던” 성품인 윤동주는 이런 모든 화해의 열쇠를 “밤비 속에 속살거리는 아침을 기다리며 어둠 속에서 밝음으로 나아가려는 사람들”과, 그 의지를 가능하게 해주는 생명과 생성의 자연물들에서 찾으려 애쓴다.

그는 시에서 ‘하늘’과 ‘바람’과 ‘별’ 등 자연을 통해 세계와 화해했다. 시인은 자연을 수용하는 태도에 있어서 단순한 화해나 연대의식보다는 생성과 불화에 대한 긍정적 신념을 보여준다. 이 의지는 그 자체가 근원인 동시에 모든 것을 존재하게 하는 근본인 까닭이다. 「별 헤는 밤」의 끝 연에서 “겨울이 지나고 봄이 오”고 “무덤 위에 파란 잔디가 피어나”며 “내 이름자 묻힌 언덕 위에도 자랑처럼 풀이 무성”하리라는 모든 기대는 자연을 통한 생성과 부활의 이미지들이다. 절박한 한계와 절망을 넘어설 수 있게 하는 의지, 어둠을 딛고 일어설 수 있게 하는 저력이

여기서 숨 쉬고 있으며 우주의 신비함과 불멸에의 생이 동질화되어 있다. 다른 시에서도 "서리발에 끼친 낙엽을 밟으면서 멀리 봄이 올 것을 믿습니다"라고 말한 바 있듯이 시인은 자신의 사명과 자연과의 일체적인 교합 속에서 강인한 생명에의 의지로 나아가려 한다. 그리고 자연에 대한 시인의 이러한 태도야말로 생의 의미를 상징의 차원으로 끌어올리는 힘이기도 하다.

그의 시적 지향은 지상적 존재로서의 괴로움을 극복한 사랑의 실천에 있고, 또 그때 그의 노래와 시는 일상적인 것과 초월적인 것의 이질적 세계를 합일시킨다는 점에서 시와 종교를 동일한 것으로 일치시킨다. 그는 밤과 어둠 속에서도 아침과 밝음이 올 것을 믿었고, 흐르는 길에서도 정착을 그리워했으며, 헤어져 있는 현실 속에서도 사람들과의 만남을 확신했다.

윤동주에게 있어 자신의 이름자를 쓰고 시를 쓰는 행위는 또 다른 자신에게 희망을 가지라고 부추기며 내미는 악수이고, 자신과 세계 사이의 단절을 극복하기 위해 소통의 통로를 만드는 작업이었다. 그는 심연 깊은 고독과 절망, 그리고 그 끝에 올 '자랑처럼 무성한 푸른 풀'의 희망을 깨우치는 초극과 화해의 시학을 구축하면서 우리로 하여금 그 푸른 풀의 생명력을 함께 품게 하고 그가 내민 악수의 손을 맞잡게 하는 시인이다.

시인 윤동주. 그의 시는 우리로 하여금 부끄러운 자아의 성찰을 넘어 나를 둘러싼 세계로 시선을 돌리게 하고, 그 모든 소중한 존재들에 별 하나씩의 애틋한 이름을 붙여보면서 세계와 화해하며 사는 법을 생각해보게 한다.

“계절이 지나가는 하늘에는/ 가을로 가득 차 있습니다”에는 여름에서 가을로 옮겨가는 계절의 변화가 그대로 담겨 있지만 동시에 ‘가을로 가득 찬 하늘’이라는 시 · 공간의 복합성은 독자에게 하나의 신선함으로 다가온다. 여기서 가을이 지니는 소멸성, 공허함의 이미지는 시인으로 하여금 자신을 되돌아보는 성찰을 가능하게 하는 것이며 그것이 하늘이라는 넓은 공간에 가득 차 있음으로써 현재 시인의 내면이 절망과 공허로 가득하다는 것을 보여준다. 윤동주는 고도의 시적 비유를 구사하고 있으며 추상적 관념을 구체화시키거나 감각적 이미지로 전환하는 것은 그의 시에서 두드러지는 점이다. 대표적인 예로 별의 이미지가 구체적으로 내면화되고 있는 4연을 들 수 있다. 별의 속성은 ‘추억’, ‘사랑’, ‘쓸쓸함’, ‘동경’이라는 추상적 · 심리적 관념과 ‘어머니’와 같은 구체적 대상을 연결 짓는 기능을 하며, 5연에서 소학교 때의 아이들의 이름, 이국 소녀들의 이름, 비둘기, 강아지, 시인의 이름을 통해서 별의 이미지는 더욱 구체화되어 친밀감 있게 다가온다. 그리고 별을 헤는 행위를 시 쓰는 행위에 대한 은유로 볼 때 별의 이미지는 추상, 시(시 쓰기), 구상으로 3분화分化되는 양상을 보인다. 여기서 시(시 쓰기)는 추상적인 것, 천상의 것, 이상적인 것과 구체적인 것, 지상의 것, 현실적인 것을 이어주는 매개항이며 시 쓰기를 통해 윤동주가 별이 지향하는 세계로 발돋움하고 있음을 보여주는 것이다. 또한 마지막 연에서 보이는 ‘겨울이 지난 봄 = 무덤 위의 잔디 = 언덕 위에 무성한 풀’의 등가관계는 겨울, 무덤, 언덕이 갖는 절망과 어둠, 부끄러움의 부정적 속성을 봄, 잔디, 무성한 풀의 생성과 부활의 이미지, 즉 긍정의 속성으로 변화시키려는 시인의 의지를 보여준다. 부정을 거친 긍정, 한계나 울타리를 넘어섰을 때 느끼는 안도감이 서로 긴밀하게 연결되고 있다. 어둠과 절망을 딛고 서려는, 자기의 사명과 생명의 의지에로 나아가려는 모습인 것이다.

# Part 4

# 불의 갈망
# 물의 언어
# 소리의 응답

## 백자白瓷

허영자

불길 속에
머리칼 풀면
사내를 호리는
야차 같은 계집

그 불길 다스려 다스려
슬프도록 소슬한 몸은
현신하옵신 관음보살님
— 이조 항아리.

# 17

# 타오름과 다스림의 시

## 허영자 「백자白瓷」

### 짧고 강한 서정시의 힘

짧은 서정시의 힘은 압축과 절제에 의한 강한 후려침에 있다. 일상의 눈으로는 도저히 결합할 수 없는 이질적인 대상들을 시인은 상상력으로 이어내고 용해시켜 새로운 세계를 열어보인다. 별안간 열린 이 새로운 세계 앞에서 독자는 꼼짝 못하고 사로잡히는 것이며, 여기에서 만들어지는 경이와 충격이야말로 서정시의 본령이라고 해도 과언이 아닐 것이다.

허영자의 짧은 시들은 서정시가 만들어내는 감동의 메커니즘을 선연하게 보여준다. 그의 시가 보여주는 섬세하면서도 날카로운 서정, 그리고 누구도 따를 수 없는 대담한 열정과 그것을 싸늘하게 다스리는 지성의 양가성은 독자에게 일상을 뛰어넘는 절묘한 비상飛翔과 개안開眼의 체험을 하게 한다.

이 시에서는 '백자'라는 한 구체적 대상을 통해 사물과 인간과 종교의 세계 그리고 속俗과 성聖의 세계가 별안간 부딪치고 역전하면서, 삶의 심연이 찰나적으로 드러나고 있다. 이질적인 것을 결합하고 동일화시키는 은유의 힘이 이 짧은 서정시에도 유감없이 발휘되고 있다. 시인은 의미 서술을 전혀 배제하고 항아리-인간-신이라는 세 개의 이질적인 축을 은유로써 연결한다. 이들은 표면적으로는 서로 연관성을 가지고 있지도 않기에 이 느닷없는 결합은 긴장을 극대화시킨다. 그런데 이러한 결합을 가능하게 하는 강렬한 상상력, 즉 은유적 원리의 핵심이 되는 것이 바로 '불'이다. 일반적으로 불은 이중적인 성격을 갖는다. 활활 타오르는 불길은 주체할 수 없는 욕망의 메타포인 동시에 그러한 욕망을 정화淨化시키는 역할을 하기도 한다. 욕망의 불인 동시에 정화의 불이라는 이러한 이중성 때문에 불의 이미지는 각각의 상황과 맥락에 따라 다양한 의미태들을 가질 수 있다. 때로는 강렬한 사랑과 성적 메타포로, 또 때로는 지고한 미의 경지에 이르기 위한 통과제의로, 역동적인 힘의 상징으로, 그리고 세속의 고통이나 절제할 수 없는 욕망과 같은 모든 불순한 것들을 태워 없애는 정화자로도 기능하는 것이다.

시 「백자白瓷」는 이러한 불의 상상력을 통해 이질적인 것을 동일화시키는 서정시의 비의秘義를 보여준다. 불의 세계를 거쳐 흰 백자로 변용되는 흙(질료)의 이미지는 "계집"과 "관음보살님"으로 육화되어 각각 인간과 신의 숨결을 부여받는다. 그리고 이러한 불의 상상력 속에서 '사물의 축軸-항아리'와 '사람의 축軸-야차 같은 계집', '신의 축軸-관음보살님'이 동일화된다. 이렇게 성性과 성聖, 신과 인간, 사랑과 정념, 선과 악, 이승과 저승의 상반성이 펼치는 병렬성은 독자에게 충격을 준다.

상반성을 동일성으로 포괄해버리는 불의 이미지는 특히 성적性的 메타포의 변이를 통해 형상화되고 있다. 욕망으로 넘실대는 불은 그 불길을 다스리는 행위를 통해 성화聖化된다. 이는 1연의 "야차 같은 계집"과 2연의 "현신하옵신 관음보살님"이라는 대비를 통해 단적으로 드러난다. 잔인하고 혹독한 악귀인 '야차'에 비유되고 있는 막돼먹은 여자의 "머리칼"과 더불어 '사내를 호리다'라는 상스러운 단어, 그리고 이와는 정반대로 부처를 형용한 "소슬한", "현신하옵신"과 같은 경어체의 잘 다듬어진 시어는 두 세계의 이질성을 더욱 강조한다.

그리고 불의 상상력은 이 두 세계를 강하게 연결시킨다. 거친 흙반죽이 활활 타오르는 불을 통해 "이조 항아리"라는 "슬프도록 소슬한 몸", 즉 절제된 예술품으로 완성되는 과정은, 자기 안의 불을 다스리고 통어하는 행위 속에서 "야차 같은 계집"이 "관음보살"로, 통제불능의 욕망이 절제된 미美로 승화되는 것과 그대로 겹쳐진다. 그리고 이러한 과정을 통해 불은 야수적인 '성화性化의 불'에서 신성한 '성화聖化의 불'로 전환되고 있다. 1연의 불길이 정념에 의해 타오르는 육체적이며 성性적인 불이라면 2연의 불길은 잡된 것을 태운 뒤 순수한 정화의 요소만 남은 성聖화된 불길이다. 이 성聖화된 불, 즉 중생 앞을 밝히는 빛의 불인 동시에 정신의 불인 이 불길은 "슬프도록 소슬"하다는 시적 언술을 통해 이조 백자의 궁극적인 본질을 암시해준다. 한 뭉텅이의 흙반죽이 백자가 되기까지에는 뜨거운 불길 속에 던져져 두억시니 같은 악귀의 잡스러움을 불태우고 정제하는 과정을 거쳐야만 한다. "다스려 다스려"에서 느껴지는 이러한 인고와 고통의 입사식initiation은 "슬프도록"에서 결과지어지고 있으며, 이를 통해 본능과 정열의 몸부림인 불길은 관음보살의 이미지로 전이되고 있다.

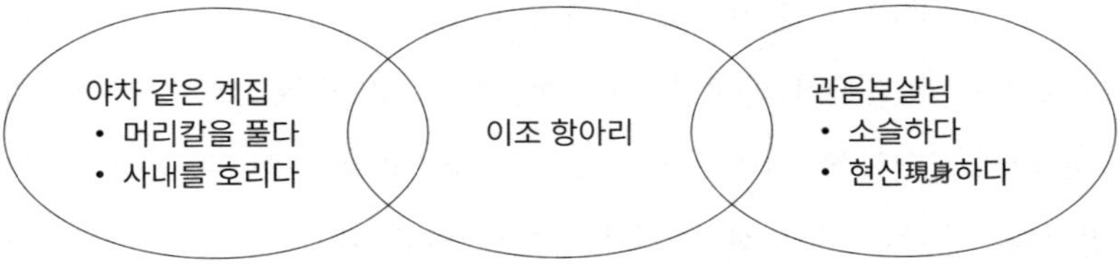


그런데 이 은유의 출발과 종착지는 역시 '백자'이다. 백자의 자태에서 시인은 야차 같은 인간의 본성과 동시에 그것을 다스리고자 하는 인간의 높은 지향과 동경을 간파해낸 것이고, 불의 상상력은 두 개의 세계를 뜨겁게 오고 가게 한다. 사람들의 발길에 밟히는 흙은 도공의 정갈한 손길과 도가니 속 불길의 세례에 의해 흠 하나 없는 하얀 백자로 다시 태어난다. 같은 질료를 지니고 있되 다른 몸으로 다시 태어나는 것, 즉 그것이 죽음을 거친 재생의 과정을 견뎌낸 것일 때 그 변신의 모습은 우리에게 깊은 감동을 준다.

이제 독자는 다시 텅 빈 백자 하나를 마주 보게 된다. 매끄러운 살결과 오묘한 곡선의 내부에는 알 수 없는 텅 빈 속이 있다. 하지만 불의 상상력을 지나온 것이기에, 그 텅 빈 내부는 이미 심연으로 열려 있다. 실체와 비실체, 존재와 심연, 형상과 허공의 전형적인 양의성을 지닌 항아리를 두고 일찍이 노자는 "찰흙을 이겨 그릇을 빚어도 그 빈 공간이 있고서야 그릇으로서의 쓰임이 생긴다"(『도덕경』 제 11장)고 하지 않았던가.

두억시니의 머리칼을 한 악녀로 형상화된 정염의 불길과 그것을 다스리는 관음보살의 맑은 불길을 함께 타오르게 하다가, 텅 빈 백자의 내부로 그 모든 것을 가라앉히는 시인의 상상력은 무척 경이롭다. 성과 속의 극단적인 상반성, 형상과 공空, 안과 밖, 추악함과 숭고함 사이에서 번뇌하는 인간의 삶의 본질을 이 짧은 서정시는 뜨겁게 그리고 서늘하게 보여주고 있는 것이다.

## 관능적 이미지와 역동적 에너지

시 「백자白瓷」에서 은유적 전환의 중심이 되었던 불의 이미지는 실제로 서정시 일반에서 역동적 상상력의 핵심적인 이미지로 작용한다. 불은 자연의 시간을 가속화시키는 것이며 대지-어머니의 잉태가 그 끝까지 익힐 수 없는 것을 끝까지 이르게 할 수 있는 일련의 집중된 에너지이다. 특히 허영자의 시에서 시적 화자는 염결성廉潔性을 지향하는 내연적內燃的 자아인데 늘 원죄와 참회의식을 기저에 깔고 있기에, 불의 이미지는 이를 전환시키는 근원적 에너지가 된다. 그의 시에서 원죄의식을 갖게 하는 심리적 동인動因은 '에로스적 삶', '비린 일상', '결핍감과 욕망' 때문이다. 이러한 욕망은 불의 작용을 통해 연소되고 물기가 제거되어 승화된다. 이 불은 정염의 불꽃이면서 동시에 정화의 불길이다. 이 불길은 "짐승의 숨결, 짐승의 냄새, 짐승의 울부짖음, 살 떨리던 격정의 몸짓"을 "법열의 미소"가 되게 하며(「낙엽」), "먹어도 먹어도 배고픈 시장기"를 "파아랗게 얼어붙은 물고기의 피"가 되게 한다(「봄」). "떫고 비리던 내 피"가 "붉은 단감"(「감」)으로 열기를 통해 성형화됨으로써 인간의 현존재가 지니는 추한 일상성과 원죄의식은 극복되어진다.

허영자의 시 「봄」에서도 우리는 이러한 불의 이미지를 찾아볼 수 있다. 그의 시에서 불은 남성과 여성의 에로스적 결합을 통해 형상화되고 있는 경우가 많은데, 그 불은 단순한 성적 은유를 넘어선다. 왜냐하면 그것은 남성과 여성, 소멸과 생성, 욕망과 절제라는 대립적 상황을 변증법적 과정 속에서 종합해내는 적극적인 역할을 수행하고 있기 때문이다. 이러한 변증법적 과정은 흔히 부정적인 것에서 긍정적인 것으로 전환되는 대상(혹은 상황)을 통해 가시화된다.

> 아아
> 실로 은밀한 밀회
>
> 이마에
> 화인火印 찍힌 사내와

가슴에
주홍글씨 단 여자가

지난 겨울 북풍 속에
몰래 만났을까

설레이는 눈발 속에
손 마주 잡았을까

무더기 무더기로
무성한 소문

온 땅 위에 번지는
초록의 불길.

「봄」 부분

겨울에서 봄으로 넘어오는 계절의 기운을 시인은 남성과 여성의 만남을 통해 육화하고 있다. 여기에서 남성과 여성은 모두 불의 속성을 부여받은 자들로서 사내의 이마에 찍힌 "화인火印"과 여자의 가슴에 달린 "주홍글씨"는 모두 '성화性化'된 불의 표식이다. 하지만 그들의 만남은 금기시된 사랑으로 사회적 기준에서 보았을 때 허용되지 않는 것이다. 화인과 주홍글씨는 낙인찍힌 죄인의 표식이기 때문이다. 그래서 이들의 밀회는 겨울이라는 계절에 이루어지고 있다. 그러나 그 사랑이 더 이상 숨겨지지 않고 봄의 강렬한 빛 아래 드러나게 되었을 때 겨울의 이미지는 순식간에 봄의 이미지로 전환된다. 사내와 여자, 즉 불과 불의 결합은 강력한 성적 섬광을 일으키고 이러한 "은밀한 밀회"와 "무성한 소문"의 현장에서 "북풍"과 "눈발"로 상징되는 겨울은 "초록의" 에너지로 가득 찬 봄으로 전환되고 있다. 불의 속성을 가진 사내와 여자의 결합 속에서 겨울이 봄으로, 추위가 따뜻함으로, 불모의 자연이 생성의 자연으로, 그리하여 육체를 지닌 인간의 무거움이 봄날의 시간적 가벼움으로 변화되고 있다.

관념을 구체화하는 것이 이미지의 역할이라고 할 때 허영자 시에서는 서정을 감각적 이미지로 전이시키는 남다른 힘이 발견되며, 이것이야말로 그의 시를 전통의 새로운 계승이라는 자리에 놓게 하는 핵심적인 요소라 할 것이다. 사랑을 주제로 한 시에서 특히 이러한 예리하고 강렬한 감각적 형상화가 돋보이는데, 사랑이라는 추상적 관념은 오관을 통한 구체적 감각화로 선명하게 드러난다. 육감적 욕망은 시인의 가장 높은 정신적 그리움의 표현으로, 가장 원시적이고 본능적인 형이하학적 감각을 통해 추상적인 사랑의 개념을 절실하고 생동감 있게 구체화하는 것이다. "끓는 몸뚱아리", "가쁜 숨결"(「수련을 보며」) 같은 육체적 혹은 호흡기관적 요소들은 지극한 영혼의 갈구를 강조한다. "문드러지는", "어혈드는"(「복숭아」) 같은 닿음에 의한 촉감 등은 원시적인 감각 이미지의 생동성을 드러낸다. 또한 "새로 한 번만 미쳐라 달쳐라"(「봄」)는 시인의 외침은 시 전체에 역동적이고 활기찬 분위기를 불어넣으며,

"죽은 나무도 생피 붙을 듯"한 봄의 불길 속에서 육체와 영혼은 폭발할 듯한 에너지를 얻는다. 이렇게 허영자의 시 속에서 죽음까지 파고드는 관능의 격렬함은 불의 상상력을 통해서 죽음과 성性을 하나로 연결시키면서 강렬한 화해의 풍경을 펼쳐 보인다.

## 불의 상상력과 동일화

서정시에서 자아와 세계는 동일성, 일체감을 꿈꾸는 상상적 공간 속에 함께 놓인다. 「백자白瓷」의 경이로운 서정적 감동은 바로 이 이질적인 것들의 동일화에서 비롯되고 있는 것이다. 동일성의 확인이 서정적 감동의 핵심이라는 비밀을 이 시는 보여주고 있다. 사물-인간-신이라는 시적 은유의 중심축은 단지 세 존재 사이의 관계를 명시하는 것이 아니라, 그것을 통합하는 힘이며 세계를 이해하고 재창조하는 원리를 보여주는 것이라 할 수 있다. 공허를 사유로 채우는 이러한 극적 전환은 바로 불의 상상력을 바탕으로 전개된다. 정서나 관념을 감각적인 이미지로 선명하게 형상화하는 허영자의 언어는, 대상을 역동적으로 변전시키고 거기에서 생명의 힘을 발견하는 불의 상상력을 펼친다. 허영자의 시에서 불은 항상 몸과 연결되어 나타난다. 따라서 그의 불의 이미지는 대지의 각질을 뚫고 피어난 들꽃에 숨겨져 있는 충일한 생명력일 뿐만 아니라 피를 닮은 에너지이다.

# 비유의 물

박목월

물이 된다. 자기의 중량重量으로 물은 포복匍匐할 도리 밖에 없다. 한 사람에게 오십여년五十餘年은 긴 것이 아니라 무거운 것이다.

땅에 배를 붙이고 낮은 곳으로 기어가는 물은 눈이 없다. 그것은 순리順理. 채우면 넘쳐 흐르고 차면 기우는 물의 진로進路. 눈이 없는 투명한 물의 머리는 온통 눈이다.

*

물은 땅으로 스며든다. 흐르는 동안에 잦아져버리는 물줄기를
나는 알고 있다. 그 자연스러운 잠적潛跡은 배울 만하다. 하지만
이튿날 아침에는 꽃잎에 현신現身하는 이슬 방울.
나의 시詩.
나의 죽음.

하늘로 피어 오른다. 그 날개를 가진 현란한 비천飛天. 그것은 헷세의 시詩에서 은빛 빛나는 구름으로 인생人生의 무상無常을 현현顯現하고 안개

로 화化하여 서울거리를 덮는다. 이 전신轉身과 윤회輪廻를 나는 알지만 또한 모르지만.

*

하지만 나도, 내가 노래할 시詩도 물이 된다. 오늘은 자기의 무게

로 기어가는 물이지만 내일은 어린 것의 눈썹에 맺히고 목마른 자의 가슴 속을 지나 당신의 처마에 궂은 가을 빗줄기로 걸리는

기나긴 역정歷程과 순회巡廻에 나는 순리順理와 전신轉身을 깨달을 뿐이다.

# 18

# 잠적潛跡과 비천飛天의 눈부신 변신

박목월 「비유의 물」

## 계절을 여는 시정詩情

문득 올려다보니 소리를 낼 것 같은 맑은 하늘이 높게 펼쳐져 있어, 걸음을 멈추고 시간을 되짚어보는 순간이 있다. 계절이 천천히 자리를 바꾸어 소슬한 바람 사이로 가을이 깊어지는 무렵, 목월의 얼굴이 떠오르는 것은 항상 그맘때이다. 헝클어진 모든 것을 씻어주는 청정한 시인의 목소리가 그처럼 잘 어울릴 때가 또 있을까? 그만큼 목월의 시는 계절의 변화를 민감하게 느끼게 해준다.

> 기러기 울어 예는 하늘 구만리
> 바람이 서늘 불어 가을은 깊었네

「이별의 노래」 부분

노래를 따라 속되고 무거운 모든 것들이 투명한 바람에 씻겨나간다. 낮은 되뇌임은 생의 무거움과 허전함을 고요하게 어루만져준다. 오랜만에 깊은 심호흡을 하고 나면, "산천에 눈이 쌓인 어느날 밤에 촛불을 밝혀두고 홀로 우리라, 아아, 너도 가고 나도 가야지"(「이별의 노래」)라며 시인은 어느새 먼저 가서 긴 고독의 시간을 준비한다. 사랑을 가진 사람도 사랑을 잃은 사람도 투명해진 슬픔을 건너, 생의 무거움을 가볍게 정화시키는 지혜를 배운다. 깊어지는 가을에 목월의 시를 들여다보며 고요해지고 싶은 것은 많은 사람들의 바램일 것이다.

박목월의 시는 한국 시의 여러 가지 가능성을 내포하고 있다. 아름다운 서정의 결과 세상을 보는 깊은 관조의 시선은 모든 독자에게 두루 통하는 따뜻한 공감을 불러온다. 정한모는 "간결한 표현, 생략에서 오는 여백이 주는 함축 등 서정시의 응축작업에 필요한 온갖 방법을 목월은 충분히 기도하고 실천하여 한국어가 시에서 표현할 수 있는 성과를 누구보다도 많이 거두었다"고 지적했다.

박목월 초기 시의 아름다움은 다양한 감각화 기법을 통해 나타난다. 그는 대상과의 거리를 멀게 설정함으로써 아스름하게 비치는 사물의 이미지, 그리고 조용하게 속삭이는 작은 소리와 움직임을 그려내어 투명하고 고요한 세계를 향한 지향성을 드러내고 있다. 이 담담한 시선은 시인이 풍기는 맑고 고요한 향기를 그대로 독자에게 전해준다. 후기 시에서는 그 특유의 철학적 성찰을 날카로운 직관에 의해 시로 옮겨놓으며 시세계의 성격을 달리했다. 그는 삶의 고단함과 신산함, 그리고 고통과 무거움을 회피하지 않는다. 오히려 현실적인 고통을 있는 그대로 바라보면서 자신의 체험의 세계를 시로 구상화했다.

「비유의 물」은 삶과 시의 의미에 대한 성찰을 담고 있는 작품이다. 「이별의 노래」가 계절을 열어 성찰의 공간을 마련해주듯이, '물'에 대한 담담한 성찰은 일상에 매몰된 의식을 수면 위로 떠오르게 해준다.

## 몸 바꾸는 물의 언어

「비유의 물」은 제목이 의미하듯 물에 대한 비유이자 시인의 시 쓰기에 대한 비유로 가득 차 있다. '물'은 그의 시적 지향성을 잘 보여주는 원소로, 시인은 물의 운동성과 이미지의 변용을 즐겨 사용하고 있다.

그런데 이 시의 미감은 중심적으로 사용되고 있는 이미지군의 다양한 변용과 확대를 통해 중층적으로 드러난다. 시의 제목이자 시 전체에서 중요 이미지로 사용되는 '물'과 물에 비유되는 이미지들의 얽힘이 시의 의미를 풍요롭게 하고 있는 것이다.

첫 번째 연에서 물은 무게를 가진 동물로 비유된다. "포복", "기어가는", "무거운" 등의 시어에서 표출되듯 물은 육신을 가지고 움직이는 존재이다. 물은 무거운 물, "땅에 배를 붙이고" 다니는 물로서, 양감과 무게감을 얻는다.

> 물이 된다. 자기의 중량重量으로 물은 포복匍匐할 도리 밖에 없다.
> 한 사람에게 오십여년五十餘年은 긴 것이 아니라 무거운 것이다.

땅에 배를 붙이고 낮은 곳으로 기어가는 물은 눈이 없다. 그것은 순리順理. 채우면 넘쳐 흐르고 차면 기우는 물의 진로進路. 눈이 없는 투명한 물의 머리는 온통 눈이다.

시인은 물에 관한 비유의 속성을 무거움으로 시작하고 있다. "자기의 중량重量으로" 무거워지는 물은 시인의 시선을 아래로 이끈다. 흐르는 물이 땅에 떨어지면서 지면으로 확장되고 흡수되는 것처럼 물은 "포복匍匐"하게 된다. 그리하여 물은 중량감으로서의 무게뿐 아니라 세월의 무게를 지닌 물이 된다. 동시에 화자는 세월의 무게를 삶의 무게, 일상의 무게로 인식하고 있다. 오십여년五十餘年"의 세월을 무게로 인식하는 시인의 의식은 그 무게를 감당하게 되는 대상에 자신을 투영하는 것인지도 모른다.

"땅에 배를 붙이고 낮은 곳으로 기어가는" 대상들은 땅에 몸을 붙이고 살아가는 파충류들의 운명을 환기시킨다. 그것들은 어둡고 축축한 땅을 기어다니며 자신의 비늘과 배로 움직이면서 온몸의 무게를 스스로가 감당하고 있다. 이들은 어두운 땅속을 다니기 때문에 사물을 보지 못한다. 그래서 시인은 물에 "눈이 없다"고 말하는 것이다.

하지만 시인은 다음 단계에서 무겁고 축축한 땅을 기어다니는 동물과, 이로 투영되는 물의 속성을 다시 한번 변화시킨다. 곧, "채우면 넘쳐 흐르고 차면 기우는" 달月의 속성과 연관시킨 것이다. 물이 달로 변용되면서 물은 이전까지의 어둡고 무거운 무게를 벗어나 투명함을 획득한다. 그리하여 시인은 짐승의 몸(머리) 전체가 투명한 "눈"이 된다고 말

한다. 눈이 없던 물은 온몸 전체가 눈의 밝음을 획득한다.

흐르는 물이 온통 눈이 되는 것은 반대로 그 '물'을 통하여 사물을 들여다볼 수 있다는 것과 일맥상통한다. 물은 달과 달의 둥근 형태를 닮은 거울처럼 "온통 눈"이 되어 사물을 볼 수 있게 된다.

> 물은 땅으로 스며든다. 흐르는 동안에 잦아버리는 물줄기를
> 나는 알고 있다. 그 자연스러운 잠적潛跡은 배울 만하다. 하지만
> 이튿날 아침에는 꽃잎에 현신現身하는 이슬 방울.
> 나의 시詩.
> 나의 죽음.
> 하늘로 피어 오른다. 그 날개를 가진 현란한 비천飛天. 그것은 헷세의 시詩에서 은빛 빛나는 구름으로 인생人生의 무상無常을 현현顯現하고 안개
> 로 화化하여 서울거리를 덮는다. 이 전신轉身과 윤회輪廻를 나는 알지만 또한 모르지만.

첫 번째 연에서 땅에 밀착하는 물의 속성을 통해 생의 무거움을 이야기했다면, 두 번째 연에서는 물의 순환을 중심으로 이미지를 구현하고 있다. 흐르는 동안 잦아드는 물줄기는 "은빛 빛나는 구름"으로, "꽃잎에 현신하는 이슬방울"로 몸바꿈을 하고 있다. 첫 번째 연에서 드러난 물의 움직임이 주로 하강하는 것이었다면, 두 번째 연에서 드러나는 물의 운동성은 하강과 상승, 그리고 응축과 확장을 모두 담아낸 역동적

인 운동일 것이다.

시구 "그 자연스러운 잠적潛跡은 배울 만하다"에서 '잠적'은 자연스럽게 "나의 죽음"과 연결되고 있다. 자연의 모든 것은 태어났다가 때가 되면 소리 없이 사라진다. 아침이 되면 흔적 없이 사라지는 이슬방울 역시 그렇다. 물의 흐름이 그것을 보여주고, 꽃이 그렇고 나뭇잎이 그렇다.

그러나 땅으로 스며든 물이 땅의 보석인 꽃을 기르는 자양분이 되고, 꽃 위에 얹힌 아침 이슬이 된다고는 하지만 어디까지나 여기서의 움직임은 땅 위에 고정된 한정적인 운동이라고 할 수 있겠다. 낮과 밤을 따라 달과 해가 사라지고 계절을 따라 꽃과 열매가 생겨났다가 사라진다. 그리고 더 나아가 시인은 물의 비유를 "나의 시", "나의 죽음"으로 확장한다.

'시'와 '죽음'은 시인에게 있어서 가장 근본적인 그 무엇이 된다. 시는 생의 절대 논리가 되고, 죽음은 그 논리를 무화시키는 반대축을 형성한다. 그러나 "채우면 넘쳐흐르고 차면 기우는" 물의 속성처럼 '죽음'은 뱀이 허물을 벗어내듯 그의 전신前身을 극복하게 만드는 새로운 축으로 변화한다고 할 수 있다. 변화의 절정은 바로 "비천飛天"이라는 시어에서 찾아볼 수 있다. 절정을 맞게 되는 계기는 위에서 말한 대로 바로 "나"의 죽음이다. "나"의 죽음을 통해 물은 수증기처럼 "하늘"로 상승하고 "은빛 빛나는 구름"이 된다.

이 시에서의 죽음은 일상적인 죽음, 단절로 표상되는 죽음과는 다른 의미를 갖는다. "비천飛天"이라는 시어를 통해 시인이 죽음을 슬픔이나 멸망, 파괴의 속성과는 전혀 다르게 바라보고 있음을 알 수 있다. "비천"은 단순히 날아오르는 것보다 더 강렬하게, 천공으로 솟구친다는 의미를 갖는다. 비천이라는 단어가 환기하는 에너지의 눈부심은 이상향의 공간, 곧 피안으로의 여행을 의미한다. 그렇기에 시 전체에서 드러나는 통과제의적 구조와 더불어, 죽음이 죽음으로 끝나지 않고 새롭게 재생된다는 의미를 드러내는 것이다. 이것은 한 인간으로서의 시인의 삶과 시인의 시, 그리고 독자의 삶에 던져주는 하나의 계시라고 할 수 있다.

생겨났다가 없어졌다 그 모습을 자유자재로 바꾸는 것이 구름의 속성이다. 구름이 이야기하는 삶의 무상함이다. 삶의 무게를 알게 된 구름은 다시 안개로 변화하여 서울거리로 내려와 거리를 무겁게 덮는다. 아래로 스며들다가 다시 상승하고, 상승했다가 다시 하강하는 물의 논리는, 위에서 언급한 대로 죽음을 통과함으로써 다시금 새로운 의미를 획득하는 하나의 통과제의라고 할 수 있다. 이 통과제의의 과정은 "물", "이슬", "눈물", "안개", "구름", "빗줄기" 등으로 다양하게 변동하는 이미지군을 통해 구체적으로 드러난다. 또한 상승과 하강, 그리고 응축과 확장의 역동적인 운동성은 물의 변화와 맞물리면서 의미를 확장하고 있다.

> 하지만 나도, 내가 노래할 시詩도 물이 된다. 오늘은 자기의 무게로 기어가는 물이지만 내일은 어린 것의 눈썹에 맺히고 목마른 자의 가슴 속을 지나 당신의 처마에 궂은 가을 빗줄기로 걸리는

기나긴 역정歷程과 순회巡廻에 나는 순리順理와 전신轉身을 깨달을 뿐이다.

하늘로 올라갔다가 다시 땅으로 내려온 물은 다시금 인간사의 영역으로 편입되고 있다. "어린 것의 눈썹에 맺히"는 물은 생명 있는 존재들이 지니는 어쩔 수 없는 못다함, 슬픔 같은 것이다. 그렇지만 이 물은 곧이어 "목마른 자의 가슴속"을 적셔주고, "처마에 긋은 가을 빗줄기"로 걸린다. 목을 축여주는 물이나 궂은 가을날 내리는 빗물은 메마른 것을 적시며 부드럽게 만드는 역할을 한다. 목월 시의 중심어라고 지적할 수 있는 갈증은 생명 있는 것에 절대적으로 필요한 물기에의 갈망으로 풀이된다. 황량한 삶의 건조함에 대한 채워지지 않는 욕구는 목마름을 해소해주는 신선한 물에의 갈망으로 표출된다. 물이나 비, 그리고 이슬과 눈물, 안개 등은 메마른 가슴이 바스라지는 것을 거부한다. 자연스럽게 젖어드는 촉촉한 물기야말로 만물을 부드럽게 어루만져주는 생명의 원천인 것이다. 한 방울의 물은 목마른 사람의 고통에 찬 입술과 가슴을 어루만지고, 생기를 되찾게 해준다. 또한 삶의 길을 헤매는 시인에게 평정을 되찾는 여유를 가져다주며 굳어진 대상을 적시고, 풀고, 유연하게 만들어 화자와 세계 사이의 긴장감을 해소시킨다.

땅 위에 흐르는 물, 고여 있는 물은 수증기로 변해 하늘로 올라간다. 뭉친 물의 자잘한 입자는 엉기어 구름이 되고 흐린 날에는 무겁게 내려앉으며 안개로 화化한다. 때때로 제 무게를 이기지 못한 물은 빗줄기가 되어 땅으로 쏟아진다. 땅으로 쏟아진 물은 줄기를 이루어 강을 만들며 바다로 흘러가거나, 땅 깊이 스며 만물을 길러낸다. 시인은 물의 이러한 움직임을 대류나 승화현상으로만 말하지 않는다. 「비유의 물」에 나타나는 '물'은 그의 시가 지향하는 세계의 원소가 되는 것이다.

## 순리順理와 전신轉身의 세계관

「비유의 물」이라는 시의 제목처럼 물은 시인의 시와 인간의 생에 비유되며 단순한 순환의 논리를 넘어서 새로운 의미를 드러낸다. 물은 몸을 바꾸고 확장되며 다시 응축된다. 하늘로 솟구쳤다가 땅으로 내려오는 물의 역동성은 삶-죽음-재생(삶)이라는 전형적인 통과제의의 과정을 그대로 보여주고 있다.

"전신轉身"과 "역정歷程"이라는 시어는 시간의 순환에 따른 존재의 변화를 삶의 본질로 성찰하는 시인의 인생관을 표상해준다. 땅에서 하늘로 솟아 안개와 구름이 되는 순환의 고리 속에는 다시금 이 물이 땅으로 스며들며 죽음을 경험하게 되리라는 논리가 전제되어 있다. 재생하되 새로운 의미를 얻게 되고, 다시금 죽음과 삶을 거듭하는 물의 윤회輪廻와 순회巡廻, 그리고 전신轉身이라는 운명은 순리順理라는 시어로 집약된다. 삶에서 죽음으로, 다시 삶으로, 그리고 죽음으로 움직이는 물의 이동은 눈부신 언어를 통해 순환하면서 의미를 확장하는 것이다.

죽음에서 재생하며 새로운 의미를 획득하는 것, 그것은 바로 시인이 이야기하는 생의 논리이며 시의 문법이고 순리가 된다. 시인은 거듭 살아나는 물의 비유를 통해 시인 자신과 독자에게 새롭게 획득된 생의 의미를 가르쳐주고 있다.

# 방울 소리

이수익

청계천 7가 골동품 가게에서
나는 어느 황소 목에 걸렸던 방울을
하나 샀다.

그 영롱한 소리의 방울을 딸랑거리던
소는 이미 이승의 짐승이 아니지만,
나는 소를 몰고 여름 해질녘 하산下山하던
그날의 소년이 되어, 배고픈 저녁 연기 피어오르는
마을로 터덜터덜 걸어 내려왔다.

장사치들의 흥정이 떠들썩한 문명文明의
골목에선 지금, 삼륜차가 울려대는 경적이
저자바닥에 따가운데
내가 몰고가는 소의 딸랑이는 방울소리는
돌담 너머 옥분이네 안방에
들릴까 말까,
사립문 밖에 나와 날 기다리며 섰을
누나의 귀에는 들릴까 말까.

# 19

# 그리운 영혼의 울림

이수익 「방울 소리」

## 내적 시공간으로의 여행

인터넷이라는 초고속 그물망으로 무장한 첨단 과학의 시대에 사는 덕분에, 시공간에 대한 새로운 경험을 쉽게 할 수 있다. "나는 접속한다. 고로 존재한다"는 어설픈 패러디가 그럴듯하게 느껴질 정도로 접속과 통신은 삶의 중요한 양식이 되어버렸다. 오디세우스의 항해는 이제 정보의 바다로 불리는 가상 공간 속에서 이루어지며, 많은 이들이 이 바다에서 떠돌며 '이곳'이 아닌 '저곳'을 찾는 끝없는 항해를 하고 있다.

그런데 이런 시대일수록 더욱 아쉽고 그리운 것이 정제된 언어이다. 어디든지 원하는 곳에 쉽고 빠르게 갈 수 있다는 21세기적 신념이 난무하는 속에서는, 또한 초고속 선을 타고 말과 글이 숨가쁘게 명멸하는 소음 속에서는 오히려 자기의 내면으로 향하는 통로가 보이지 않는다. 정제된 한 줄의 시를 통해서 봉인된 시간과 공간의 벽을 훌쩍 사뿐히 뛰어넘었던 시인들의 몸짓을 바라보고 싶고, 시어들이 이루는 소리와 침묵의 머뭇거림 속에서 길을 찾고 싶은 것은 이러한 이유들 때문이다.

우리의 갈망을 헤아리듯, "그러나 나는, 또한 이런 시대일수록 조용하고 맑은 감성으로 아름답고 슬프고 그리운 영혼의 울림을 표현해 내는 일이 뜻 있고 가치 있음을 믿고 있다."라고 시인은 힘주어 말한다.

그의 시들은 담백하고 따뜻하다. 속에는 격랑이 일고 파멸에 이르는 죽음까지 사유하면서도 그것들을 정갈하게 다스리는 법을 우리에게 일러준다. 실험시, 도시시, 해체시 등 온갖 종류의 시들이 난무하는 가운데, 이 시대의 시인들이 시를 가장 잘 쓰는 시인으로 그를 뽑은 것은 시의 본령을 조용히 일깨우는 이 청량한 목소리를 갈구하고 있기 때문이 아닐까. 그의 시들이 지니고 있는 영혼의 울림이 오히려 더 크게 와 닿는 시대이기 때문이 아닐까.

이수익의 시는 때로 동시 같이 단순해 보이지만 겹겹이 다층적인 구조로 정교히 짜여진 시이고, 쉽게 쓰인 시 같지만 인간과 언어와 세계에 대한 오랜 성찰과 숙고의 시간을 거친 공들인 시이다. 그가 그려내는 공간은 경험이 녹아 있는 육화된 공간이어서, 어딘가 우리 모두의 내부에 저장되어 있던 기억을 아련하게 일깨운다. 그래서 그의 시어 하나 하나는 서로 다른 울림이 되고 이 울림들이 총체적으로 만들어내는 화음은 우리들의 마음에 큰 파장을 남긴다.

## 황소방울, 이중적 시공간의 매개체

일상적 삶이란 시간과 공간의 구조물이다. 이는 개인이 함부로 거부하거나 변모시키기 어려운 지배적인 힘을 가진 거대한 틀이다. 그런데 골동품 가게에 있는 낡은 황소방울 하나가 봉인된 일상의 시공간을 고요히 열어젖히는 시적 상상력의 신비로운 풍경을 이끌어낸다.

「방울소리」에는 공간과 시간이 각각 이중으로 등장한다. 화자는 "청계천 7가 골동품 가게"에서 "황소 목에 걸렸던 방울"을 하나 산다. 그리고 이 방울을 통해 '어린 시절 옥분이가 살고 누나가 나를 기다리는 고향'의 마을을 회감하게 된다. 그 회상의 공간 또한 유년 시절이 담긴 공간이기에 시간적으로도 현재와는 거리가 있다. 청계천 7가의 저자-고향이라는 이중적 공간과, 현재-과거라는 이중적 시간이 이 한 편의 시에 모두 담겨 있는 것이다.

1연에서 공간은 '청계천 7가의 저자거리'이다. 구체적 장소로서의 이 공간은 2연에서 소년 시절 소를 몰고 하산하던, '마을 어귀'로 전이된다. 이 공간은 저녁 연기가 피어오르는 고향이자 유년의 공간이다. '하산下山하던' 마을 어귀는 다시 "돌담 너머 옥분이네 안방"과 "사립문 밖"으로 연결된다. 이 공간은 화자의 내면의 원형 공간이자 딸랑거리는 방울소리가 안착하는 공간이다. 특히 이 공간 안에는 생각만으로도 애틋하고 그리운 대상, "옥분이"와 "누나"가 있다. 결국 이 공간은 화자에게 있어 평안과 그리움의 회귀적 공간이 되는 것이다. 옥분이와 누나가 있었던 따뜻한 고향은, '삼륜차의 경적', '따가운 소리'로 상징되는 메마른 도시와 강한 대조를 이룬다. 이러한 대조는 각 공간이 만들어내는 소리들로 뒷받침된다. 문명의 공간은 "삼륜차가 울려대는 경적"으로 시끄럽지만 고향의 공간은 "소의 딸랑이는 방울소리"로 맑고 영롱하다.

그러나 시끄러운 일상의 공간과 돌아가고픈 그리움의 공간은 방울소리로 연결되어 그 단절이 극복된다. 결국 방울은 대립적인 공간과 시간을 연결해주는 매개항이 되는 것이다. 이로써 청계천 7가는 고향의 마을로, 시장에서 '옥분이네 안방과 고향집 사립문 밖'으로의 공간적 이동을 할 수 있게 되는 것이다.

화자는 현실의 공간인 문명, 그중에서도 문명의 시끄러움을 가장 잘 표상하는 장사치들과 삼륜차의 경적이 시끄러운 시장 한복판에서도 황소방울이라는 매개를 통해 어린 날의 그리운 장소로 돌아간다. 문명의 떠들썩한 소리, 경적 소리를 뒤로 하고, 돌담 너머 옥분이네 안방과 사립문 밖에서 나를 기다리는 누나의 귀에 들릴 만한 방울소리를 들으며 공간을 초월하는 것이다. 소의 딸랑이는 방울소리는 이웃집 소녀 옥분이와 나를 현재화시키고 나를 기다리고 서 있는 누나와 나를 이어준다.

이 시에서 제시되는 시간 역시 이중적이다. 화자가 회상하는 공간이 유년 시절의 기억 속에 담긴 것이기 때문이다. 시간은 어른에서 소년 시절로 역행한다. 그 역행 과정의 매개는 방울이다. 이 매개항을 중심으로 1연은 현재, 2연은 과거가 된다. 그 이동의 과정은 "하산下山하던/그날의 소년이 되어"라는 구절로 뒷받침되고 있다. 이러한 시간이 시의 후반부에 이르러서는 혼재되어 나타난다. 실제적으로 시인은 청계천 7가의 저자바닥, 현재의 공간에 서 있지만 내면적으로는 유년의 고향, 과거의 공간으로 회귀하고 있는 것이다. 고향 마을이라는 과거의 공간과 '골동품 가게'가 있는 시장이라는 현재의 공간이 중첩되어 나타난다. 수학적 · 물리적 개념으로서는 불가능한 시간 · 공간의 중첩이지만, 이러한 상상력의 힘이 바로 이 시의 아름다움을 복돋우고 있는 것이다.

현재-과거-현재의 시간의 넘나듦은 그립고 아련한 추억의 잔향을 더욱더 깊고 은은하게 음미할 수 있게 해준다. 그러나 그 과정에서 보이는 고향의 시간은 더 이상 살아 있지 않은 시간이다. 따스하고 안온한 고향의 은은한 방울소리는 이제 없고 삼륜차의 경적과 떠들썩한 문명의 골목만이 화자의 눈과 귀를 자극하고 있을 뿐이다. 명백하고 또렷하게 살아 있는 현재와 아스라이 사라져 더욱 애틋하고 아쉽기만 한 과거와의 대립은 사라져버린 과거에 대한 그리움을 한층 더 간절히 불러일으킨다.

"황소 목에 걸렸던 방울"은 이렇게 두 공간과 시간을 매개해주고 일상에 갇혀 있는 화자를 다른 세계로 끌어주는 통로가 된다. 시인의 몸은 현재 청계천 골목의 저자거리에서 소음에 시달리고 있지만, 방울소리를 통해 내면의 세계로 찾아든다. 보이지 않는 곳에서 문을 발견하고, 소음 속에서 고요하게 울리는 소리를 듣는다. 일상의 한쪽에서 문명적 도시 공간을 훌쩍 뛰어넘어 아련한 고향, 자연의 공간을 발견하는 지혜를 몇 줄의 시행으로 보여주고 있는 것이다.

## 들릴까 말까, 그 애매성의 미감

이 시의 큰 매력은 대립적이고 이중적인 것들 사이의 넘나듦, 그 과정의 머뭇거림에 있다. 화자로 하여금 시공간의 경계를 넘나들게 하는 것은 "방울소리"이며, 경계선에 대한 시인의 따뜻하고도 깊은 성찰을 잘 보여주는 부분이 바로 "들릴까 말까."라는 미정未定의 독백이다. 현실과 방울소리 속의 시공간, 또한 현실의 화자와 소몰이 소년으로 돌아간 화자 사이에서 이루어지는 섬세하면서도 정밀한 정서의 균형이 "들릴까 말까."라는 시어를 통해 전해온다.

이 시어는 하산하는 소년과 그 옆에서 육중한 몸을 흔들며 느릿느릿 가는 소의 모습을 환기한다. 우리는 소의 발걸음에 따라 좌우로 흔들흔들하는 방울의 모양과 소리를 함께 듣게 된다. 황소방울의 딸랑거림은 완급을 조절하며 경계의 이편과 저편을 왕래할 수 있게 하는 매개가 된다. 사립문 밖이라는 경계에 서 있는 누나, 그보다 더 깊숙한 곳 담장 안 안방에 있는 옥분이는 그날의 소년과도, 오늘날의 나와도 닿을 듯 말 듯한 거리를 유지하고 있다.

이와 같이 "들릴까 말까."는 시어의 애매성과 모순성을 극적으로 보여주고 있으며, 작품 속에서도 시공간의 경계를 넘을 듯, 넘지 않을 듯 아슬아슬한 긴장을 유지하고 있는 시구이다. 모호한 경계를 드러내는 이 구절은, 앞에서 해 질 녘의 시간이 갖는 밤과 낮의 경계처럼, 과거-현재/밤-낮의 대립적 시간과, 이승/저승, 도시/농촌, 산/마을, 일상/초월의 대립적 공간을 하나로 통합하고 연결시키는 기능을 하고 있다. 두

대립항 사이의 경계는 "들릴까 말까."를 통해 점차 흐려지고 모호해진다. 이질적 요소들이 "들릴까 말까."라는 이중의 복합적 심리 속에서 불분명하게 형상화되고 있는 것이다. 방울소리는 화자를 타임머신에 태워간 듯 새로운 시공간 속으로 옮겨놓을 뿐 아니라, 그 소리의 들릴 듯 말 듯한 희미한 경계를 통해 시간과 공간을 혼재시킨다.

또한 이 "들릴까 말까."는 의미론적인 면에서 대립적 관계에 있다. 이것이 하나의 어구로 묶여 있음으로 해서 대립적 요소를 통합시키는데 더욱 적극적으로 기능하고 있는 것이다. "들릴까 말까."의 그 머뭇거림 안에는 들렸으면 하는 기대와 설렘도 담겨 있다. 혼잣말하듯이 가벼운 어조는 딸랑거리며 영롱한 소리를 내는 방울소리의 경쾌함과 어울려 즐거움을 더해주고 있다.

하지만 그 경쾌함 속에는 어떤 안타까움이 있다. 과거의 흔적들은 골동품상에서나 찾을 수 있는 것이 거부할 수 없는 현실이고, 유년 시절이란 다만 추억할 수만 있을 뿐 물리적으로는 회복할 수 없는 먼 기억이자 대상이기 때문이다. 그러므로 생각하면 생각할수록 그 아름답고 소중한 세계는 애틋하지만 결코 닿을 수가 없다. 들릴 듯 달 듯한 이 안타까움의 감정은 대상에 대한 그리움과 애틋함을 더욱 배가시키는 것이다.

## 생명의 아름다운 여음餘音

시인은 일상의 작은 사물 하나를 통해서도 우주의 법칙과 질서를 파악하며, 세계 전체를 읽어내는 눈을 가진 사람이다. 또한 그는 자신이 직조해낸 촘촘한 언어, 그것의 결을 통해 독자로 하여금 자신과 세상을 다시 바라보게 한다.

이수익 시인은 낡고 허름한 골동품 가게의 방울 하나를 통해서도 과거와 현재, 도시와 고향, 이승과 저승이라는 대립적 시공간을 넘나들며 총체적으로 아우르고 있다. 현재의 문명화된 공간에서는 방울이 비록 낡고 허름한 골동품에 불과한 것일지라도, 과거로 옮겨갔을 때에는 먼지 쌓인 의미 없는 폐물이 아니라 우리의 잃어버린 아름다운 추억과 소중하고 따뜻한 것들을 불러내고 그것에 생명을 불어넣는 존재가 된다. 그러한 기억을 살려내는 과정을 통해, 시인과 그의 시를 읽는 독자는 현실의 각박함 속에서 상실된 자아를 회복하고 단절된 자아의 연속성을 확보하게 된다. 우리는 이 시에서 방울소리가 현재에서 과거로 옮겨가는 동안, 충만하고 따사로운 유년 시절로 초대된다.

사라지면서 사람들의 마음속에 더욱 아름다운 여음餘音을 남기는 황소방울 소리의 힘, 그것은 시간과 공간을 신속하게 하나로 이어낼 수 있다고 자만하는 속도의 시대에서 시적 상상력만이 발견할 수 있는 내면의 통로를 여는 열쇠일 것이다. 내면의 통로는 잘 보이지 않기에 안타까우며, 안타깝게 다가가는 것이기에 영원하고 아름답다.

끝까지 확답確答하지 않는 것, 에둘러 말하고 비껴가기, 미정未定으로 남겨두기, 바로 여기에 시의 아름다움이 있는 것이라면, 이 시는 시의 언어가 가진 그 절묘한 미감과 감각을 잘 살린 작품이라고 말할 수 있겠다. 이 시를 통해 시인은 자신이 듣고 있는 방울소리가 독자에게도 들리는지를 묻고 있는 것은 아닐까.

# 범종梵鐘

조지훈

무르익은 과실果實이
가지에서 절로 떨어지듯이 종소리는
허공虛空에서 떨어진다. 떨어진 그 자리에서
종소리는 터져서 빛이 되고 향기가 되고
다시 엉키고 맴돌아
귓가에 가슴 속에 메아리치며 종소리는
웅 웅 웅 웅 웅……
삼십삼천三十三天을 날아오른다 아득한 것.

종소리 우에 꽃방석을
깔고 앉아 웃음짓는 사람아
죽은 자가 깨어서 말하는 시간時間
산 자는 죽음의 신비神秘에 젖은
이 탱하니 비인 새벽의
공간空間을
조용히 흔드는
종소리
너 향기로운
과실果實이여!

# 20

## 사물과 인간과 절대자의 교신交信

### 조지훈 「범종梵鐘」

조지훈의 시세계는 깊고 유장하면서 동시에 한없이 섬세하다. 사라지는 종소리를 붙잡아 향기로운 과실로 만들어내는 시인의 언어, 그리고 그 종소리를 듣고 있는 사람들의 깨달음, 보이지 않는 것을 시각화·실체화함으로써 진한 감동을 준다.

김윤식에 의하면 「범종」은 "조지훈 시의 정수이자 한국 시의 가장 높은 달성 중의 하나"이며 "종소리라는 감각이 하나의 이념화로 지탱되는 불교적 우주생성론이라는 보편성을 게재시킨" 시로 지적되고 있다. 이 감각의 이념화는 구체적으로 소리의 음성상징에 의해 구현된다고 볼 수 있다.

음상징의 귀중한 명편이라고 생각되는 이 시는 삶과 죽음을 바라보는 시인의 통찰력 있는 중심주제가 종소리인 "웅 웅 웅 웅 웅……"이라는 의성어, 즉 상징어의 출현에 의해 간접적인 암시의 효과를 전해주고 있다. 거대한 종이 동목橦木에 부딪쳐서 울리는 거칠고 생생한 첫소리는 거세되어 있는데, 이것은 울림과 반향에 의한 소리의 약화라고 할 수 있다.

이런 리듬의 움직임이 전체 시에 깔린 무성한 생명력의 이미지와 어울려 유동성이 넘치는 세계의 통일된 이미지를 주고 있으며, 서술어의 뒷받침에 의해 공명음화, 투명화하는 느낌을 갖게 하고 있다. 즉 종소리는 처음에 지상에서 태어나서, '떨어지다' → '터지다' → '빛과 향기가 되다' → '엉키고 맴돌다' → '날아오르다'의 순서로 나아가고 있다. 떨어짐과 날아오름의 대칭적인 움직임은 이 지상의 실체가 갖는 우주적인 꿈, 사물의 본성에 대한 깊이와 연관된다. 그리하여 자연이나 대상 자체가 내는 소리의 모사模寫는 감각의 원시성과 더불어 대상에 대한 화자의 메시지를 전달하고 있다. 또한 그 관계의 밀착으로 인하여 독자의 환기력에 직접적으로 호소하는 효과를 준다.

종소리가 갖는 이러한 음상징의 효과는 대상과의 동일성과 언어에 의한 변이의 요소를 동시에 감지시키면서, 위의 서술어들을 축으로 하여 묘사 대상을 다의적인 적절성을 가지고 무한대로 확산시키는 것이다.

## 종소리, 시간과 공간의 융합

이 시에서 죽은 자/산 자, 깨어 있는 자/잠든 자, 공간/시간 등의 대립적인 이미지들을 융합시키는 것은 "종소리 우에 꽃방석을/ 깔고 앉아 웃음짓는 사람", 즉 부처佛이다. 손 닿을 수 없는 것을 청각화하여 실체화시킨 것이 종소리이며, 전인적인 인격체로 구체화한 존재가 부처인 것이다. 부처는 깨어서 말하는 죽은 자이며, 죽음의 신비를 아는 산자가 된다. 그러므로 죽음과 삶, 절망과 희망을 합일시키는 부처는 진리와 동일하며 이를 구체화한 것이 종소리이다. 그것은 '삼십삼천三十三天을 날아오르는' 초월의 상징이자, 유현幽玄함으로 삶과 죽음의 두 세계를 연결시키는 것이다.

또한 "이 탱하니 비인 새벽의/ 공간空間을/ 조용히 흔드는/ 종소리"는 시간을 공간화시켜 공간과 시간을 동시에 흔들고 있다. 그러므로 '탱하니 비인 새벽의 공간'은 그 안에 있는 모든 만물이 흔드는 소리의 움직임이 되고 있다. 불교의 이념이나 추상의 세계를 종소리로 풀면서 감각적으로 묘사하여 대단히 포괄적이고 이원적인 두 세계가 잘 결합된 면을 보여준다.

마지막 두 행 "너 향기로운/ 과실果實이여!"는 생사의 고해苦海를 넘어선 경지에 든 사람의 목소리로 예찬·찬미의 어조로 이루어져 있다. 종소리(청각)가 향기로운 과실(시각·촉각·취각)로 감각이 확대되면서 구체적이고 실체화된 세계 내에서 두 요소가 결합하여, 이것이 이념화된 세계로 전이될 때 곧 부처가 되는 것이다. 이 확대된 감각은 부처의 존재를 규정짓는 이념과 동일화된다. 이러한 포괄적인 은유를 통해 시인의 개인적 깨달음은 우주의 보편적 깨달음으로 상징화되고 있다.

종소리는 시각적으로는 빛이 되고 취각적으로는 향기가 되어, 우주

공간과 사람들의 가슴속에 전파되는 것이다. 공간에 울려 퍼지는 종소리는 빛과 향기의 무게 없음으로 인하여 가벼워진다고 할 수 있는데, 그것은 소리를 듣고 있는 마음과 영혼에서 파악된 인간 존재의 직접적인 반향으로 의식 속에서 솟아오른다.

그러나 동시에 음성모음의 이 어둡고 무거운 소리는 짐승의 신음소리를 연상하게도 한다. 첫 행의 가지에서 떨어지는 과실과의 유추에 의하면 이 시의 의성어가 지니는 소리의 무게는 생과 연관되어 떨어지는 하강의 무게를 지니는 것이다. 터져서 빛이 되고 향기가 되는 가벼운 종소리는 엉키고 맴돌아 가슴속에 메아리치는 무거움을 동시에 지니고 있다. 즉 이 종소리의 상징어는 소리의 이중성을 통한 의미의 양면성을 포괄하고 있는 것이다.

> 웅 웅 웅 웅 웅……
> 삼십삼천三十三天을 날아오른다 아득한 것.

종소리의 상징어를 중심으로 파악되는 이 시의 구조는 3행에서의 떨어짐과 8행에서의 날아오름의 의식적인 대극성으로, 소리의 파악에 대한 시인의 내면 과정을 보여주고 있다. 그 과정의 양면성은 육체와 정신의 모순되는 이원세계에 괴로워하는 인간의 삶을 의미한다. 시란 결국 이러한 과정을 그려내는 산물이고 육체를 지닌 인간이 그것을 초월하여 해결을 이룩하고자 하는 역설적인 노력인 것이다.

그러한 의미에서 이 시의 8행 "웅 웅 웅 웅 웅……"은 이러한 순간과 영원, 육체와 정신의 갈등을 함께 내포하고 있는 이중의 신음소리이다. 통비음通鼻音인 'ㅇ' 음은 원만한 정지나 지속감을 동시에 주면서 이 시의 이미지들의 중심적 주제에 깊이 관여하고 있다.

그것들은 '떨어지다/날아오르다', '죽은 자/산 자', '깨다/(죽음의 신비에) 젖다', '비인/흔드는', '공간/시간'의 의식적인 대조와 병치에 의해 맞서 있는 것이다. 종소리는 죽은 자가 깨어서 말하는, 그리고 산 자는 죽음의 신비에 젖은 매개의 시간인 새벽을 흔들고 있다. 이 갈등의 양 세계를 융합해주는 것이 "꽃방석을/ 깔고 앉아 웃음짓는 사람", 즉 영원하고 절대적인 존재의 상징이다. 그 손 닿을 수 없는 존재에 사물의 실체를 부여한 것이 범종이며, 이는 그 종이 울리는 "웅 웅 웅 웅 웅……"이라는 소리에 의해 구체화되고 있다.

첫 행과 마지막 행에서 이미지화되고 있는 과실은 빛과 향기의 유추에 의해 종소리와 동일화되고 있다. 종소리는 과실이라는 가시적으로 구체화된 사물로 환치된다. 또한 새벽이라는 시간과 종소리가 울려 퍼지는 공간은 비어 있음으로 모든 것을 포괄하는 공통항에 의해, 죽은 자의 말과 산 자의 신비와 역설적인 깨우침을 우리에게 던져주고 있는 것이다.

웃음짓는 사람과 종소리와 과실은 동일화 · 일체화되어 있는 구체적 이미지로서, 무상감에 빠져들지 않는 유현한 세계인 아득함과 영원, 반향을 남기는 화해의 공통항을 지니게 된다. 산 자와 죽은 자의 양극 세계를 연속시키는 매개항이 되는 것이다.

## 상징어의 울림과 깊이

'웅' 하는 멀리서 어렴풋이 울리는 종소리는 삶과 죽음, 희망과 절망의 모순을 동일한 것으로 묶는 부처의 자세에 의해 하나의 소리 구조를 내재적으로 엮어간다. 즉 종소리는 화자의 명상 속에서 신비스럽게 탄생하는 신생의 상징이다. 이 신생의 이미지가 다음에 나오는 "이 탱하니 비인 새벽의/ 공간을"의 구절과 관련되어 이 시 전체의 주제를 나타내고 있다. 나아가 삼십삼천과 허공의 공간은 비인 새벽의 시간 개념과 조화되어 불교적인 세계의 아득함을 구체화시키고 있는 것이다.

이러한 의성어를 풀어주는 정적이고 유동적인 단어들, 예컨대 '떨어지다', '터지다', '엉키다', '맴돌다', '메아리치다', '날아오르다', '흔들다' 등의 서술어들은 소리 없는 소리의 세계를 형성하고 있다. 김열규는 그의 시가 균제均齊와 해조諧調의 미를 엄격하리만큼 통어統御된 형식미 속에 담고 있으며, 다소 엄밀한 기준으로 '스켄젼'을 기도해볼 수 있는 시 형식의 객관성을 그의 시만큼 크게 지니고 있는 경우가 한국 현대시사에 흔치 않다[1]고 말하고 있다. 이러한 예들은 태도나 모양을 말하는 조지훈의 의성·의태어가 얼마나 섬세한 배려 속에 의도적으로 집합되어 있는가를 깨닫게 하는 것이다.

단순음과 긴장음의 대음, 'ㅗ/ㅣ', 'ㅗ/ㅛ', 'ㅣ/ㅜ' 등의 모음의 어울림은 대체로 가볍고 맑으며, 급하고 짧은 감을 준다. 이러한 모음군은 순조

1 김열규, "근대문학과 전통", 『한국문학의 전통과 변혁』, 서강대학교 인문과학연구소, 1968, 40쪽.

롭고 평온한 느낌을 주는 [k], [t], [c], [s], [l] 등 평음의 자음군과 잘 조화되어 시행에 통일감을 부여하고 있다. 특히 그의 시에서 모음운 어[ə]와 우[u]의 어울림은 대체로 움직임이 크고 거친 느낌을 준다고 할 수 있는데, 어감에 다양한 차이를 주는 양성모음과 음성모음의 대립 관계에 대해 국어학자들은 의미분화 내지 어감 표현의 차이를 지적하고 있다.

'웅'의 [u] 모음과 함께, '떨어지다', '터지다', '엉키다'의 어[ə] 모음은 능동적인 서술 의미와 접합하여 심원하면서도 멀리 울려 퍼지는 느낌을 주고 있다.

이러한 어휘들은 세계를 파악함에 있어서 생의 본질적인 승리에 대한 믿음이라는 조지훈의 일관된 가치관을 표출하고 있다. 극단적인 삶과 죽음을 통한 자기 확인에 의하여 모든 사물에 강철 같은 단단함과 자율적인 형상을 부여하고 스스로 자신을 끌어올리는 능동적 상상력이 펼치는 힘을 보여주고 있는 것이다.

「범종」의 모든 이미지는 이 시의 상징어가 지니고 있는 [u] 모음의 넓고 깊은 음감에 의해서 큰 것과 먼 것 따위를 잘 표현하는 음상으로 종소리와 사물의 본성에 넓이와 깊이를 마련하여 환상적인 아름다움을 창조해내고 있다.

상징어에 대한 시인의 관심은 시 전반에서 'ㅏ', 'ㅗ' 양성모음에 두드러지게 나타난다. '-르르'의 상징어 유형 역시 조지훈의 다른 시에서도 많이 발견된다.

창을 열치니 잎새마다
이슬이 하르르 떨어진다.

「뜨락에서 은방울 흔들리는」 부분

희미한 기억의 저편에서
소녀少女들이 까르르 웃어댄다.

「뜨락에서 은방울 흔들리는」 부분

꽃 그늘을 흔들어놓고
산새가 파르르 날아간다.

「뜨락에서 은방울 흔들리는」 부분

고사리 새순이
도르르 말린다.

「산방山房」 부분

사르르 감기는
바람소리

「산山 1」 부분

대체로 움직임이 작고 약한 주체들, 예컨대 '이슬', '산새', '고사리',

'소녀' 같은 대상들의 모양이나 '-르르'가 붙는 시행들의 일반적인 느낌은 저절로 행위하는 자연스러움, 긴장을 해소하는 풀림의 의의를 지니고 있음을 볼 수 있다. 부드럽고 단순하여 순종적인 이러한 사물들의 세계는 가늘고 미세한 떨림의 세계에 속한다.

「산방山房」의 "도르르"와 「산山 1」의 "사르르"의 경우 대상을 부드럽게 감싸는 원환圓環의 태도를 보여주는 것으로 사물의 움직임을 섬세하게 포착하고 있다. 고사리의 새순이 둥글게 말리는 모습은 한순간의 광경에 해당할 법하지만 시인은 섬세한 시선으로 그 순간의 생장生長을 명료하게 드러내며, 불어오는 바람 소리를 자신을 감는 촉감으로 예민하게 감지함으로써 정치함의 극을 이룬다.

그의 상징어들은 대체로 촉각적인 것과 시각적인 것에 집중되어 있다.

> 진주眞珠 구슬 오소소 오색 무늬 뿌려 놓고
> 긴 자락 칠색선線 화관化冠몽두리.
>
> 「무고舞鼓」 부분

> 꽃 지는 그림자
> 뜰에 어리어
>
> 하이얀 미닫이가
> 우련 붉어라
>
> 「낙화落花」 부분

이러한 예들은 시각적인 모습과 말의 소리가 잘 어울린 예를 보여주고 있다. 화관에 달려 있는 진주 구슬이 모여 있는 상태를 "오소소 오색무늬"라고 한 것은 'ㅇ' 음과 'ㅅ' 음의 운맞춤을 위한 장치이면서 동시에 작은 구슬의 가볍고 소복한 모습을 유려하게 처리하고 있음을 보여준다. 또한 미닫이에 비치는 꽃 그림자를 보일 듯 말 듯 희미하다는 의미를 지닌 '오련하다'라는 서술어의 변조음이라고 여겨지는 "우련"으로 상징부사화 하고 있다. 이 의도적인 조어에 의해 이 시의 분위기는 매끄럽고 연하며 가벼운 꿈의 감각을 부각시키고 있는 것이다.

> 쿵더쿵 쿵더쿵
> 엄마와 누나가 방아를 찧는다.
> 밥솥에 불을 지펴두고 아줌마는
> 샘터로 종종종 물길러 갔다.
> 부엌에선 보글보글
> 된장 끓는 소리
>
> 「방아 찧는 날」 부분

우리들 입에 익숙한 동요 같은 이 시는 직접적인 소리의 실제 모방으로 긴장미를 잃고 희화화되어 있다. 그러나 평범하고 상투적인 상징어로 짜여 있다 해도, 일상적이고 단순한 생의 한 장면의 가벼운 재미를 담고 있는 이 시는 의성·의태어에 대한 조지훈의 관심의 일단을 보여주는 예라 생각된다.

상징어에 대한 그의 관심은 "짜랑짜랑 쪼이는 햇별 아래"(「원두막」)의 음상적 기의성配意性을 보여주는 예나 "달구지 달달 산모루를 돌아간다"(「밤길」)에서 두운적인 되풀이와 함께 달구지가 굴러가는 느낌을 생생하게 하는 재미 있는 소리 상징을 실험하고 있다.

그가 사용한 의성 · 의태어의 특징은 「범종」에서의 경우처럼 소리의 반향에 의한 음성모음 [u]의 독특한 음상 효과를 보이고도 있으나, 대체로 '아슬아슬', '아른아른', '아스럼', '아스라이', '살살이', '사르르' 등 양성모음과 유성음 사용의 극치를 보여주고 있다.

또한, 주로 정적이고 낮은 소리의 의태어들을 활용함으로써 그의 초기 시의 환상적 아름다움을 창조해낸다. '사르르', '파르르', '도르르'는 그의 시에 자주 등장하는 상징어로 작고 가벼운 떨림을 시각적으로 형상화시킴으로써 바람 소리("사르르 감기는/ 바람 소리"), 눈의 감김("눈 사르르/ 감고 가니"), 산새의 날아감("꽃 그늘을 흔들어놓고/ 산새가 파르르 날아간다") 등의 움직임에 심경의 섬세함을 정감으로 이입하고 있다.

양성모음과 '-르르'의 유형은 매우 의도적이며 관습적이기까지 한데, 이러한 유형의 상징어를 사용함으로써 의성 · 의태어의 주체는 갈등이나 분열보다는 자연과의 일체감, 동일화의 안정되고 정돈된 현상 및 사물들을 표상한다.

조지훈은 한국 현대시에서는 가장 풍부하고 다양한 유형의 의성 · 의태어를 활용함으로써 자신의 정서를 미학적 세계로 질서화시키는 데 성공하고 있다. 그의 시에서 상징어들은 단순한 시청각적 감각을 뛰어넘어 때로 언어의 음성적 요소와 작품 전체를 연관 짓는 의미와의 밀접한 접합을 보여주면서 유기적이고 통합적인 작품세계의 질서에 기여하고 있다.

## 사물과 인간, 신의 상호침투

이 시는 숨은 화자인 '나'와 '범종'이라는 하나의 사물이 마주하고 있다. 인간의 자의식과 사물의 상호 침투가 이 시의 은유 구조를 이룩한다. 이 존재론적 전이의 과정은 시간과 공간, 그리고 절대자라는 세 개의 의미의 틀이 언술의 단위가 되어 이루어진다. 사물로서의 범종을 삶의 깨달음이라는 추상적 자의식으로 전이시키기 위해서 시인은 생사生死의 유한성으로 얼룩진 시간과 공간을 텅 비워놓는다. 즉 두 개의 지시틀(시간의 축과 공간의 축)이 웃음 짓는 절대자(종교적 축)에 의해 깨달음이라는 의미의 축으로 융합된다.

그리고 이 깨달음은 소리와 향기라는 육체적인 감각의 이미지로 전이되어 과실이라는 사물로 고정됨으로써 간결한 응축의 구도를 보여준다. 화자가 포착한 순간은 삶도 죽음도, 시간도 공간도 없는 무장무애無障無礙의 종교적 깨달음의 세계이다. 깨달음이라는 시적 주제는 인간적 한계가 놓여 있는 시간의 축과 공간의 축을 종교적 축으로 전이시킴으로써 가능한 것이며, 이 추상적 깨달음이 다시 감각의 차원으로 회귀됨으로써 인간과 사물의 깊이 있는 교신이 이루어진다. 범종이 울리는 순간에 인간과 사물의 한계를 넘어서 초월적 세계로 존재를 고양시킬 수 있는 것은 바로 의미의 틀을 통합시키는 구조의 역동성이 작용하기 때문이다.

# 달나라의 장난

김수영

팽이가 돈다
어린아이이고 어른이고 살아가는 것이 신기로워
물끄러미 보고 있기를 좋아하는 나의 너무 큰 눈 앞에서
아이가 팽이를 돌린다
살림을 사는 아이들도 아름다웁듯이
노는 아이도 아름다워 보인다고 생각하면서
손님으로 온 나는 이집 주인과의 이야기도 잊어버리고
또 한 번 팽이를 돌려주었으면 하고 원하는 것이다
도회都會 안에서 쫓겨다니는 듯이 사는
나의 일이며
어느 소설小說보다도 신기로운 나의 생활生活이며
모두 다 내던지고
점잖이 앉은 나의 나이와 나이가 준 나의 무게를 생각하면서
정말 속임 없는 눈으로
지금 팽이가 도는 것을 본다
그러면 팽이가 까맣게 변하여 서서 있는 것이다
누구 집을 가보아도 나 사는 곳보다는 여유餘裕가 있고
바쁘지도 않으니
마치 별세계別世界 같이 보인다
팽이가 돈다
팽이가 돈다
팽이 밑바닥에 끈을 돌려 매이니 이상하고

손가락 사이에 끈을 한끝 잡고 방바닥에 내어던지니
소리 없이 회색빛으로 도는 것이
오래 보지 못한 달나라의 장난 같다
팽이가 돈다
팽이가 돌면서 나를 울린다
제트기機 벽화壁畫 밑의 나보다 더 뚱뚱한 주인 앞에서
나는 결코 울어야 할 사람은 아니며
영원히 나 자신을 고쳐가야 할 운명運命과 사명使命에 놓여있는 이 밤에
나는 한사코 방심放心조차 하여서는 아니될 터인데
팽이는 나를 비웃는 듯이 돌고 있다
비행기 프로펠러보다는 팽이가 기억記憶이 멀고
강한 것보다는 약한 것이 더 많은 나의 착한 마음이기에
팽이는 지금 수천년전數千年前의 성인聖人과 같이
내 앞에서 돈다
생각하면 서러운 것인데
너도 나도 스스로 도는 힘을 위하여
공통된 그 무엇을 위하여 울어서는 아니된다는 듯이
서서 돌고 있는 것이다
팽이가 돈다
팽이가 돈다

# 21

# 스스로 도는 힘을 위한 성찰

## 김수영 「달나라의 장난」

### 서술주의 시적 언술

김수영의 초기 시에 속하는 이 시는 스토리의 지속성으로 인하여 마치 한 편의 산문을 대하는 듯하다. 「달나라의 장난」이라는 제목과 이 시의 중심 내용을 이루고 있는 팽이놀이를 바라보는 행위 사이의 간격은 현실과 관념 사이의 상징적 기능을 한다. 그것은 시인을 잠깐 현실과 유리시키는 동시에 더욱 뚜렷한 각성으로 현실을 조망하게 하는 이중의 역할을 하고 있다.

'장난'이라는 어휘는 진지함에 대조되는 것으로 도식적·관습적인 대상의 인식에서 벗어남을 의미한다. 그것은 일상의 상투성에서 일탈한 새로움을 의식한 행위라고 할 수 있다. 아이가 돌리는 팽이의 돌아감에서 시인은 순간 경이로움과 신비를 느낀다. 그러므로 「달나라의 장난」은 일상의 현실적 가치와는 다른, 인간의 가치 추구나 아름다운 이상을 표상한다.

## 시와 삶의 합일

연의 구분 없이 산문시 형태를 지니고 있는 이 시가 언어의 압축미에 신경을 쓰지 않고도 시의 긴장을 유지하고 있는 것은 "팽이가 돈다"라는 진행형의 문장을 첫머리와 중간의 몇 군데, 그리고 끝에 반복적으로 사용하고 있기 때문이다. 이에 현재 아이들의 손에 의해 계속 돌려지고 있는 팽이와 화자의 가슴속에서 계속 돌고 있는 어린 시절의 팽이가 연결되면서 시간적인 지속성을 형성하고 있다.

이 시에서 우선 표면적으로 떠오르고 있는 것은 아이가 팽이를 돌리는 것을 보고 있는 시인의 모습이다. 팽이 돌리기는 어린 시절에 누구나 경험해봤음직한 놀이로 지나간 시간들을 돌이켜 볼 수 있게 해주는 매개체이며, 돌아가야지만 제구실을 하고 정지하면 쓰러진다는 속성을 가지고 있어 현존재의 상황성과도 연결된다. 시인은 팽이가 도는 것을 바라보면서 시인인 "나"를 인식하고 있다. 그러므로 팽이는 일차적으로 단순한 사물로서의 팽이이지만, 다음 순간 돌아가는 팽이는 자신의 모습과 동일화되고 있다. 나아가서 그것은 시인의 의식 속에서 확장되어 세상을 표상한다. 사람 살아가는 일이 곧 사물인 팽이로 치환되고 있는 것이다.

팽이가 돈다
팽이가 돈다
팽이 밑바닥에 끈을 돌려 매이니 이상하고
손가락 사이에 끈을 한끝 잡고 방바닥에 내어 던지니
소리없이 회색빛으로 도는 것이
오래 보지 못한 달나라의 장난 같다

팽이는 결코 실용적인 사물은 아니다. 똑같이 도는 속성을 지녔으면서도 그것은 "제트기機 벽화壁畫"나 "비행기 프로펠러" 같은 현대적·문명적인 산물이 아니며, 그러므로 그것은 이 시대 속에서 중요한 자리를 차지하지 못하기 때문에 그것을 바라보는 시인의 마음을 슬프게 한다. 최고의 속도감 대신 팽이는 잊혀져가는 과거의 기억에 속하며, 그나마 어린아이들의 놀이에서 열심히 돌아감으로써 자신의 역할을 하고 있는 것이다.

아이가 팽이를 돌린다
살림을 사는 아이들도 아름다웁듯이
노는 아이도 아름다워 보인다고 생각하면서
손님으로 온 나는 이집 주인과의 이야기도 잊어버리고
또 한 번 팽이를 돌려주었으면 하고 원하는 것이다

이웃집에 놀러온 시인의 눈앞에서 돌아가는 팽이는 많은 상념들을 일으키게 한다. 어릴 때 가지고 놀던 팽이의 연상에서 시작하여 현재의 생활까지 이어지는 것이다. 모든 것이 유동적이며 가변적이고 기계화된 현실의 생활과는 달리 천진무구한 아이들에 의해 돌려지고 있는 팽이는 지속성과 반복성을 지닌다. 아이들이 열심히 팽이를 돌리는 모습은 '쫓겨다니며 사는' 화자에게 잠시의 틈을 마련해주는, 보기 좋은 풍경이 되고 있다. 시인을 둘러싼 현실의 세계는 각박하며, 현대의 문명 속에서 어렵게 살아나가고 있다는 것이 시의 전편을 통해 서술되고 있다. 시인은 "도회都會 안에서 쫓겨다니는 듯이" 살며, "어느 소설小說보다도 신기로운" 생활을 하며, "누구 집을 가보아도 나 사는 곳보다는 여유餘裕"가 있는 힘든 생활을 하고 있다. 그러나 시인 자신이 현실 세계 속의 일상적인 인간이 아니라는 것은 그가 생활의 어려움을 극복하기 위해 바쁘게 움직여야 함에도 불구하고 눈앞에서 벌어지는 팽이놀이를 바라본다는 사실을 통해 알 수 있다. 그것은 시인의 자아와 현실의 일상적인 세계와의 갈등을 드러낸다.

제트기機 벽화壁畵 밑의 나보다 더 뚱뚱한 주인 앞에서
나는 결코 울어야 하는 사람은 아니며
영원히 나 자신을 고쳐가야 할 운명運命과 사명使命에 놓여있는 이 밤에
나는 한사코 방심放心조차 하여서는 아니될 터인데
팽이는 나를 비웃는 듯이 돌고 있다

화자인 나와 대조되는 것은 방문한 집의 뚱뚱한 주인이다. 삶에 대한

인식이 시인과는 대립적인 입장에 있는 이 전형적 생활인生活人 앞에서 시인은 마치 세상이 별세계別世界 같이 보이는, 자신과 세상과의 사이에 아득한 거리를 느끼며, 자신의 위치가 생활인에 비해서 아무것도 아니지 않을까 하고 자문自問을 하게 된다.

김수영은 널리 알려진 대로 '예술가의 양심과 자유'를 가장 열렬히 희구했으며 그가 시의 주제로 가장 중요하게 생각한 것도 그것이었다. 그러므로 그의 시는 장식이 없이 직선적이고 일상적 사실이나 상황을 꾸밈없이 그대로 드러내 보여주며 진술적이기까지 하다.

## 일상과 이상 사이의 줄다리기

'팽이가 돈다'는 구절을 중심으로 이 시를 좇아가노라면 처음에 팽이는 그저 돌 뿐이다. 그러나 한참 바라보고 있자면 멈춘 것처럼 되기도 하고, 나를 울리기도 하며, 비웃는 것 같기도 하다. 시인은 처음엔 자신이 팽이를 바라보았으나 동시에 팽이가 자신을 바라볼 수도 있다는 데 생각이 미치면서 마치 팽이가 자신을 비웃는 듯한 착각에 빠진다. 팽이가 자신의 나약함과 무기력을 조소하고 있는 듯하다고 느끼는 것이다. 객체客體이던 팽이는 이제 더는 대상일 수만은 없게 된다. "나"의 사고와 의식을 간섭하는 매체媒體인 것이다. 팽이가 돌아감을 보면서 시인의 고통스러운 모색은 계속된다.

그 생각의 중심에는 계속 돌면서도 움직임 속의 일관된 정지를 보이고 또한 스스로 도는 힘을 갖춘 팽이가 강력하게 자리 잡고 있다. 돌고 있는 팽이는 시인에게 스스로 도는 힘을 가르쳐준다. 이 스스로 도는 힘을 위해 팽이와 "나"의 공통된 존재 의미가 있게 되며 이것은 시인과 대상을 연결시킨다. 그리하여 설움이나 자기 연민의 부정적 사념에 사로잡혀 있던 화자는 상대적인 자아 인식의 상태에 도달하게 되는 것이며, 자기 연민은 부정을 거쳐 완전한 긍정으로 전환된다. 그러므로 그는 "결코 울어야 하는 사람은 아니며", "방심放心조차 하여서는 아니"되는 자기를 발견하고 자신의 시인으로서의 자각을 새롭게 하고 있는 것이다. 이러한 인식의 과정을 독자에게 전달해주는 것이 팽이이다. 팽이는 아이들이 쉴 새 없이 때리고 치지 않으면 쓰러져 멈추어버리는 속성을 지니고 있다. 마찬가지로 시인 자신도 계속 자신을 채찍질하지 않으면 쓰러져버리는 약한 존재인 것이다. 팽이는 계속 돌아가면서 화자의 의식을 자극하고 나아가서 독자의 의식을 환기시키고 있는 것이다.

> 팽이는 지금 수천년전數千年前의 성인聖人과 같이
> 내 앞에서 돈다

팽이의 도는 힘과 그것을 돌게 하는 힘의 상관관계 속에서 화자는 삶이나 역사의 보편성을 느끼고 그것을 위해서 "수천년전數千年前의 성인聖人"을 생각한다. 팽이는 성인과 동일화됨으로써 과거와 현재의 지속성과 순수함을 전달하는 매체가 된다. 즉 '팽이≌나≌성인'의 관계를 이루게 된다.

"나"를 울리고 비웃고 성인과 같이 도는 팽이의 다양한 모습을 바라보는 속임 없는 눈, 즉 정직한 시선은 김수영의 시세계를 이해하는 데 있어서 아주 중요하다.

> 생각하면 서러운 것인데
> 너도 나도 스스로 도는 힘을 위하여
> 공통된 그 무엇을 위하여 울어서는 아니된다는 듯이
> 서서 돌고 있는 것인가
> 팽이가 돈다
> 팽이가 돈다

"공통된 그 무엇"이나 "스스로 도는 힘"을 위하여 서서 도는 것은 팽이와 화자의 명제이며 더 나아가서 "너"와 "나"의 명제로 확대된다. 그러므로 시인의 어투는 자문의 성격을 띤 의문문의 형태로 나타나는 것이다.

기법상 이 시는 "내 앞에서 돈다", "팽이가 돈다"와 같이 계속적인 반복의 효과를 통해 독자를 각성시킨다. 그리고 "팽이가 돈다"라는 반복되는 구절로 강조와 연결의 효과를 보이고 있다. 또한 "어린아이이고 어른이고 살아가는 것이 신기로워"와 같이 운맞춤 기법을 통해 리드미컬한 효과와 더불어 팽이의 돌아감에 대한 기분을 더해주고 있다.

이 시의 시작에서처럼 팽이는 돌고, 인간 역사의 지속성과 더불어 시 전반에 걸쳐 팽이는 영원히 돌 듯이 보인다. 그것은 마치 달이 지구를 돌 듯 우주의 신비 속에서 영원히 돌고 있는 신의 장난 같이도 여겨지는 것이다.

# Part 5

# 새·꽃·산의 존재론적 명명 행위

# 새

## 천상병

저것 앞에서는
눈이란 다만 무력할 따름.
가을 하늘가에 길게 뻗친 가지 끝에
점찍힌 저 절대 정지를 보겠다면……

본다는 것은 무엇인가
있는 것과 없는 것의
미묘하기 그지없는 간격을
이어주는 다리橋는 무슨 상형象形인가.

저것은
무너진 시계視界 위에 깃을 펴고
핏빛깔의 햇살을 쪼으며
불현듯이 왔다 사라지지 않는가.

바람은 소리없이 이는데
이 하늘, 저 하늘의
순수균형을
그토록 간신히 지탱하는 새 한 마리.

# 22

# 틀 지우는 것을 뛰어넘기

## 천상병 「새」

천상병의 작품은 전기적인 행보와 긴밀하게 연결되어 이야기된다. 일생 동안 직업을 갖지 않고 가난하게 살면서 술을 좋아했던 행적은 그의 시에서 무소유, 가난의 철학을 읽어내는 바탕이 된다. 특히 그의 시가 아무런 기교 없이 직설적인 어법으로 자신의 심중을 있는 대로 토해내고 있음을 볼 때, 이러한 연관은 당연한 것이다. 그러나 천진난만함, 여린 서정, 쓸쓸한 죽음의 색채, 그러면서도 따뜻하고 행복한 시들이 보여주는 복합적인 요소는 천상병의 시를 관류하는 보다 근원적인 정신을 가늠해보게 한다.

세속의 영욕에서 자유로워 가진 것이 없고 그런 만큼 남달리 깨끗한 영혼을 지켜나가는 이, 그래서 삶은 일상인과 다르게 극적이고 많은 기행담이 전설처럼 따라다니는 이를 시인이라고 부른다면, 많은 사람들이 천상병을 그 첫 번째로 손꼽을 것이다.

물론 남다른 예지叡智로서 세계를 투시하고, 때로는 신념을 위한 노래를 선창하는 시인들을 떠올릴 때, "몽롱한 눈으로", "순하디순한 세계"를 꿈꾸는 이 가난한 시인은 그의 시 제목처럼 미친 방랑자(크레이지 베가본드)일 수도 있으리라. 그러나 아직도 우리들의 영혼은 조용한 서정의 세계에서 쉬고 싶어 하고, 또한 아무런 집착 없이 내키는 대로 살아보고 싶어 하니, 기인에 가까운 한 시인의 행적과 시는 여전히 독자를 잡아끄는 것이다.

## 새의 순수균형·절대정지

천상병은 새를 주제로 한 시를 10편가량 썼다. '새'는 그의 시세계의 지향성을 밝히는 중심이미지라 할 수 있다. 시인은 자신의 새에 대한 천착의 이유를 여러 산문에서 밝히고 있다. "나는 새를 매우 즐긴다. 평화롭고 태평이고 자유롭고 하늘이 그들의 것이기 때문이다"(「새 세 마리」), "새는 언제나 명랑하고 즐겁다", "새의 지저귐은 삶의 환희요 기쁨이다", "날개를 가지고 싶다. 어디론지 날 수 있는 날개를 가지고 싶다"(「새소리」)라는 구절에서 새는 자유, 기쁨, 날개를 가진 존재로서 그렇게 되고 싶은 시인의 열망을 상징한다. 자유롭고 가벼운 것, 지저귐, 날개를 지닌 것들은 그의 시 안에서 끊임없이 나타난다.

저것 앞에서는

눈이란 다만 무력할 따름.
가을 하늘가에 길게 뻗친 가지 끝에
점찍힌 저 절대 정지를 보겠다면……

시인은 지상에서 서성이면서 새 한 마리를 바라보고 있다. '보다'라는 동사는 이 시의 전체를 연결시키는 중심어로, 각 연의 눈目, 본다, 시계視界는 주체와 대상과의 거리를 조정하는 기능을 하고 있다. 시인은 앞의 글들에서 자유롭게 가고 싶은 곳으로 갈 수 있는 날개를 지닌 새를 동경한다고 피력했지만, 이 시에서 그가 눈앞에 바라보는 새는 결코 가볍지 않고 찬연한 비상을 보여주지도 않는다. 시인은 나뭇가지 끝에 앉아 절대 정지로 멈춘 한 점 새의 모습을 보면서 외로움을 견디는 존재에 대해 사유한다. 지상에서 "핏빛깔의 햇살"을 쪼이다 재빨리 어디론가 사라지는 새는 인고를 겪어내는 존재이며, 사라짐을 통해 존재를 감추면서 있음과 없음의 이치를 현현하고 있다. 동시에 좋은 일, 나쁜 일을 같이 겪으며 우는 인간의 면모를 지니고 있기도 하다. 즉 이 시에서 형상화된 새는 슬픔과 기쁨, 이런 일과 저런 일, 이 하늘과 저 하늘, 좋은 일과 나쁜 일 사이에서 순수균형을 간신히 지탱하고 있다. 새는 하늘의 질서에도 속하고 땅의 질서에도 속하면서 그 두 세계를 이어주는 매개항의 역할을 한다.

이는 시인이 인간과 하늘을 분리해서 파악하지 않고 새가 그러하듯 인간을 우주에 속한 존재로 파악하고 있음을 보여준다. 살아가는 과정에서 시인이 터득한 것은 대지와 허공의 세계가 아직 그에게 결정된 세계로 주어진 것이 아니라는 사실이다. 그에게 하늘은 언젠가 돌아가야 할 곳이며, 그렇기에 이 세상의 대지가 마냥 행복한 곳만은 아닌 것이다.

> 바람은 소리없이 이는데
> 이 하늘, 저 하늘의
> 순수균형을
> 그토록 간신히 지탱하는 새 한 마리.

이 하늘과 저 하늘 사이의 순수균형은 "하늘을 깎아서"(「무명無名」) 무명의 존재를 탐구하려 했던 시인의식의 일관된 지향으로서, 이 안타까운 균형의식이야말로 천상병의 시세계를 풀어나가는 출발점이 될 것이다. 그러므로 시 속에 나타나는 가난함이나 현실사에 대한 무심함은 굳이 전기적 사실들을 빌려오지 않더라도 설명이 될 수 있다. 즉 시인이 지향하는 영원의 공간에 비해 삶의 영욕은 자질구레한 짐이 될 수밖에 없었고, 시인은 속절없이 가난했으나 그 가난은 오히려 물질적 결핍을 넘어 시인을 시인이게 하는 덕목이요, 결과적으로는 버팀목이기도 했던 것이다. 그러나 현실 잡사에 무심한 자유인이라 할지라도 그가 사는 곳은 하늘이 아니라 이승이었으니 그 균형 잡기는 힘겨운 것이었고, 특히 시 쓰기는 더 힘든 것이었을 것이다. 그의 시가 초기의 팽팽한 긴장감을 잃어버리고 다소 어이없는 낙천성으로 흘러갔던 것은 이 순수균형의 변모 상태와 무관하지 않을 것이다.

초기의 새를 대상으로 한 일련의 시들 역시 유한한 인간존재에 대한 성찰과 초극의 꿈들이 실려 있다.

외롭게 살다 외롭게 죽을
내 영혼의 빈터에
새날이 와 새가 울고 꽃이 필 때는,
내가 죽는 날,
그 다음날.

「새」 부분

시인은 자기가 죽은 후의 시간을 내다본다. 삶의 유한성은 여기에서 새를 통해 역전되는데, 하늘을 나는 새는 바로 무명의 존재를 우주라는 영원의 공간으로 귀속시키는 상관물이 되는 것이다.

이러한 시인의 지향성은 우리 모두가 사랑하는 애송시 「귀천歸天」에 집약되어 있다. 영원 속에 내던져진 유한한 인간존재에 대해 진지하게 번뇌한 자만이 다다를 수 있는 아름다운 정점을 보여준다.

나 하늘로 돌아가리라.
새벽빛 와 닿으면 스러지는
이슬 더불어 손에 손을 잡고,

나 하늘로 돌아가리라
노을빛 함께 단 둘이서
기슭에서 놀다가 구름 손짓하며는,

나 하늘로 돌아가리라.
아름다운 이 세상 소풍 끝내는 날,
가서, 아름다웠더라고 말하리라……

「귀천歸天」 부분

이 시는 본문과 함께 숨어 있는 전제가 함께 읽힌다. 하늘로 돌아간다는 제목 자체가 하늘로부터 왔다는 전제를 내포하고 있다는 말이다. "나 하늘로 돌아가리라"는 반복적인 진술은 죽음에 대한 능동적이고 낙천적인 반응이다. 이 낙천성은 죽음을 아름다운 "이 세상 소풍 끝내는 날"이라고 한 데서 극점을 이루는데, 일상의 잣대로 보았을 때 가난하고 기행적이던 시인의 삶은 영원과 죽음의 큰 테두리 안에서는 그냥 "소풍"이라는 가볍고 작은 시어에 쉽사리 포괄되어버린다. 이 능동성이 치기나 패배의 소치가 아님은 "새벽빛", "노을빛"이라는 시간의 설정에서도 알 수 있다. 세계의 변화를 주시하고, 그 변화의 힘을 아름답게 여기는 시인은 이 우주의 비범한 순환원리에 인간의 삶을 자연스럽게 투사하는 것이며 여기에서 이슬이나 구름도 마찬가지의 순환의 사이클 위에 놓여 있는 것이다. 우주의 호흡과 인간의 삶을 함께 보았을 때, 비로소 유한한 삶이란 아름다운 소풍이 될 수 있으며, 그 소풍은 그가 살았던 대로 무심하고, 자유롭고, 가벼운 소요逍遙였던 것이다.

## 무심의 낙천성

끝없는 영혼의 단련과 성찰로 시인의 길을 가는 사람도 있지만, 천상병의 경우 이 길은 다소 엉뚱하게 닦아졌다. 사람을 틀 지우는 모든 것들을 버리고, 아니 무심하게 넘기고, 가난한 대로 살아갔고, 느끼는 대로 시를 썼다. 자유롭게 살았다면 남부러울 것 없이 자유로운 삶이었을 것이나, 무욕無慾의 시인이라는 대가를 톡톡히 치렀다고도 말할 수 있을 것이다.

이 하늘과 저 하늘 사이에 순수균형을 그토록 안타깝게 잡으려한 시인이 점점 그 긴장감을 잃어갔다느니, 그래서 시가 지나치게 긍정적이 되고, 평이한 일상의 넋두리로 풀어졌다느니 하는 구구함이 시라는 테두리에조차 무심하기 그지없었던 한 자유인에게 굳이 필요한 말인가 주저하지 않을 수 없는 것이다.

> 너의 처녀시집에 들어갈 얼굴은
> 끝나지 않은 생때의 사십년
> 눈물 한 방울이 얼비치는데……

김영태, 「천상병」 부분

아무튼 시인의 길, 곧 영혼을 벼르는 정진과, 버리고 또 버려 천진한 어린아이로 남은 - 이 두 길이 궁극에서는 다시 만나고 있으니, 천상병 시인의 말대로 "생각느니 아, 인생은 얼마나 깊은 것인가."

# 꽃을 위한 서시

김춘수

나는 시방 위험한 짐승이다.
나의 손이 닿으면 너는
미지의 까마득한 어둠이 된다.

존재의 흔들리는 가지 끝에서
너는 이름도 없이 피었다 진다.
눈시울에 젖어드는 이 무명의 어둠에
추억의 한 접시 불을 밝히고
나는 한밤 내 운다.

나의 울음은 차츰 아닌 밤 돌개바람이 되어
탑을 흔들다가
돌에까지 스미면 금이 될 것이다.
…… 얼굴을 가리운 나의 신부여.

# 23

# 무명無名을 밝음으로 이끄는 시인의 개안開眼

## 김춘수 「꽃을 위한 서시」

### 초기 시와 존재의 탐구

김춘수는 '꽃'의 시인이다. 초기 시에서 그가 지향한 실존 탐구의 세계는 꽃을 노래한, 꽃을 위한, 꽃의 언어들로 이루어져 있다. 존재하는 그 자체만으로도 이 지상에서 가장 아름다운 대상인 꽃을 빌어 시인은 내밀하고 추상적인 의식 세계를 표현한다. 그래서 김춘수 시의 '꽃'은 실재하는 꽃의 의미를 넘어선다. 그가 초기 시에서 공들였던 존재 탐구라는 일관된 주제는 이렇게 꽃과 언어의 긴장 위에서 이루어지고 있다.

시 「꽃」은 언어를 통해 존재를 탐구하려 시도했던 일련의 시 가운데 대표작이다. 초기 시의 중심어인 꽃을 통해 시인은 존재 탐구와 사물의 명명 행위에 대한 문답을 시작하고 있다. 이 시에서 시인은 '하나의 몸짓'에 지나지 않았던 사물의 이름을 불러줌으로써 그를 의미 있는 대상으로 존재하게 한다. 즉 부유하던 몸짓들이 명명 행위를 통해 눈짓이 되는 것이다. 여기서 대상에 이름을 부여하는 행위는 단순히 이름을 짓는 것을 넘어서서 사물의 빛깔과 향기에 가장 알맞은 이름으로 그 대상을 실존하는 존재로 이해하게 한다. 꽃은 이렇듯 지상에 존재하는 최고의 사물인 동시에 이름도 없이 피었다 지는 익명의 어둠과 움직일 수 없는 식물의 운명을 지닌 복합적인 대상이라는 점에서 존재 탐구의 대상이 되고 있다.

'이름 불러주기'로 시작된 존재론적 추구는 시 「꽃을 위한 서시」에 이르면 가면과 베일을 쓴 대상인 "얼굴을 가리운 나의 신부"의 외피를 벗기려는 행위로 이어진다. 「꽃을 위한 서시」는 「꽃」의 연작시적인 성격을 지니며 시의 의미를 발전시키고 있다. 특히 '서시'라는 제목은 시인의 시적 사유의 기본 틀을 드러낸다. 많은 다른 시인의 '서시'라는 제목의 시에서 그들의 시적 상상력의 출발점과 세계에 대한 태도를 읽을 수 있는 것처럼, 김춘수의 시 「꽃을 위한 서시」에서도 시인의 본격적인 사유의 출발점을 읽을 수 있다.

## 시인의 해명을 기다리는 꽃의 세계

이 시는 총 4연 12행으로 이루어져 있으며 매 연이 나와 너의 대조로 구성되어 있다. 즉 1연은 나와 너, 2연은 너와 나, 3연은 나, 4연은 너를 중심으로 전개된다. 나는 익명의 화자이지만 너 또한 막상 직접적인 꽃이라는 표현으로 등장하지는 않는다. 나는 존재의 본질을 읽어내려는 탐구의 시선을 가진 자, 너는 존재의 본질을 감추고 있는 대상으로 드러날 뿐이다. 나와 너의 세계에서 너라는 존재에 다가서는 최초의 작업으로 시를 택하고 있음은 '서시'라는 제목에서 다시 강조된다.

1연에서 나는 "위험한 짐승"이며, 내가 외피를 벗기고자 하는 대상인 너는 "미지의 까마득한 어둠"이다. 나의 손을 내밀어 네게 닿으려 하지만 아직 온전히 다가선 것은 아니기에 너는 오히려 까마득한 어둠으로 떨어져버린다.

2연에서 이러한 노력은 "추억의 한 접시 불을 밝히고/ 나는 한밤 내 운다."는 행위로 계속된다. 하지만 그것 역시 무명無名의 어둠에 잠긴 너의 존재를 밝히지는 못하는 불완전한 행위에 그치고 만다. 3연에서 이는 다시 나와 너 사이를 가리고 있는 베일을 걷으려는 행위로 이어지고, 마침내 한밤 내 나의 "울음"은 "돌개바람"이 되어 탑을 흔들다가 돌에까지 스미는 '금'이 된다.[1] 물론 이 "울음"과 "돌개바람" 역시 너의 존재의 중심부로 향하기에는 아직도 부족한 몸짓인 듯하다. 너는 여전히 얼굴을 가리우고 있기 때문이다. 존재의 베일이 채 벗겨지지 않은 너에게 향하려는 끊임없는 나의 노력은 하나의 안타까운 몸짓일 뿐이다.

이렇듯 나는 대상에 대한 본질적인 추구가 실상은 불완전할 수밖에 없다는 것을 거듭 경험하게 된다. 너는 이제 "얼굴을 가리운 나의 신

1 여기서 "금이 될 것이다."라는 구절은 빛나는 금金이 될 것이다와 갈라진 금이 될 것이다 두 가지로 해석될 수 있을 것이다.

부"로 다가선다. 신부는 반쯤은 얼굴을 내놓고 반쯤은 가리운, 그래서 보이는 것도 안 보이는 것도 아닌 존재를 상징한다. 반쯤은 가린 채 그러나 벗겨지길 기다리는, 신비하고 순수한 존재인 너는 마치 신부 같은 존재이다. 반쯤은 투명하고 반쯤은 불투명하게 가려져 시인의 해명을 기다리는 무수한 존재들, 바로 이 모두를 표상하는 꽃의 세계인 것이다.

## 근원적인 물음과 해명의 과정

시인은 왜 나와 너의 관계를 꽃과 짐승으로 상정했을까? 꽃으로 대표되는 시적 대상은 아름답긴 하되 수동적이고 방어적인 식물적 이미지를 가진다. 이런 시적 사물은 불가능한 운명으로 실존의 세계에 자리하고 있는 존재이기 때문에 현실 세계에서 본능적으로 방어의 태도를 취할 수밖에 없다. 자신을 신비와 침묵 속에 감추고 존재하는 그 자체에 의미를 두고 있는 것이다.

반면에 나는 능동적이고 공격적인 동물적 이미지를 갖는다. 하지만 짐승은 동물과 그 어조가 다르다. 그것은 "시방"이 '지금'이라는 낯익은 표현과는 다른 느낌을 주는 것과 마찬가지이다. 시인은 육체적인 본능이 아니라 정신적인 추구에 초점을 두기에 짐승을 취택하고, 보다 원시적이며 근원적인 시간을 거슬러 오르려 하기에 "시방"이라는 시어를 선택한다. 자신의 전 존재를 신비 속에 감추고 있는 꽃의 침묵 어린 자태 앞에서 그 의미를 밝히고자 애쓰는 나는 짐승처럼 위험하고 속된 존재가 되어버린 듯하다. 이렇게 위험한 짐승이 되는 것조차 마다하지 않는 '나'는 불완전한 노력이기는 해도 꽃으로 다가서기 위해 끊임없는 노력을 기울인다. 가면과 베일을 쓴 사물의 불투명성을 이기기 위한 나의 노력은 "미지의 까마득한 어둠"이었던 대상을 "나의 신부"로 의미화하기까지 계속된다.

네게 닿으려 내미는 나의 손은 곧 나의 언어이다. 하지만 미지의 까마득한 어둠에 놓여 있는 너, 흔들리는 가지 끝에서 존재의 의미도 모른 채 피었다 지는 너, 무명의 어둠에 놓여 있는 너, 그런 너에게 가닿으려 조심스레 언어의 손을 내미는 나의 행위는 늘 실패한다. 손으로 네게 가닿으려 하듯 언어로 너의 존재에 다가가려 하지만, 그것이 너의 본질에 다가가지는 못하는 것을 알기 때문이다. 순수한 너에게 가닿으려 하는 나의 언어들은 네게 닿자마자 오히려 네 순수한 존재를 왜곡하는 언어 속에 너를 가두어버리는 위험한 말이 된다. 이는 물론 사물을 지칭하는 언어가 곧 그 사물의 본질과 일치할 수 없다는, 언어의 본래적인 한계에서 기인한 것이지만, 나는 언어의 집행자가 되어 너를 여전히 어둠으로 밀어넣게 되는 것이다.

그래서 다시 나는 한밤 내 울고 너는 여전히 무명의 어둠에 놓여 있다. 무명의 어둠과 흔들리는 가지 끝에서 명멸하는 존재들, 어떻게 그것에 시의 언어를 부여해 실존하게 하고 현현하게 할 수 있는가. 이름도 없이 피었다 지는 네게 존재를 부여하기 위해 시인은 이제 어둠을 걷어내려는 '추억의 불'을 밝힌다. "까마득한 어둠"과 "무명의 어둠"을 밝히고자 켠 불은 사실 무명無名을 명명命名으로 바꾸는 언어의 힘과 같다.

미지의 어둠으로나마 온전했던 너의 세계인 추억에 불을 밝혀 어둠에 가두어버리려는 시인의 의지 또는 행위이기도 하다.

무명의 어둠을 밝힌 것으로도 너의 존재를 해명하지 못하는 나의 고통은 울음의 변용으로 드러난다. 그 고통은 "울음"이라는 눈물의 액체가 "돌개바람"이라는 기체를 거쳐 "돌"에까지 스미는 견고한 고체인 '금"으로 변용되어간다. 돌개바람은 이제까지의 삶을 극복하려는 의지나 욕망을 상징하는 이미지로 영혼 상승의 모티프가 된다. 돌개바람으로 회오리치는 나의 울음은 탑을 흔들 만큼 강한 격정을 인내하고 있다. 탑은 언어를 통해 이르기 어려운 너의 존재만큼이나 단단한 돌로 쌓아올려진 구조물인 동시에, 추억이라는 시간의 흔적과 꽃의 신비가 모두 공존하는 상징물이다. 나의 한밤 내 울음은 탑을 흔들다가 그 돌에 스며 금이 된다. 언어를 통해 네 존재에 가닿으려 애쓴 나의 길고 긴 의지와 애정이 불변의 가치를 지닌 금으로 응결된 것이다. 사라질 듯 소멸하는 사물의 본질을 언어로 구체화하려는 시인의 몸짓은 마침내 단단하고 영원한 물질인 금으로 결정화된다. 나는 짐승과 울음의 생명력은 거세되었으되 금의 빛남, 영원함, 견고함의 가치를 지니게 된 것이다. 시인은 마지막 연에서 힘겨운 침묵의 말줄임표 끝에 "얼굴을 가리운 나의 신부여"를 부른다. 존재의 해명을 위해 가장 존귀한 대상으로 지상의 꽃을 택했던 것처럼 가장 아름다운 인간인 신부를 택한 것이다. 결코 얼굴을 드러내지 않는 신부는 마치 자신의 본질을 드러내지 않는 모든 존재들과 닮았다. 그래서 더 신비하고 그래서 더 그 베일을 걷으려는 시인의 의지 또한 계속될 수 있는 듯하다.

김춘수는 존재의 무명과 어둠을 이기고 밝음으로 현현하려는 시인의 의지와 개안開眼을 시 「꽃을 위한 서시」를 통해 보여주고 있다. '나'는 언어를 통해 존재에 가 닿으려 언어의 손을 내미는 위험한 시인이지만 내 의지는 강하고 아름다운 숲과 같다. 존재를 해명하는 일, 진리의 수수께끼를 말할 수 있는 시의 노정에는 길고 긴 울음을 견고한 금으로 바꿀 수 있는 의지가 필요하다는 것을 알기 때문이다. 한편 '너'는 어둠이고 이름도 없이 피었다 지는 존재이지만 나의 언어와 시를 통해 명명되어야 할 소중하고 애틋한 '나의 신부'이다. 명명하려는 모든 사물과 대상을 마치 자신의 신부처럼 생각하며 그 본질에 가닿으려 안타깝게 애쓰는 시인의 깊은 시선이 드러나는 부분이기도 하다.

김춘수가 탐구하는 존재는 사물이기도 하고 진리일 수도 있다. 그는 어둠에 가리우고 베일에 싸여 있는 존재를 시의 언어와 명명으로 실존하게 한다. 하지만 그 깊이를 알 수 없는 존재의 어둠을 걷어내려는 노력은 울음과 언어만으로는 그 미망迷妄을 거두지 못한다. 시인이 고뇌하는 것은 모두 보일 듯 보이지 않고, 알 것 같으나 결코 해명될 수 없는 존재에 대한 근원적인 물음이기 때문이다. 드러내면서 숨기는 것, 열면서 은폐하는 것, 그래서 알 것 같으면서도 영원히 알 수 없는 것이 존재하는 사물의 본질이며 삶의 진리이기 때문이다. 그럼에도 불구하고 시인은 존재가 잠겨 있는 무명의 어둠을 걷어내고 명명의 밝음으로 존재하게 하는 것이 곧 언어의 힘이자 시의 소명이라고 인식한다. 그렇기에 시를 통해 이 같은 자신의 의지를 끊임없이 고백하고 있는 것이리라.

# 청산도青山道

박두진

산아, 우뚝 솟은 푸른 산아, 철철철 흐르듯 짙푸른 산아, 숱한 나무들, 무성히 무성히 우거진 산마루에, 금빛 기름진 햇살은 내려오고, 둥 둥 산을 넘어, 흰 구름 건넌 자리 씻기는 하늘, 사슴도 안 오고 바람도 안 불고, 넘엇골 골짜기서 울어오는 뻐꾸기…….

산아, 푸른 산아, 네 가슴 향기로운 풀밭에 엎드리면, 나는 가슴이 울어라. 흐르는 골짜기 스며드는 물소리에, 내사 줄줄줄 가슴이 울어라. 아득히 가 버린 것 잊어버린 하늘과, 아른아른 오지 않는 보고 싶은 하늘에, 어쩌면 만나도질 볼이 고운 사람이, 난 혼자 그리워라. 가슴으로 그리워라.

티끌 부는 세상에도 버레 같은 세상에도 눈 맑은, 가슴 맑은, 보고지운 나의 사람, 달밤이나 새벽녘, 홀로서서 눈물 어린 볼이 고운 나의 사람. 달 가고, 밤 가고, 눈물도 가고 티어올 밝은 하늘 빛난 아침 이르면, 향기로운 이슬밭 푸른 언덕을, 총총총 달려도 와 줄 볼이 고운 나의 사람.

푸른 산 한나절 구름은 가고, 골 너머, 골 너머, 뻐꾸기는 우는데, 눈에 어려 흘러가는 물결같은 사람 속, 아우성 쳐 흘러가는 물결같은 사람 속에, 난 그리노라. 너만 그리노라. 혼자서 철도 없이 난 너만 그리노라.

24

# 청산을 노래하는 역동적 상상력

박두진 「청산도青山道」

## 자연의 인식에서 보여주는 생명적 이미지

청산이라는 단어는 우리에게 익숙하다. 시원始原의 향수와 함께 애틋한 그리움을 환기하는 단어이기도 하다. 일찍이 "살어리 살어리랏다/청산에 살어리랏다"라고 노래했던 고려인의 희구가 담긴 영원한 고향이자, "나비야 청산에 가자 범나비 너도 가자"나 "청산은 어찌하야 만고에 푸르르며"라고 노래했던 조선의 수많은 선비들이 꿈꾸었던 이상향이기도 했다. 그러나 그들은 모두 청산에 들어가 살지 않았다. 아니, 그곳에 들어가 살 수 없었기 때문에 그토록 오래 청산을 노래했을 것이다. 이러한 이상향이란 흔히 지고至高의 선善, 완성 등과 동의어로 쓰이는 개념이다. 인간과 우주와의 완전한 화해, 부정적인 모든 것의 제거,

주체와 객체의 동일성, 모든 소외감이 극복되어진 궁극적인 상태 등을 표현한다. 따라서 우리 문학에서 청산은 일상적인 실체로서의 푸른 산을 넘어서 부정적인 현실에 대한 반대 개념이 표상된 곳으로, '인간의 자연화, 자연의 인간화'로 표현될 수 있을 것이다.

그리 길지 않은 우리의 현대시사에서 이와 같이 청산이 우리말의 리듬과 향기에 기대어 새롭게 재현된 대표적인 시를 꼽으라면 단연코 박두진의 「청산도」(1947)를 들 수 있겠다. 전통에 자리 잡은 "동양적이고 얼마간 은둔적이고 자연스러운 호흡과 그러한 정서의 세계로 안정해 들어앉으려는", "고요하면서도 밝고 싱싱하고 생명에 찬 세계 그러한 청산을 시화하고 싶었다"라는 시인의 고백에서도 이러한 특징은 재확인할 수 있다. 청산으로 대표되는 그의 자연은 이상화된 자연, 혹은 관념의 세계를 동시에 보여주고 있는 셈이다.

「청산도」라는 제목을 가진 이 시는 산문시 형식의 4연으로 구성되어 있다. 그러나 행 구분의 역할을 하는 잦은 쉼표와 마침표의 효과적인 사용, 극도로 절제된 종결어의 사용은 이 시에 짧은 휴지와 긴 호흡을 불러일으키고 있다. 의성·의태어를 비롯한 감각적인 시어와 함께 현재 시제의 사용도 생생한 구체성과 현장감을 증폭시켜준다. 이러한 시 형식의 특징은 이 시의 근간이 되고 있는 반복에 힘입어 빠르고 힘찬, 그러면서도 유려한 리듬을 만들어낸다.

특히 이 반복 형식은 소리의 층위에서만이 아니라 의미론적 층위에서도 매우 중요한 작용을 한다. 1연에서 세 번, 2연에서 두 번에 걸쳐 반복되고 있는 호격 "산아"는 대상을 가깝게 끌어들이는 기능을 한다. 이 산을 부르는 소리는 점층적으로 감각화된 수식어를 동반하면서 반복되고 있다는 점에서 시인의 감정을 더욱 고조시킬 뿐만 아니라 독자의 주의를 강하게 환기시켜주고 있다. 또한 이 도입부의 부름은 2연에 두 번, 4연에 세 번 반복하고 있는 종결어 "그리워라", "그리노라"와 호응한다. 즉 이 시를 가장 간단한 문장으로 정리하자면 '산아, 그리워라/그리노라'로 요약될 수 있다는 말이다. 이 종결어 또한 부름과 같이 점층적인 반복으로 이루어져 있어 이 시는 수미상응 구조를 이루고 있다.

## 상징음과 반복에 의한 리듬의 효과

일차적 의미 해독을 위해 1연부터 천천히 읽어보자. 이 시는, 마치 카메라의 앵글을 멀리 그리고 높은 산마루에서부터 산기슭 혹은 산속 가까이로 옮기고 있는 것처럼, 산을 조망해내는 것으로 시작한다. "철철철"과 "둥 둥"이라는 의성·의태어로 압축되는 우뚝 솟고, 짙푸르고, 무성하고, 기름진 산은 아무것도 움직이지 않는 부동不動의 공간이다. 그러나 그 풍경은 시인과 친화적인 대응으로 시작되고 있으며 산속의 여러 청각적 요소들을 중심으로 밝고 생명력 가득한 청산으로 시화하고 있는 것이다.

2연에 이르면 시인은 보다 밀접하게 산에 동화되어, 산이 '나'요 내가 '산'인 상태에 이른다. 산기슭의 풀섶에 가슴을 대면, 골짜기를 흐르는 물소리와 나의 가슴이 우는 소리가 "줄줄줄"이라는 의태어에 의해 동일화된다. 청산이 품은 동경의 대상은 "볼이 고운 사람"이다. 그러나 산 밑에 있는 나의 세상에는 있어야 할 볼이 고운 사람이 없기 때문에 나는 '가슴으로 그리운' 것이다. 이때 의연한 산의 물소리는 나의 가슴 속에 맺힌 정서의 응어리를 풀어준다. 여기서 "청산"과 "볼이 고운 사람"은 대비적인 공간 속에서 같은 의미망을 이룬다. 각각 자연(초월)과 세속(일상)에서, 즉 공간을 달리하는 곳에서 시인이 열망하는 대상들이기 때문이다. 그 열망을 시인은 "아른아른"이라는 의태어로 구체화한다. 나는 볼이 고운 사람이 그리워 청산에 올랐고, 다시 그 청산은 의연한 가슴에다 나의 그리움을 이입시키고 있는 셈이다.

3연에서 시인이 몸 담고 있는 일상적 공간은 "티끌 부는 세상", "버레 같은 세상"이라는 구절에 의해 더욱 구체화된다. 달, 밤, 눈물은 시인의 고통스런 일상의 내면 표상이다. 그러나 시인은 이처럼 시끄러운 세파를 "밝은 하늘 빛난 아침"과 "푸른 언덕"을 지나 달려올 "볼이 고운 사람"에 대한 희망으로 극복하고자 한다. 그 희망의 대상은 역시 의태어 "총총총"으로 감각화하고 있다. 여기서 '볼이 곱다'라는 구절은 둥글고 붉은 이미지를 연상시키는데 이는 해의 이미지와 유사성을 지닌다. 이 이미지는 또한 달과 밤과 눈물이 가버린, 그와 정반대의 청산의 아침이라는 개방적 공간으로 의미화된다.

끝연에서 3연의 절정을 마무리하면서 "아우성 쳐 흘러가는 물결같은 사람"들과 일상의 흐름 속에서, 짙푸른 청산과 볼이 고운 아침 해에 대한 그리움이라는 시인의 진정한 희원希願을 다시 한번 확인하고 있다. 특히 "철도 없이 난 너만 그리노라"에서 '철'은 1연의 "철철철"과 대응된다. 청산은 세 음절 '철철철'처럼 넘치고 있는 반면, 나는 단음절 '철'도 없는 것이다. 또한 청산에 대해서는 액체화되어 넘치는 양태를 환기하는 반면 나에게는 시기(계절)나 분별(지각)의 의미를 환기한다.

시에 있어서 하나의 시어가 지시하는 의미와 소리는 불가분의 관계에 있다는 것을 지적하는 일은 사실 새삼스럽다. 그중에서도 특히 의성·의태어는 그 기본적인 표현장치의 하나로서 시인은 자신의 감정이나 의사를 상징어로 사용함으로써 음악처럼 직접 전달하게 된다. 이를테면 민요의 후렴이나 시조 작품 중에서는 의성·의태어를 사용하여 자신의 감정이나 의사를 대단히 효과적으로 표상하고 있는 것이 많다. 시 「청산도」는 5개의 의성·의태어를 품고 있다. 대체로 2, 3, 4음절의 다양함과 움직임이 큰 모음으로 구성되어 산의 생명력과 풍요함을 표상한다.

먼저 1연의 "철철철"이라는 의태어는 몇 개의 어휘를 똑같은 울림 가운데 서로 이어주는 기능을 하고 있다. 그것은 표면적으로는 청산의 푸르름을 형용하나 나무의 무성함, 금빛 햇살의 인위적인 때가 하나도 없는 흐름의 상태까지 나타내는 이중·삼중의 다성성多聲性을 지님으로써 복합적인 기능을 하고 있다. 또한 그것은 "금빛 기름진" 햇살의 [k]음의 유포니euphony와 함께 햇빛과 산, 그리고 나무를 동일한 시적 구조 안에서 의미를 포괄하고 있다. 나아가서 빛은 생명력에 가득 찬 것으로 감각화되어 기름진 빛으로 육화되어 나타나기까지 한다. 이 빛에 대한 생생함과 도취감, 풍부한 열정은 사물을 근원의 위대함으로 되돌려 보내주는 존재의 힘과 함께 우리의 상상력과 이념을 단순성의 영역으로 이끌고 간다.

"둥 둥 산을 넘어, 흰 구름 건넌 자리 씻기는 하늘"의 '둥 둥'은 구름의 움직임이자 산과 시인을 연계시키는 느낌을 들게 하면서 정중동靜中動의 술렁임을 나타내고 있다. 생명의식에 대한 그의 지향성은 '씻다'라는 서술어에 의해 강화되고 있다. 근원적으로 정화와 세례의 속성을 지닌 구름(물)의 씻김에 의해 하늘과 태양과 인간과 세상 모두는 씻김의 대상이 되고 있다. 그것은 단순히 깨끗하게 한다는 차원을 넘어서는 상징의 세계로의 이행을 뜻하는 것으로 생명력의 정화, 나아가서 재생과 동일한 것이 되기도 한다.

2연의 "줄줄줄"이라는 의태어도 표면상으로는 가슴이 우는 상태의 묘사지만 골짜기에 스며드는 물소리와 눈물을 같이 포용하는 이중성과 연관되어 이 연의 중심이 되는 가슴과 물소리를 이어주고 있다. 즉 '줄줄줄'은 눈물과 물소리에서 비롯된 의태어이면서 산의 가슴과 시인의 가슴을 동일화시키고 있는 것이다. 또 반복되는 '줄줄줄'에 의한 동일 행위의 계속은 마음에 맺혀 있는 것을 후련하게 씻어주는 효과를 지닌다.

"아른아른"은 원래, 무엇이 조금 보이다 말다 하거나 그림자가 희미하게 움직이거나, 물이나 거울에 그림자가 불안정하게 흔들리는 양상을 나타내는 어휘이다. 'ㅏ / ㅡ'의 음상이 밝음과 어두움의 양면성의 교체에 의해 꿈과 실상, 그리움의 대상인 볼이 고운 나의 사람, 산과 시정市井의 물결, 시인의 울음과 나의 사람과의 만남을 상징화한다. '아른아른'은 꿈과 그리움의 아득함과 연결되는 불안정한 흔들림인 것이다.

3연의 "총총총"이라는 표현도 현실적인 소리가 아닌 경쾌하고 명랑한 음향으로 바뀌고 있다. 눈물과 밤의 어둠이 걷힌 시간으로, 향기로운 이슬밭 푸른 언덕의 공간으로 바뀌고 있다. '총[chong]'은 음의 또렷또렷하고 맑음이 급히 달려올 듯한 걸음의 발랄하고 신선한 몸짓을 적절히 표현하고 있다.

이 시 전체는 물 흐르듯 유연한 [r]음의 수많은 반복과 다음, 다음으로 이어지는 완만한 리듬이 산의 공간이 갖는 청정한 움직임을 풍요롭게 구축하고 있다. 이런 리듬의 움직임이 전체 시에 깔린 무성한 생명력의 이미지와 어울려 유동성이 넘치는 세계의 통일된 이미지를 주는 것이다. 특히 "철철철", "줄줄줄"이라는 상징어에 의해 이 시 전체는 모든 시적 대상이 액체화하고 있다. 산-흐른다, 햇살-기름지다, 구름-움직이다, 나-울다로 변용함으로써 자연과 그 속의 인간이 물의 정화하는 속성에 의해 세상의 "티끌"과 "버레"같은 보잘 것 없음이 씻겨져 맑음으로 연결된다. 그리하여 이 시의 주된 어조를 형성함에 있어서 가장 중심이 되는 감정인 그리움은 아우성 쳐 흘러가는 물결 같은 사람 속에서도 밝고 빛나게 유지될 수 있는 것이다.

「청산도」는 시어의 특이한 구사와 더불어 다양한 형태로 나타나는 반복에 의한 리듬의 되울리는 효과, 모음과 자음의 유포니, 의성어와 의

태어가 문장 속에서 조응하는 이중적 기능 등을 통해 우리말이 지니는 소리의 표현력 내지 운율학 연구의 풍부한 가능성을 보여주고 있다. 특히 자연의 소리나 사물의 태도를 묘사하고 있는 의성어와 의태어들은 대상에 대한 시인의 애정을 나타내는 음성 묘사와 함께 대개가 첩어의 형태를 지니고 있기 때문에 음이 가지고 있는 고유의 요소와 더불어 음률을 형성하는 데 도움을 주고 있다. 이러한 특징은 박두진 특유의 자유분방하게 쏟아져 내리는 감정을 폭넓게 표현하려는 의도에 의하여, 호흡이 긴 시형의 개방성과 행이 주는 의미보다는 울림이 주는 리듬감을 바탕으로 "음악적인 음영을 의식적으로 노리는 행들로 시를 구성하고 있는 사실"과 깊이 관련된다.

## 빛에의 희구와 능동적 상상력

시인의 욕망 속에는 언제나 청산의 아침이 잠재해 있다. 그러니까 시인에게 청산은 지금 그의 눈앞에 있는 "티끌 부는 세상", "버레 같은 세상", "아우성 쳐 흘러가는 물결같은 사람"들에 대응하는 공간의 의미를 띠고 있다. 그곳은 달과 밤과 눈물의 골짜기에서 금빛 기름진 햇살이 솟아나게 하는 생명의 힘이 생성되는 공간이며, 흰 구름과 푸른 하늘, 사슴과 뻐꾸기, 그리고 인간이 한자리에서 교감하고 조응하며 살아가는 새로운 이상의 공간이자 주술의 공간인 셈이다. 나아가 그곳은 개인적 · 시대적 · 민족적 어둠을 생명이라는 절대성과 함께 묶는 초월의 상징이 되기도 한다. 밝은 빛의 요소와 함께 새로운, 아름다움, 순수, 시작

등을 의미하는 자연의 질서는 불멸의 확실성에 가득 찬 신념의 세계로서 동경이나 열정에 의한 시의 개방성이 힘찬 의미를 부여하기 때문이다. 특히 청산 뒤에 붙은 '도道'의 의미가 길이라는 상징적인 의미를 넘어 산과 나, 자연과 인간의 물아일체物我一體의 관점에 이르는 형이상학적 의미를 담고 있다는 데서도 이러한 특성은 더욱 뚜렷해진다.

박두진의 「청산도」가 갖는 시사적 의의는 1930년대의 시문학파나 모더니즘이 지니는 한계의 극복을 위해 자연을 제시함으로써 개성 있는 정서와 순수한 시 정신에 의해 한국 현대시에 깊이 있는 토대를 마련해준다는 점에서 찾을 수 있다. 보다 구체적으로는 자연의 인식에서 보여주는 생명적 이미지, 시에 활력을 불어넣는 능동적 상상력, 한국어가 갖는 소리의 다양성과 리듬에 대한 효과, 그리고 시를 시대나 종교, 윤리와 동일한 것으로 꿰뚫는 강인한 시 정신의 추구에 있다 하겠다.

# 산

**김소월**

산山새도 오리나무
우해서 운다
산山새는 왜 우노, 시메산山골
영嶺 넘어 갈나고 그래서 울지

눈은 나리네, 와서 덥피네.
오늘도 하룻길
칠팔십리七八十里
도라섯서 육십리六十里는 가기도 햇소.

불귀不歸, 불귀不歸, 다시 불귀不歸
삼수갑산三水甲山에 다시 불귀不歸
시나희 속이라 니즈련만
십오년十五年 정분을 못 닛겟네

산에는 오는 눈, 들에는 녹는 눈
산山새도 오리나무
우해서 운다
삼수갑산三水甲山 가는 길은 고개의 길.

# 25

# 삼수갑산과 불귀의식不歸意識

## 김소월 「산」

### 소월 시의 보편적 감동

김소월의 시는 소멸하는 대상들의 아름다움을 토대로 한다. 돌아오지 못하는 강물과 시간, 사랑하는 사람의 상실, 공간의 고립화 현상은 그의 시를 이루는 공통적인 요소이다. 사라져 없어지는 사물을 향하여 집결되는 그의 슬픔은 이미지 전체를 흐름으로 나아가게 하며, 빛을 어둠으로, 시간을 과거로 나타낸다. 공간의식에 있어서도 중심에서 떨어진 곳과 가장자리를 지향하며, 신비하고 몽환적인 풍경의 세계를 펼치고 있다. 그의 시의 깊이는 그가 어떠한 사물이든지 간에 환상과 비실존적인 요소, 허무화시키는 그 참된 본질로서의 비현실적인 의식으로부터 나오는 것이다. 김소월 시의 이러한 지향성은 그의 시가 당대뿐만 아니라 현대에까지 공감대를 형성하는 보편성을 구축한다. 시간에 의하여 변화되고 비실체화되는 대상에 대해 갖는 이러한 미감은 인간의 원형적인 감각이라 할 수 있는데, 그것은 우리들 존재의 애매함, 미와 동일화되기를 바라는 불확실한 꿈에 대한 심리적 요구로 설명될 수 있을 것이다.

그의 시에 있어서 산은 현실을 배제한 공간으로 이행하는 장소, 혹은 시적인 초월을 이룩하는 공간이다. 시인은 늘 산 위에 서서 산 저편의 세계를 그리워하면서 미래의 다른 공간을 찾아 떠나고자 한다.

이 시에서 산새의 비상을 가로막는 것은 험한 "영嶺"이다. 즉 가는 길의 도중에 장애물이 있어 진행을 방해하며, '덮다'라는 서술형으로 방해의 행위를 표현한다.

2연과 4연의 눈은 서술어에 있어서 사나이의 '십오년 정분'과 연관을 갖게 된다. 눈의 서술어 '오다'는 정분의 주체인 두 남녀의 '만나다'와, 눈이 '덮이다'는 정분이 '쌓이다'와, 그리고 눈이 '녹다'는 정분이 '없어지다'와 일치되어, 눈과 정분을 유기적 관계로 묶는다.

산새와 함께 가려는 의지를 지닌 이 사나이의 나아감을 방해하는 것은 덮인 눈과 먼 길, 삼수갑산과 고개의 이미지들이다. 이때 사나이와 새는 영嶺과 고개를 넘으려는 의지를 지녔다는 점에서 동일화되며, 영嶺, 고개, 눈에 의해 행위를 저지당하고 도로 돌아가게 된다. 산에 오는 눈과 들에 녹는 눈의 대칭은 행위의 나아감과 멈춤이라는 동시적 상황에 따른 화자의 내면의식을 상징적으로 보여주고 있다.

산새는 장애물 때문에 산을 넘지 못하고 울고 있다. 이때 '-도'라는 조사의 반복은 울고 있는 주체가 산새뿐만이 아니라 화자의 내면적 풍경이기도 함을 시사한다. 운다는 행위는 한 인간이 자신의 내면을 들여다보는 것이며, 동시에 존재 깊숙이 파고 들어가는 행위라고 할 수 있다. 김소월의 상상력은 이미지의 변용 과정을 거쳐 화자의 정서를 사물의 액체화 현상으로 나타낸다. 그의 슬픔은 사물을 젖게 하는 특징을 지닌다. 그는 슬픔을 응결시키거나 확산시키지 않고 액체화하여, 즉 끝없이 젖어듦으로써 슬픔을 초월하는 태도를 보여주고 있다.

## 민족적 리듬과 서정적 동일화

산에는 오는 눈, 들에는 녹는 눈
산山새도 오리나무
우해서 운다
삼수갑산三水甲山 가는 길은 고개의 길.

이 시의 운율적 구성은 자음 'ㅅ'과 'ㅗ'·'ㅜ'의 모음운에 집중되고 있다. 1연 3행의 "산새", "시메산골", 3연 2·3·4행의 "산수갑산", "사나희", "십오년"과 4연 1·2·4행의 "산", "산새", "삼수갑산"의 'ㅅ' 음소의 반복은 동일한 자음을 거듭 사용한 운맞춤의 효과를 얻고 있다.

1연 3행의 "시메산골"이란 어휘는 이기문 교수에 의하면 '스뫼'에서 변한 것으로, 스는 시골의 중세국어형인 '스고올(스ᄀᆞᄫᆞᆯ)'의 '스'와 같은 것으로 추정된다고 한다. 즉 '스'는 본래 의미상으로 두메산골과 같은 것으로 설명되고 있다. 이 시에서 '두메'라 하지 않고 방언인 '시메'를 사용한 것은 앞의 산새의 'ㅅ' 음과 운을 맞추기 위한 의도적인 시도로 생각된다.

그리고 1연 2행의 "우헤서 운다", 1연 1행과 4연 2행의 "오리나무", 4연 1행의 "오는 눈", 2연 2행의 "오늘도 하룻길" 등의 'ㅗ'·'ㅜ'의 집중을 지적할 수 있다. 밝은 계통의 느낌을 주는 'ㅗ'의 모음운과 어두운 'ㅜ' 계통의 모음이 서로 적절하게 어우러져, "운다", "우노", "울지"의 어두운 내용이 갖는 무거움과 "산새", "오리나무"에서 'ㅏ'·'ㅗ'의 밝음이 갖는 가벼움이 자연스런 대응을 이루어 이 시에 명암을 부여하고 있는 것이다.

또한 3연 1행의 "불귀, 불귀, 다시 불귀"의 리듬이 갖는 4·4조의 침착감, 안정됨과 가라앉음은 불귀의 의미가 갖는 의미소와 결합되어 그 말이 지닌 뜻을 강조하며, 한국 특유의 전통적인 민요조의 가락을 보여준다. 설화조의 민족정서에 부합되는 이 박자 감각은 이 시에서 일관되게 표출하고 있는 돌아오지 못하는 절박한 의식과 어울려, 형식의 통일과 의미의 밀도가 절묘하게 어우러지게 한다. 이 낱말이 네 번에 걸쳐 반복됨으로써 주는 강조적 효과는 이 시행의 언어가 지닌 뜻의 무거움과 중첩되어 시인의 괴로움이 갖는 극도의 상징으로서 기능을 발휘하고 있다. "불귀"라는 낱말의 되풀이는 시인의 자아의식의 강조와 더불어 주술적 효과까지를 불러일으킨다.

이러한 유형의 운맞춤은 김소월의 여러 다른 시에서도 볼 수 있는데, 그의 고유명사의 공간은 이러한 운맞춤에 의해 특정한 공간이자 동시에 보통명사화되어 자리 잡는다.

① 천안에 삼거리 실버들도
촉촉히 젖어서 늘어졌다네

「왕십리」 부분

② 영변에 약산
진달래꽃

「진달래꽃」 부분

①에서 보이는 "천안에"와 "촉촉히"의 두운 'ㅊ', "삼거리"와 "실버들"의 두운 'ㅅ'과 잣수의 어울림, ②에서 소월의 고향인 평북 소재의 "영변"과 "약산"의 'ㅣ'모음운의 공통 요소는, 말의 사용에 있어서 천부적인 재능을 지녔던 그의 특유한 기법으로 생각된다.

③ 이 편에는 함양
저 편에는 담양

「춘향과 이도령」 부분

④ 가도 가도 왕십리 비가 오네
왕십리 걸어 가서 울어나 다고.

「왕십리」 부분

⑤ 우리 나라 섬기던 한 옛적에는

(…)

성춘향 아가씨가 살았다지요.

「춘향과 이도령」 부분

③에서 유성음이며 비음인 'ㅁ'[m] 음의 경쾌한 맑음과 'ㅇ'[n]의 울림소리의 효과는 "이 편"과 "저 편"의 공간을 분할함과 동시에 연결시켜주는 기능을 하고 있다. ④의 '왕십리'라는 고유명사는 '가다/오다'의 서술어와 함께 쓰임으로써 특정 지역의 의미보다는 "가도 가도"와 더불어 반복의 효과를 준다. 또한 "오네", "울어"와는 두운으로 어울리게 된다. ⑤에서는 그냥 일반적으로 입에 익숙한 춘향이라고 하지 않고 '살았다지요'라는 서술어와 운을 맞추기 위해 '성춘향'이라고 'ㅅ' 운맞춤을 하고 있다.

그것은 이 시의 공간과 비슷한 느낌을 주는 「삭주구성朔州龜城」에서 더욱 확연히 표상되고 있다.

물로 사흘 배 사흘

먼 삼천리

더더구나 거러넘는 먼 삼천리

삭주구성은 산을 넘은 육천리요

여기서 '삭주'라는 공간은 사흘, 삼천리, 산의 [Sa]운과 잘 들어맞으면서 시 전체를 'ㅅ' 두운으로 끌어가고 있다.

이 시의 기법 내지 수사적인 특징은 다양한 종결어미 '-네', '-다', '-지', '-소'의 구사와 명사형의 끝맺음에 있는데, 이것은 댓구와 문답 형식의 극적 구성으로 단조로워지기 쉬운 내용을 다양화한다. 그러나 주고받는 말의 건넴은 청자가 겉으로 드러난다기보다는, 자문자답식의 중얼거림으로 자기확인의 요소가 강하다. 조사의 사용에 있어서도 첫 행의 시작에 "산새도"라는 반복의 주격조사를 사용함으로써 의미상 처음부터 일탈의 느낌을 던져주고 있다. 어휘의 일반적인 느낌이나 사용을 깨뜨림으로써 변화를 도모하고 있는 것이다.

시의 첫 부분에서는 두 가지 이상의 사물을 아울러 들 때에 쓰는 특수조사를 사용함으로써 효과를 보고 있는데, 2연 1·2행에서 나타난 "눈은", "오늘도"의 조사와 같이 독특한 강세의 느낌을 준다.

마지막 연 "산에는 오는 눈, 들에는 녹는 눈"에서는 '산'과 '들'에 똑같은 조사를 사용함으로써 병치의 수사적 효과를 충분히 얻고 있다. '오다', '녹다'의 반대대립을 하나로 엮는 통일감에 기여하고 있는 것이다.

## 단절과 연속의 이중구조

이 시의 중요한 공간적 배경이 되고 있는 "삼수갑산"은, 시인의 자아가 사물을 파악하는 태도의 압축이라 할 수 있는 불귀의식과 짝을 이루고 있다.

불귀, 불귀, 다시 불귀
삼수갑산에 다시 불귀
시나희 속이라 니즈련만
십오년 정분을 못 닛겟네

흔히 한국인의 입에 오르내리는 험한 이 공간은 일상적 삶이 지니는 고통의 절정에서 일컬어지는 공간이다. 한번 갇히면 다시는 못 나온다는 삼수갑산의 폐쇄성은 절망적인 고독 속에서만 꿈꾸어지는 곳이다.

돌아감과 돌아옴의 행위의 대비 속에 존재의 덧없는 추구가 있고 가버린 것, 즉 사랑에서 이별로, 삶에서 죽음으로 가는 것들을 끊임없이 의식하면서 화자는 차라리 유폐의 공간을 선택한다. 인간의 거처에 결부된 그의 콤플렉스는 한 곳에 정착하여 안주하지 못한다. 그의 공간에 대한 불안정성의 극치가 설정한 공간이 바로 "삼수갑산"인 것이다.

"불귀"는 사전적 개념에 의하면 '한번 가고는 다시 돌아오지 않거나 한번 와서 다시 돌아가지 아니함'의 이중적 요소를 포괄하고 있다. 인습적으로 교통이 불편하고 험한 유배지의 상징인 삼수갑산의 공간을, 김소월은 이 시의 마지막 행 "삼수갑산 가는 길은 고개의 길"로 나타내, 찾아가는 목적지로 설정하고 있다. 가는 곳의 목적지와 갇힌 상황을 동일시하여 나타내고 있는 것이다.

즉 이 셋째 연의 전체적인 문맥이 의미하고 있는 것은 삼수갑산에 들어가서 돌아오지 않으리라는 다짐을 강조하는 것으로 해석된다. 그것은 3연 3·4행의 "사나희 속이라 니즈련만/ 십오년 정분을 못 닛겟네"의 사나이의 정과 연관되어 살기 어려운 곳에서 살아가겠다는 역설적인 의지로 작용하고 있다. 험한 영嶺과 고개라는 장애물을 넘어 애쓰며 찾아가는 곳이 자신을 가두는 막힌 공간이라는 것은 우리에게 충격을 준다. 아울러 돌이킬 수 없는 정분에 대한 안타까움을 심층적으로 포괄한다. 현세적現世的인 일체의 것들을 무력한 것으로 만드는 이 선택의 행위는 스스로를 벗어날 수 없는 곳에 갇히게 함으로써 정분을 잊어버리지 못하는 화자의 내면 세계에 경계선을 긋는 의미를 부여하고 있다.

또한, '가다/돌아서다'의 행위, '잊다/못 잊다'의 사념思念, '오는 눈/녹는 눈'의 사물의 대립적인 용법은 생의 질서와 삶의 유전流轉을 상징화하고 있는 것이다.

그러나 그의 유작遺作인 「차안서선생삼수갑산운次岸曙先生三水甲山韻」에서 삼수갑산은 다음과 같이 표상되고 있다.

> 님 계신곳 내 고향으로 내 못 가네 내 못 가네
> 오다가다 야속타 아아 삼수갑산三水甲山이 날 가두었네 아하라
>
> 내 고향을 가고지고 오호 삼수갑산三水甲山 못 버서난다 아하라

위의 시에 의하면 삼수갑산은 물 맑고 산 첩첩한 곳이며, 들어오면 못 돌아가는 곳, 자신을 가두는 폐쇄의 공간으로 표상되고 있다. 그리고 그것과 대조되는 이미지로서의 고향은 가고 싶은 지향의 공간이자 님

이 계신 곳이다.

절망적인 끝의 의식은 미래부정적인 의식을 의미한다. 결코 자신의 한계를 뚫을 수 없었던 김소월은 더 나아갈 데가 없는 세계의 한계성과 대립적 괴리감을 감지하고 있다. 한 곳에의 한정과 정착보다 불안정한 방랑과 헤맴을 좋아하고, 구석지고 더 멀리 갈 곳이 없는 절대절명의 공간에의 이러한 선택은 그의 시적 초월의식과 결합된다.

두 시를 종합해서 생각하면 삼수갑산의 공간 개념은 이중의 의미를 지닌다. 자신을 가두고 자유롭지 못하게 하는 폐쇄의 공간을 그는 스스로 목적지로 선택하고 있는 것이다. 그것은 초월적인 양면성의 의의를 지닌다. 인간세계와의 단절, 폐쇄된 곳으로의 격리의식도 자발적으로 취해진 행위인 것이다. 3연 1·2행의 "다시 불귀"라는 강조에 의해 이러한 그의 감정의 격렬성과 결의를 확인할 수 있다. 삼수갑산이라는 어휘가 갖고 있는 'ㅅ'운의 멀고 아득한 느낌은 일상적 의미의 산을 넘어서서 신화적 삶이 지니는 초월성 쪽으로 이월하는 데 기여한다. 여기에는 시인의 자아가 자신에게 가하는 결단의 엄격함과 갈등의 요소가 내재하고 있다.

한 번 가고는 다시 돌아오지 못하는 불귀의식은 한 번 갇히면 다시는 못 나온다는 삼수갑산의 폐쇄성과 연관되어 절망과 극한의식을 드러낸다. 가버린 것, 즉 사랑에서 이별로, 삶에서 죽음으로 가버린 것들을 끊임없이 의식하면서 화자는 갇혀 있는 내 몸의 유폐성을 자각하는 것이다. "불귀"라는 외계의 상실과 십오 년 정분을 못 잊은 "사나희"의 주관성 사이의 어긋남은 서로 갈등을 일으킨다. 갇혔다는 것을 인식하는 데서부터 어디로인지 가려는 의지, 영원히 살아남는 것에 대한 지향성이 생겨난다.

## 소멸과 고립의식의 지향성

김소월의 "삼수갑산"은 가고자 지향하는 곳과 벗어나고 싶은 곳의 이중성을 지닌 모순의 공간이다. 그것은 마치 죽음과도 같이 근원적인 것으로, 일상의 질서에서는 외경과 두려움에 의해 거부하면서도 유혹을 느끼는 역설적 공간의 양면성을 지닌다. 삶의 어느 순간, 죽음과 삶의 이율배반적인 충동을 한꺼번에 느낄 때 우리는 자신을 투신하는 결단을 내리게 되는 것이다. 대립과 순환으로 설명되는 이 두 의미는 상반되는 방향으로 변해가는 우리들의 삶과, 동시에 근원으로 되돌아가는 삶의 두 개념을 포함하고 있다고 설명할 수 있다.

이 시의 중심 생각으로 드러나 있는 불귀의식은 김소월의 사물과 자아 인식의 체험에 있어서, 그의 시의 근간이 되고 있다. 그의 현실을 초월하는 시적 의식은 사물의 생성에서 죽음으로 끝나는 단절의식이다. 어떠한 사물이든 비실체화, 환상, 허무화시키는 그의 인식의 방법은 바로 이러한 데에 기인하며, 그의 시에 비극적인 완결감을 부여하고 있다.

# Part 6

## 너를 향한
## 불변의 사랑 노래

# 너를 기다리는 동안

황지우

네가 오기로 한 그 자리에
내가 미리 가 너를 기다리는 동안
다가오는 모든 발자국은
내 가슴에 쿵쿵거린다
바스락거리는 나뭇잎 하나도 다 내게 온다
기다려본 적이 있는 사람은 안다
세상에서 기다리는 일처럼 가슴 애리는 일 있을까
네가 오기로 한 그 자리, 내가 미리와 있는 이 곳에서
문을 열고 들어오는 모든 사람이
너였다가
너였다가, 너일 것이었다가
다시 문이 닫힌다
사랑하는 이여
오지 않는 너를 기다리며
마침내 나는 너에게 간다
아주 먼 데서 나는 너에게 가고
아주 오랜 세월을 다하여 너는 지금도 오고 있다
아주 먼 데서 지금도 천천히 오고 있는 너를
너를 기다리는 동안 나도 가고 있다
남들이 열고 들어오는 문을 통해

내 가슴에 쿵쿵거리는 모든 발자국 따라
너를 기다리는 동안 나는 너에게 가고 있다.

26

# 기다림의 시적 거리

## 황지우 「너를 기다리는 동안」

### 전위적 시인의 서정적 호소력

1980년대 황지우가 발표한 실험적 기법의 해체시들은 그를 전위적인 시인으로 문학사에 위치시켰다. 그는 해체 실험을 통해 폭력으로 점철된 시대에 대응하는 미적 형식의 일단을 보여주었다. 그리하여 등단과 동시에 문단의 이목을 집중시켰던 그의 시의 기발한 발상과 형식적 파괴, 일탈 등은 우리에게 강렬한 깨우침과 충격의 인상으로 남아 있다.

초기의 전위적인 시세계는 이후 『게 눈 속의 연꽃』 등으로 가면서 점차 변모되는 양상을 보인다. 내면의 섬세한 정조를 포착하는 가장 서정시다운 시들이 그의 시세계를 변전·확장하게 되면서 그의 해체적인 폭발성만큼이나 서정성 또한 놀라우리만큼 빛을 발하게 된다.

그런데 그가 선禪적인 깨달음을 본격적으로 시적 직관과 연관시키기 전부터 그의 시에는 실상 현실에 대한 날카로운 풍자와 함께 강렬한 정서적 호소력을 가진 서정성이 혼재해 있었다. 그는 일상에 대한 차분한 성찰을 통해 그 이면에서 벌어지는 치열한 내적 투쟁이 폭발하는 지점을 보여줌과 동시에, 세계와 자아가 안고 있는 역설의 진리를 섬세한 감각의 날이 선 시어를 통해 형상화했다.

「너를 기다리는 동안」은 특히 그의 서정적 호소력을 십분 공감할 수 있는 시이다. 시인은 사랑하는 사람을 약속 장소에서 기다리고 있는 순간이라는 지극히 평범한 일상의 사건을 우리가 겪는 모든 종류의 기다림의 순간과 그때 느끼는 복잡한 감정들을 집약하는 보편적이고 초월적인 사건으로 중층화하고 있다.

## 기다리는 시간의 구조

우리의 삶은 어쩌면 기다림의 연속일지도 모른다. 유년 시절에는 장에 간 어머니를 기다리고, 젊은 날에는 애인을 기다리고, 늙어서는 자식의 방문을 기다리는, 우리 생의 시간적 국면들은 기다림의 과정 속에서 흘러오고 또 흘러간다. 생의 의지는 이러한 기다림의 행위 속에 내재하는 자아와 타자의 관계성을 통해 발현된다. 현재에는 부재할지라도 끊임없이 기다림을 유발하는 누군가가 있다는 것을 확신할 수 있을 때 주체는 비로소 고통스러운 세계 속에 희망이라는 단어를 아로새길 수 있게 되는 것이다.

청자지향적인 발화로 이루어지고 있는 이 시는 현상적 청자인 '너'를 향한 나의 절실한 기다림을 섬세하고 애틋한 언어로 그려내고 있다. 나를 버리고 떠나버린 님, 먼 길을 떠나 돌아오지 않는 남편 등을 며칠이고 몇 달이고 기다리다가 그 자리에서 돌이 되어버린 여인들에 관한 무수한 전설은 기다림이 내포한 고통과 인내, 내 의지로는 어찌할 수 없는 수동적인 속성을 보여준다. 그런데 이 시에서 화자, 즉 기다림의 주체가 보여주는 성격은 지향대상의 부재라는 현실적 갈등을 적극적으로 청자에게 접근하려는 의지적인 행위를 통해 극복하려 한다는 점에서 주목을 요한다. 이 시의 화자는 보편적인 기다림의 양태인 수동적 행위에서 벗어나 자아와 타자의 거리를 직접적으로 극복할 수 있는 능동적 행위를 보여줌으로써 보다 긍정적인 미래관을 담보해내고 있기 때문이다.

기다림에 대한 화자의 능동적 태도는 크게 네 개의 의미 단락으로 나뉘는 시행 전개 속에서 변화되는 양상을 통해 드러난다.

먼저 1~5행에서는 너를 기다리는 실제적 상황 속에서 잔뜩 긴장되어 있는 화자의 마음의 상태가 표현되고 있다.

> 네가 오기로 한 그 자리에
> 내가 미리 가 너를 기다리는 동안
> 다가오는 모든 발자국은
> 내 가슴에 쿵쿵거린다
> 바스락거리는 나뭇잎 하나도 다 내게 온다

2행의 "미리"를 통해 알 수 있듯이 화자는 약속 시간보다 먼저 와서 너를 기다리고 있다. "다가오는 모든 발자국은/ 내 가슴에 쿵쿵거린다"에서 나타나는 화자의 긴장은 이렇게 그가 약속 시간에 앞서 와 있기 때문에 발생한 것이다. 시간이 다 되지 않았으므로 나는 네가 언제 올지 확신할 수 없다.

기다림의 시간만큼 시간의 상대성을 뼈저리게 느끼는 순간이 있을까. 비단 사랑하는 사람과의 만남뿐 아니라, 시험 심사 결과를 기다릴 때나 병원 진찰 결과를 기다릴 때, 일 분은 한 시간 같고 하루는 영원의 시간 같이 아득하게 느껴진다. 두근거림의 심장박동이 빨라지는 만큼, 시곗바늘은 느릿느릿 움직인다. 그것은 베르그송Henri L. Bergson이 말하는 설탕이 녹는 시간 동안의 기다림 같은 것이다.

설탕물 한 잔을 마시고 싶을 때 내가 서둘러야 소용이 없고 설탕이 녹기까지 기다려야 한다. 이 조그마한 사실은 큰 교훈을 지니고 있다. 왜냐하면 내가 기다려야 하는 시간은 물질계의 전 역사에 걸쳐 적용되는 수학적인 시간이 아니기 때문이다. 그것은 설사 세계의 역사가 단숨에 공간 속에 전개되었다 하더라도 마찬가지이다. 그 시간은 나의 조바심, 다시 말하면 마음대로 더 늘일 수도 없고 더 줄일 수도 없는, 나에게 속하는 지속의 어떤 부분과 합치되고 있다. 그것은 사유적인 것이 아니라 체험적인 것이며, 그것은 상관성이 아니고 절대적인 것이다.

전적으로 나의 체험과 관계된 절대적인 지속의 시간, 불안, 초조, 기대, 조바심 이 모든 복잡한 감정과 수백 가지의 생각들이 머릿속에 오가는 이 순간의 복잡한 느낌을 화자는 "세상에서 기다리는 일처럼 가슴 애리는 일이 있을까"라고 말하고 있다.

기다리는 순간 우리는 시간과 공간을 새롭게 체험하게 된다. 감각의 모든 날은 세워지고 신경이 온통 곤두선다. 카페의 시끄러운 웅성거림 속에서도 세상의 온갖 미세한 소리들이 우리의 마음속에 와 박힌다. 내 몸의 안과 밖에서 울리는 소리들이 확성기를 갖다 댄 듯 커진다. 기다리는 동안 들리는 모든 발자국 소리와 나뭇잎 소리마저 네가 오는 소리로 들릴 만큼 온 신경이 너에게 집중되어 있는 것이다. 특히 화자의 불안과 떨림은 청각과 촉감이 결합된 의성어 "쿵쿵"을 통해 절실하게 전달된다. "내 가슴에 쿵쿵거린다"의 빠르게 뛰는 심장소리는 화자가 가슴 졸여야 하는 상황을 단적으로 보여준다. 그리고 모든 사람의 발자국이 화자의 가슴을 밟고 지나가는 상황을 연상시키는 술어 "쿵쿵거린다"와 주어 "발자국"의 연결 또한 화자의 긴장과 불안을 배가시키는 역할을 하고 있다.

1~5행이 네가 오게 될 미래적 상항에 대한 화자의 기대와 긴장된 마음 상태를 초점화하고 있다면 6~12행은 기다림의 과정 속에서 화자의 희망이 점차 좌절되어가는 상황을 전경화하고 있다.

> 기다려본 적이 있는 사람은 안다
> 세상에서 기다리는 일처럼 가슴 애리는 일 있을까
> 네가 오기로 한 그 자리, 내가 미리와 있는 이 곳에서
> 문을 열고 들어오는 모든 사람이

너였다가

너였다가, 너일 것이었다가

다시 문이 닫힌다

기다림이라는 것은 대상에 대한 사랑과 함께 대상이 부재하는 주체의 실존적 상황을 동시에 지시해주는 것이다. 그래서 기다려본 적이 있는 사람은 기다림이라는 것이 가슴 벅차는 희열과 "가슴 애리는" 절망을 동시에 안겨준다는 것을 안다. 6행의 단정적 언술 "기다려본 적이 있는 사람은 안다"와 7행의 자문자답 "세상에서 기다리는 일처럼 가슴 애리는 일 있을까"는 희망과 절망의 이중적 감정에 휩싸여 네가 올 것이라는 확신이 점점 엷어지고 있는 화자의 내면 상황을 드러내준다. 이는 특히 절정으로 상승했다 급격하게 하강으로 내리꽂히는 화자의 어조 변화를 통해 유표화되고 있다. 10행에서 한 행으로 처리된 "너였다가"는 화자의 기대감이 절정으로 치닫고 있는 순간을 보여준다. 이렇게 절정에 달한 감정은 11행의 전반부에서 반복되고 있는 "너였다가"를 통해 더욱더 배가된다. 그러나 기대로 가득 찬 감정의 흐름은 그 뒤의 쉼표, 즉 인위적 휴지에 의해 이내 끊어져버린다. 이제 "너였다가"는 "너일 것이었다가"라는 불확정적인 언술 형태로 전환되고, 절정으로 치닫던 감정은 순식간에 바닥으로 곤두박질친다. 여기서 '너였다가'라는 언술형의 반복과 변형은 마지막의 변형된 동사 "너일 것이었다가"가 갖는 부정적 의미를 강조한다.

문을 열고 들어오는 사람이 너였다면 나의 확신에 찬 기대는 현실로 이루어졌으리라. 하지만 문을 통해 들어온 것은 네가 아니었다. 12행 "다시 문이 닫힌다"는 문이 열릴 때마다 화자의 가슴을 뛰게 하던 희망이 거듭 좌절되는 상황을 극적으로 보여준다.

그러나 이러한 좌절의 순간은 오히려 새로운 국면이 도입되는 지점이 되고 있다. 국면의 전환은 1~12행에서 형상화되고 있는 나의 소극적인 기다림이 13~19행에서 적극적인 기다림으로 변모되기 시작하면서 이루어진다.

사랑하는 이여
오지 않는 너를 기다리며
마침내 나는 너에게 간다
아주 먼 데서 나는 너에게 가고
아주 오랜 세월을 다하여 너는 지금도 오고 있다
아주 먼 데서 지금도 천천히 오고 있는 너를
너를 기다리는 동안 나도 가고 있다

너로 지칭되던 기다림의 대상이 가장 간절한 희구를 담은 "사랑하는 이"로 불리면서 화자의 감정은 다시 상승하기 시작한다. 화자의 간절한 기다림은 "사랑하는 이여"라는 직접적인 부름 속에서 강한 호소력을 발휘하면서, 바닥으로 곤두박질쳤던 희망을 또 다른 모습으로 발현시키기 시작한다.

"문이 닫힌다"라는 절망적인 좌절의 경험 이후 "오기로 한" 너는 이제 "오지 않는 너"로 지칭되기에 이른다. 그러나 "오지 않는 너"일지라도 화자는 끝까지 너를 기다린다. 아니, 이제는 수동적으로 기다리는 것이 아니라 직접 너에게 간다. 네가 오지 않는 시간이 계속되자 처음에는 머물러서 기다리던 화자가 직접 너에게 가기에 이르고 있는 것이다. 이러한 동적 이미지로의 변환을 통하여 화자는 아무리 멀리 떨어져 있는 만남이라 할지라도 내가 너에게 가고, 네가 나에게 오는 행위의 복합성으로 말미암아 우리는 언젠가는 만나게 된다는 희망적인 미래상을 확보하게 되는 것이다.

이제 화자의 마음은 '네가 오기를 기다리는 마음'에서 '오지 않는 너를 기다리며 너에게 가는 마음'으로 발전한다. "마침내"라는 시간부사는 이러한 마음의 발전상이 하나의 의지로 집약되는 순간을 보여준다. 전환점을 나타내는 이 시어는 기다림이라는 화자의 수동적 태도를 너를 직접 찾아가는 능동적 · 적극적인 태도로 바꾸고 있다. 네가 오고 있다는 것을 알기에 "마침내 나는 너에게 간다". 서로를 향해 가고 있는 두 사람이 언젠가는 만날 수 있다는 것을 확신하기에 "너를 기다리는 동안 나도 가고 있"는 것이다. 이로써 나는 기다리고 너는 오는 일방적 관계는 너가 오고 또한 나도 너를 향해 가는 쌍방적인 관계로 변화되기에 이른다. 더 나아가 "아주 먼 데서 나는 너에게 가고/ 아주 오랜 세월을 다하여 너는 지금도 오고 있다"에서 너와 내가 처한 공간과 시간은 무한대로 확장된다. 너를 기다리는 물리적 시간이 심리적 시간으로 바뀌어 궁극적으로는 두 사람을 만나게 만들 영원한 시간으로 변용되고 있는 것이다. 이제 만남을 위한 너와 나의 가고 옴은 지속적인 운동성으로 경험할 수 있게 된다.

20~22행에서 화자는 직접 "남들이 열고 들어오는 문"을 열고 밖으로 나감으로써 너를 향해 가는 행위를 실천적으로 완성해낸다. 네가 오기로 한 곳의 문을 열어젖히고 외부적 공간으로 나아감으로써 화자는 아직 오지 않은 너를 마중하고 있는 것이다.

> 남들이 열고 들어오는 문을 통해
> 내 가슴에 쿵쿵거리는 모든 발자국 따라
> 너를 기다리는 동안 나는 너에게 가고 있다.

이러한 기다림의 순간은 사랑 자체에도 해당된다. 이때 기다림은 상대방이 내 마음을 알아주고 내가 그의 마음과 통할 때까지 기다리는 시간이다. 둘의 만남, 즉 사랑의 결실이 '나'와 '너'가 서로를 향해 동시에 옮기는 실천적 발걸음을 통해 비로소 얻어질 수 있는 것은 바로 이 때문이다. 그리하여 두근거리며 뛰는 심장은 들어오는 모든 사람의 발소리이며, 내가 너의 마음으로 가고 있는 나의 발소리이기도 하다.

## 물리적 거리와 시적 거리

이 시는 1~5행에서 화자는 앉아서 너를 기다리기만 한다. 화자는 기다리고 있지만 네가 화자에게 오고 있는지는 미지수이다. 분명 화자와 화자가 기다리는 대상인 '너' 사이에는 만나지 못할 만큼의 실제적인 거리가 존재한다. 바로 이 거리감이 화자를 애타게 하는 요소이다. 이 시가 팽팽한 긴장감을 유지하는 데 큰 역할을 하는 것은 바로 이 거리감이다. "문을 열고 들어오는 모든 사람이/ 너였다가/ 너였다가, 너일 것이었다가/ 다시 문이 닫힌다"에서 그 긴장감은 극도로 팽팽해졌다가 수축한다. 어조 또한 점점 상승하다가 "문이 닫힌다"에서 갑자기 하강하고 있다.

1행부터 12행까지 평면적으로 진행되던 시적 정황은 13~19행에서 화자의 발상의 전환을 통해 획기적으로 뒤집어진다. "먼 데", "오랜 세월"에는 공간적·시간적 거리감이 드러나 있다. 만나기로 한 장소에서 기다리다 못해 화자는 자신도 너를 향해 가기 시작한다. 너를 기다리고 기다리다 그 자리를 박차고 일어나 직접 너를 찾아 나서는 간절한 마음은 둘 사이의 물리적 거리를 좁히는 충분한 이유가 된다. 이 부분에서 갑자기 시의 거리감이 움직이기 시작하고, 속도가 생기기 시작한다. 그동안 네가 오는 것으로만 가까워질 수 있었던 거리가 나 또한 너를 향해 감으로써 더 빠른 속도로 가까워지기 시작하는 것이다.

이 시의 시간적 거리와 공간적 거리는 기다리는 시간과 장소를 통해 형상화되어 있다. 화자가 청자와 느끼는 심리적 거리는 이러한 실제적 거리를 통해서 2차적으로 발생한 것이다. 화자는 간절함과 의지를 통해 스스로를 움직임으로써 물리적인 거리를 좁히고 극복한다. "오지 않는 너를 기다리며 마침내 너에게로" 가는 이 움직이는 행위는 나와 너 사이의 거리를 좁히는 동시에 둘 사이의 물리적 단절을 넘어서려고 하는 화자의 간접적인 의지 표출로 볼 수 있다. 그리하여 화자는 "남들이 열고 들어오는 문을 통해/ 내 가슴에 쿵쿵거리는 모든 발자국 따라" 네가 걸어오고 있을 그 길을 네가 발걸음을 멈출 이곳에서부터 거슬러 올라가기 시작한다. 이제 "너를 기다리는 동안"의 시간은 "너에게 가고 있"는 화자의 역동적 움직임으로 인해 너와 나의 만남이 상상적으로 이루어질 수 있는 실천적 시공이 된다. 여기서 시적 공간은 '네가 오기로 한 그 자리'라는 한정된 자리에서 나도 너를 향해 계속 가고, 너도 나를 향해 계속 오고 있는 긍정적인 공간으로 전환된다. 서로에게 다가가는 화자와 청자의 감정을 통해 둘 사이를 단절시켰던 물리적 거리가 극복되고 있는 것이다.

간절한 마음은 둘 사이의 물리적 거리를 좁히는 적극적인 마음의 움직임이다. 그리하여 사랑하는 사람과의 실제적인 거리는 아직 멀리 떨어져 있을지라도, 사랑하는 사람을 향한 화자의 심리적 거리는 사랑하는 사람을 바로 앞에 두고 있는 것처럼 가깝게 경험되는 것이다.

황지우의 「너를 기다리는 동안」은 기다림의 복합적인 정서와 거리감이 적절히 긴장 관계를 유지하여 독자로 하여금 체험적 공감뿐 아니라 정서적으로 강렬한 미적 쾌감을 느끼게 하는 작품이다.

미적 쾌감이란 미적 관조의 대상과 그 대상의 정서적 경험을 양식화하는 과정에서 대상과 얼마나 거리를 유지하느냐에 따라 생겨난다. 즉 시인의 창조 과정에서 내적 경험과 외적 형식의 갈등을 조정하는 장치이다. 이러한 심리적 거리는 시 창작에 있어서 시적 화자의 시점, 다양한 이미지의 적절한 사용, 담화 양식의 표현 기법을 통해 확보된다. 시적 거리 의식은 언어를 통해 상상력의 공간을 무한히 확장해나간다.

화자와 대상, 독자와 시인 간의 거리, 멀거나 가깝거나 적절히 균형을 유지하는 거리 등은 시의 표현과 미감을 나타내는 데 있어서 긴장감을 조율하는 악기의 현과 같은 요소이다. 시를 통해 나타나는 거리는 물리적으로 감지할 수 있는 거리가 아니라 시를 읽음으로 인해 느껴지는 감정적·미적 거리이므로 그 응축과 확장이 무한하다. 시 속에 형성된 공간감과 독자의 정서적 거리를 통해 시 텍스트의 의미는 단순히 행간·자간의 거리에서 머무는 것이 아니라 상상력을 자극하면서 광범위하게 확장될 수 있는 것이다.

「너를 기다리는 동안」은 '오고 있는 너'와 '가고 있는 나', 밖에서 울리는 발자국 소리와 심장에서 울리는 발자국 소리가 만들어내는 쌍방향적인 움직임을 통해 나와 타자, 안과 밖을 가르는 문을 역동적으로 넘나들면서 새로운 시공으로 향하는 길을 만들어낸다. 그것은 물리적 시간과 심리적 시간, 현실적 시간과 초월적 시간이 이어진 길이며, 그 길 위에서의 기다림은 사랑하는 두 사람만의 개인적인 사건에 머무는 것이 아니라 존재와 언어와 세계를 포괄하는 총체적이고 보편적인 정서를 표출해내고 있는 것이다.

# 다시 밝은 날에

서정주

신령님……

처음 내 마음은
수천만 마리
노고지리 우는 날의 아지랑이 같었습니다.

번쩍이는 비눌을 단 고기들이 헤염치는
초록의 강 물결
어우러저 날르는 애기 구름 같었습니다

신령님……

그러나 그의 모습으로 어느 날 당신이 내게 오셨을때
나는 미친 회오리 바람이 되였읍니다
쏟아져 네리는 벼랑의 폭포
쏟아져 네리는 쏘내기비가 되였읍니다

그러나 신령님……

바닷물이 적은 여울을 마시듯이
당신은 다시 그를 데려가고

그 훠-ㄴ한 내 마음에
마지막 타는 저녁 노을 두셨읍니다.
그러고는 또 기인 밤을 두셨읍니다

신령님……

그리하여 또 한번 내위에 밝는 날
이제
산ㅅ골에 피어나는 도라지 꽃같은
내 마음의 빛갈은 당신의 사랑입니다

# 27

## 사랑의 완성을 위한 입사식入社式

### 서정주 「다시 밝은 날에 - 춘향의 말 이貳」

이 시는 춘향전이라는 전통적 소재를 시의 소재로 변용함으로써 우선 독자에게 친밀감을 준다. 서정주는 「추천사鞦韆詞」, 「춘향유문春香遺文」 등의 일련의 시에서도 사랑의 고뇌를 앓는 춘향의 갈등을 보편적인 인간적 갈등으로 확대시킴으로써, 읽는 사람들의 공감을 획득하는 외적 소재[1] 변용의 성공적인 예를 보여주고 있다.

독자가 이미 잘 알고 있는 소재를 사용할 경우 시인은 그 소재를 이해시키기 위한 설명을 할 필요 없이 이미지나 형식, 운율, 정서 등을 창

---

1 케네스 버크Kenneth Burke(1925)는 *Psychology and Form*에서 작품의 소재를 내적 소재와 외적 소재로 나누었다. 내적 소재란 독자가 잘 알지 못하는 생소한 소재이고, 외적 소재란 독자에게 이미 알려져 있는 보편적 소재로서 역사적 사실, 신화, 전설, 고전 작품 등이다.

출하는 데 역점을 둘 수 있기 때문에 미적 효과를 성취하기가 용이하며 쉽게 보편적 정서에 도달할 수 있다. 서정주는 신화나 전설, 그리고 고전의 스토리 등 다양한 외적 소재를 그의 시에 폭넓게 수용한 시인이다. 그는 우리나라의 고전은 물론 기독교 신화, 귀촉도歸蜀道, 양귀비 이야기 등 외국의 민담까지도 도입하여 그 특유의 발상으로 형상화시키고 있다.

## 만남의 열정과 순수

이 시는 현상적 화자인 '춘향'과 현상적 청자[2]인 '신령님'을 통해 고전을 시적으로 재구성하고 있다. 서정시에 있어서 화자는 시인의 자아가 대상에 대응하는 방법이라고 할 수 있다. 융Carl G. Jung에 의하면 그것은 외부세계에 대한 개인의 심리태도의 형태로서, 사회적 자아로서의 화자는 '외부세계와 관계를 맺는 자아의 기능'이기 때문에 외적 인격(또는 외적 태도)[3]로 개념화되고 있다. 이에 따르면 한 편의 시 속에 나타나는 화자는 시인에게서 표출된 감정의 타당성이나 강렬함 등을 객관화시키는 얼굴이며 시인의 내면적 지향점과 외부적 상황을 조절하는

---

2 Seymour Chatman, *Story and Discourse*, Cornell University Press, 1978, pp. 147-151. 일반적으로 작품에 나타난 화자와 청자를 지칭하는 개념에는 각각 두 가지 경우가 있다. 자신의 아이덴티티를 가지고 작품 표면에 나타나는 현상적 화자, 현상적 청자와 작품의 이면에 숨어 있는 함축적 화자, 함축적 청자가 그것이다.

3 Carl G. Jung, *The Archetype and the Collective Unconscious*, Princeton University Press, 1975, pp. 122-123.

의도적 장치라고 할 수 있다.

현상적 화자가 나타난 이 시의 경우 '나'의 강조로 인하여 화자의 주관적 정서를 강하게 표출하고 있다. 화자인 춘향에 대응하여 현상적 청자인 신령님의 성격은 화자가 자신의 내밀한 감정을 고백하기에 적합하다. 또 신령님이라는 시어는 한국인에게 심정적으로 친숙한 것으로 이 시의 소재와 조화를 이루고 있다.

현상적 화자인 춘향이 신령님이란 초월적 존재를 현상적 청자로 삼아 자신의 심정을 호소하고 있는 이 시에서는 '신령님'이란 호격이 네 번에 걸쳐 반복되면서 시의 의미 단락을 명확하게 구분하는 기능을 하고 있다. 2연의 "그의 모습으로 어느 날 당신이 내게 오셨을때"를 보면, 화자와 청자가 신과 인간이라는 수직적인 관계를 형성하고 있음에도 불구하고, 신령님이 이도령으로 전환되는 것과 함께 화자의 고백과 간절한 기원을 나타내는 직접적인 호소의 형태에 의하여 두 입장이 수평화되고 있다.

이 시의 의미 구조는 하나의 스토리를 지닌 지속성을 형성한다. 즉 기다림 → 만남 → 헤어짐 → (재회에의) 기다림으로 이어지면서 이야기의 시작과 맺음을 나타내고 있다. 그것은 "처음 내 마음은" → "그의 모습으로 당신이 오셨을 때" → "또 한번 내위에 밝는 날"과 1연의 "처음"과 4연의 "이제"라는 시간적 전이에 따라 완결된다. 그러나 이러한 의미의 지속성은 1-2-3-4연의 단락에 대한 부분마다 나타나는 집중적인 구조를 동시에 보여주고 있다. 각각의 연에 나타나는 "처음" → "그러나" → "그러나"·"그러고는" → "그리하여"라는 부사들을 통하여 각

단락의 의미 전개를 시작하고 있다.

1연의 '같었읍니다'의 불확실하고 애매한 서술어로 자신의 느낌을 표출하는 형식은 그다음 전개부의 2·3연에로 이어지면서 '되였읍니다'의 과거형에 의한 단정으로 서술되고 있다. 그리고 끝의 4연에서 일반서술형 "사랑입니다"에 의해 이미 그 어떤 것도 초월한 화자의 태도가 표명된다. 이 부분에서 처음의 자신의 기대와 중반부의 암울한 현실적 상황이 당신의 사랑으로 합일되고 있음을 알 수 있다.

1연에서는 사랑에 의해 변모해가는 춘향의 마음을 구체화하기 위해 "아지랑이", "애기구름" 같은 막연하고 유동적이며 순수하나 불분명한 느낌을 주는 시어들을 동원함으로써 그녀의 불안정한 심리상태와 막연한 대상에 대한 사랑의 그리움과 설렘을 표상하고 있다. 시인은 사랑을 기다리는 처녀의 마음을 "번쩍이는 비눌", "초록의 강 물결", "희디흰 애기 구름"의 빛깔들에 비유함으로써 그 마음속에 내재된 흐르는 강물이나 구름 같은 부드러운 유동성, 헤엄치는 물고기와 같은 생동감, 그리고 화사하고 신비로운 느낌 등을 효과적으로 표출하고 있다. "번쩍이는 비눌"이라는 구절의 자음 운 'ㅂ'은 2연의 "쏟아져 네리는 쏘내기"의 '쏘'운의 운맞춤과 함께 점층적으로 강조되는 이미지를 구현한다.

## 이별의 고뇌와 시련의 과정

2연은 1연과 전체적으로 대립을 이루면서 동적動的인 격렬함으로 전환되고 있다. '회오리 바람', '벼랑의 폭포', '쏘내기 비' 등은 힘이 집중되어 폭발하는 이미지로 지상의 모든 것들을 휩쓸어가는 위력을 지닌다. 이는 주체할 수 없는 화자의 내적 소용돌이를 환기시키는 이미지이다. 사랑은 '아지랑이'나 '애기 구름' 같은 연약하고 섬세한 마음에서 '미친 회오리', '폭포', '쏟아져 네리는 쏘내기'와 같은 강렬한 열정으로 전환되고 있다.

"그의 모습으로 어느 날 당신이 내게 오셨을때"라는 시구를 통해 화자인 춘향이 그녀의 사랑의 대상인 이도령을 신령님과 동일화시킴으로써 이중의 인물을 하나의 인물로 포괄하고 있음을 알 수 있다. 그것은 사랑의 대상을 종교에서의 신적인 경지와 일치시키는 것이다.

1연에서 미미하게 피어나고 있던 사랑은 2연에서는 격한 열정으로 변환된다.

> 그러나 신령님……
>
> 바닷물이 적은 여울을 마시듯이
> 당신은 다시 그를 데려가고
> 그 훠-ㄴ한 내 마음에
> 마지막 타는 저녁 노을을 두셨읍니다.
> 그러고는 또 기인 밤을 두셨읍니다.

3연에서는 '그러나'라는 접속사를 연의 맨 처음에 갖다 놓음으로써 2연을 뒤집는 극적 전환의 논리, 즉 사랑을 상실한 춘향의 절망의 깊이를 짐작하게 하는 효과를 보여준다. 화자는 '그'를 빼앗긴 고통스런 마음의 상태를 '마지막 타는 저녁노을'과 '기인 밤'의 지루함으로 표명하고 있는 것이다.

그러나 '노을'과 '밤'은 성숙으로의 이행을 암시하고 있다. '그'로 표상된 이도령과 '당신'으로 표상된 신령님이 일체화되면서 춘향에게 운명적 현현을 하기 이전, 즉 내가 사랑에 눈뜨기 이전의 상태와 이후의 상태는 기인 밤의 시련을 기점으로 변화·성숙되어 나타난다. 밤과 노을은 절망감과 함께 새로운 탄생을 의미하는 상징의 이미지들인 것이다. 또한 이 연에서는 바다처럼 광대무변하고 무시간적이며 절대적 존재 속에 완전히 흡수되어 그 형체가 무화無化되는 바다와 여울의 관계를 통해 그의 사라짐을 은유하고 있다. 이와 같은 완전한 무화는 재생의 가능성을 역설적으로 암시한다고 할 수 있다.

## 재회에의 기다림과 사랑의 승화

신령님……

그리하여 또 한번 내위에 밝는 날<br>
이제<br>
산ㅅ골에 피어나는 도라지 꽃같은<br>
내 마음의 빛갈은 당신의 사랑입니다.

마지막 연은 앞서의 절망 상태를 넘어서는 "도라지꽃"으로 집약된다. 도라지꽃은 연약하지만 사랑과 시련의 과정을 겪고 보다 강해진 춘향과 동일화된다. 긴 밤을 겪은 후에 오는 밝은 날에는 고통을 극복한 사랑의 승화가 있는 것이다. 춘향의 사랑은 소박하고 순수한 도라지꽃으로 완성되면서, 거기에는 생명감 넘치는 춘향의 긍정적인 의지와 희망이 깃들어 있다.

## 스토리의 연계성과 이미지의 지속 구조

이 시에서처럼 고통 뒤에 피는 꽃은 서정주에게 있어서 하나의 개인적 상징을 형성한다. 그에게 있어서 꽃의 탄생은 늘 고통과 결합되어 있으며, 고통 뒤에 피어난 꽃은 강한 생명력과 함께 시적 자아의 초월 의지를 함축한다. 그 예로 「국화菊花 옆에서」, 「밀어密語」, 「목화木花」, 「무슨꽃으로 문지르는 가슴이기에 나는 이리도 살고 싶은가」, 「꽃밭의 독백獨白」, 「소연가小戀歌」 등 많은 작품을 들 수 있다. 그 가운데 「목화」를 살펴보면 다음과 같다.

> 누님,
> 눈물 겨웁습니다
> (…)
> 저, 마약痲藥과 같은 봄을 지내여서
> 저, 무지無知한 여름을 지내여서

질갱이 풀 지슴ㅅ길을 오르 네리며

허리 굽흐리고 피우셨지요?

인용한 시에서 꽃은 마약과 같은 봄과 무지한 여름을 지나 애써 스스로를 완성한 존재이다. 마약과 무지는 목화가 꽃 피우기까지의 시간의 내용을 함축하고 있다. 순조롭지 못한 시간들을 견디며 정성과 땀으로 목화가 꽃핀 것이다. 그것은 화자에게 눈물겨운 감동이 된다. 꽃의 생성에 있어서 고난은 꽃을 아름다운 모습으로 부각시켜주는 데 한몫하고 있으며, 그로 인해서 꽃의 귀중함과 강렬한 생명성을 독자는 인식할 수 있게 된다.

시 「다시 밝은 날에」에서 춘향의 사랑은 열정 → 절망 → 성숙의 과정을 거친 후에 도라지 꽃같은 당신의 사랑으로 일치되는 것이며, 그 긴 기다림과 인내에 의해 나와 당신의 사랑은 완성될 수 있는 것이다. 1·2·3연의 이미지들이 천상의 세계에 속하는 데 비해 마지막 4연에서 처음으로 지상의 세계에 속하는 이미지가 나타나고 있다. 그런데 이 시에서는 '그'와 '신령님'이 동일화되기도 하고 분리되기도 하는 과정을 보인다. 이것은 시인이 춘향의 이미지를 통해 신격화된 절대적 존재와 불완전한 인간의 모습 양면 속에서 사랑의 본질을 추구하고자 했다는 것을 짐작하게 한다.

이 시는 스토리의 연계성에 의한 이미지의 지속구조와 함께, 춘향의 마음이라는 원관념이 계속적으로 확장되는 은유에 의해 구체화되는 집중성을 아울러 지니고 있다. '처음 내 마음'의 상태와 '이제 내 마음' 사이의 시간적인 변화를 구체적인 이미지의 변용에 의해 연결시켜 나아가고 있다. 즉 내 마음과 당신의 사랑을 구체화하기 위해 사물들로 그 속성을 나타내는데, 이때의 속성들은 아지랑이의 은은함, 회오리바람·벼랑·쏘내기의 격정을 거쳐 도라지꽃으로 승화된다. 춘향의 사랑에 대한 내면적 움직임에 사물들이 종속되면서 작품 전체의 분위기는 고조, 확산, 초월에 의한 평정으로 움직이고 있는 것이다.

| 구분 \ 연 | 1연 | 2연 | 3연 | 4연 |
|---|---|---|---|---|
| 이미지 | 아지랑이<br>애기구름 | 회오리바람<br>폭포<br>소내기비 | 저녁노을<br>기인 밤 | 도라지꽃 |
| 과정 | 사랑 이전 | 만남, 사랑 | 이별<br>(시련) | 재회에의 기다림<br>(또 한 번의 사랑의 성취) |
| 내면적 심리 | 유년의 순수 | 격랑(고뇌) | 추억<br>갈망 | 순수<br>평정 |

# 내 마음을 아실 이

김영랑

내 마음을 아실 이
내 혼자 마음 날같이 아실 이
그래도 어데나 게실 것이면

내 마음에 때때로 어리우는 티끌과
속임 없는 눈물의 간곡한 방울방울
푸른 밤 고히 맺는 이슬 같은 보람을
보밴 듯 감추었다 내여드리지

아! 그립다
내 혼자 마음 날같이 아실 이
꿈에나 아득히 보이는가

향 맑은 옥돌에 불이 달어
사랑은 타기도 하오련만
불빛에 연긴 듯 희미론 마음은
사랑도 모르리 내 혼자 마음은

# 28

## 소리와 정감의 유려한 결합체

김영랑 「내 마음을 아실 이」

### 부드러운 소리의 음영陰影

시 「내 마음을 아실 이」는 김영랑의 시적 지향성을 대표할 수 있는 작품으로, 시어의 압축이나 생략을 통한 형태적 특성, 전통적인 서정의 가락이나 정서, 소리의 음영이나 음상音相에 의한 청각적 정감情感의 요소가 잘 나타나 있다.

김영랑은 총 79편의 시를 썼는데 이 시는 1931년 『시문학』 제3호에 게재된 것이다. 시인 서정주는 김영랑의 시세계를 정지용과 비교하여 다음과 같이 말한 바 있다.

> 시를 표현하는 일을 일종의 직조織造에 비할진대, 지용의 것은 대

부분이 알숭달숭한 박래품舶來品의 모조模造에 가깝다면 영랑의 것은 또 순전한 조선산産의 모시나 명주이다. 눈에 선뜩 그 직조의 기교가 들어나지 않지만 이 가늘게 짜인 명주는 충분히 올과 날이 바르고 보드랍고, 윤기가 있고 또 따뜻하기까지 하다.

김영랑의 이러한 시세계는 섬세하고 맑은 정서를 잘 절제된 리듬과 함께 우리말의 음상과 조화시켜 빚어진 것이다.

1연에서 화자는 자신의 내밀한 마음을 알아줄 존재가 있을지 스스로에게 묻고 있다. 이로부터 화자의 막연한 그리움과 님의 부재不在를 짐작할 수 있다. 또한 "내 마음을 아실 이"가 과연 구체적으로 누구일까라는 궁금증을 가지게 한다.

2행의 "날같이"는 음운의 청각적 배열을 의식한 것으로 1행과 2행에 반복되고 있는 "아실 이"와 연결되어 소리의 음영에 의한 효과를 거두고 있다. 이 점층적 반복어가 주는 아름다움은 강조되는 리듬 효과와 더불어 대상의 존재 자체가 심화되는 데 있다. 유성음 'ㄹ'은 그리움이나 서러움 같은 섬세한 정서적 세계를 그리고 있는 김영랑의 시세계를 표출하는 중심 운韻이라 할 수 있다.

2연에서 님에 대한 그리움은 '티끌', '눈물', '이슬', '보배' 등의 이미지로 사물화된다. 3행의 "푸른 밤 고히 맺는 이슬 같은 보람"은 하나의 원관념에 여러 개의 보조관념이 선택되는 복합은유를 형성하고 있는데, 내면적 추상어인 "보람"은 "이슬"이라는 구체적인 자연물로 구상화되고 있다. 동시에 '이슬'에 '보배'라는 또 다른 보조관념이 원관념을 꾸미고 있어, '이슬 같은 보람'이 되면서 '보배 같은 보람'도 되어 은유의 복합적인 양상을 보여준다. 화자의 마음의 상태를 나타내는 '티끌'이나 '눈물', '이슬', '보배' 등은 모두 둥글고 작은 유사성으로 화자의 응결凝結된 마음을 형상화하고 있다. 님에 대한 의혹을 표상하는 부정적 의미의 "티끌"은 슬픔과 정화라는 부정과 긍정을 혼합하고 있기 때문에 정서의 단면이 아니라 총체적인 모습을 엿볼 수 있게 한다. 이는 혼자의 마음속에 간직된 절실한 그리움을 표상하며 이것이 곧 '보배'처럼 귀한 무엇이라 할 수 있다. 2행의 "속임 없는 눈물의 간곡한 방울방울"은 눈물방울의 둥글고 응결된 상태처럼 고독으로 뭉쳐진 순수한 내면의 모습이다.

화자는 그리움을 환기시키는 대상에 대해 '속임 없는', '간곡한' 등의 형용사를 씀으로써 대상에 대한 절절한 희구와 동시에 절제의 느낌을 환기시키고 있다. "간곡한"이라는 한정어는 문법상으로는 앞의 명사 "눈물"에 붙어서 '간곡한 눈물'이어야 하겠지만 방울방울이라는 부사 앞에 놓임으로써 이 시어를 방울이라는 명사의 반복으로 느끼게도 한다.

이러한 유의 음성상징에 의한 이미지의 감각화와 의미의 확대는 김영랑 시를 이루는 중요한 특성으로 우리말을 통해서 소리와 시적 정감이 밀착되는 좋은 효과를 보여주고 있다. 이러한 예는 김영랑의 몇몇 다른 시에서도 보인다.

호르 호르르 호르르르 가을 아침
취여진 청명을 마시며 거닐면
수풀이 호르르 버레가 호르르르
청명은 내 머리속 가슴속을 저져들어
발끝 손끝으로 새여나가나니

「청명清明」 부분

풀벌레들의 노랫소리로 가을 아침은 시작된다. 맑고 투명한 하늘과 그 속에 흐르는 청명清明을 흡인하여 머릿속과 가슴속에 젖어들고, 다시 그것은 발끝과 손끝으로 새어나온다. 그리하여 온 살결이 자연의 눈과 입이 되어 시인은 '청명의 노래ㅅ군'이 된다. 시인은 자연에 동화된 황홀감을 맛보고 있다. 여기서 "호르르"라는 음성상징은 청명을 마시는 것과 더불어 청명이 새어나가는 것을 감각적으로 보여주며, 수풀의 움직임이나 벌레의 노랫소리 등도 나타내준다. 하나의 음성으로 여러 사물의 움직임을 나타내어 전체를 청명의 기운 속에 싸이게 하고 있다.

햇발이 처음 쏘다지면
청명은 갑작히 으리으리한 관冠을 쓰고
토르륵 실으르 동백한알은 빠지나니

「청명清明」 부분

둥근 열매가 껍질을 차고 나오는 상태를 청각영상으로 실감나게 표현하고 있다. "토록"이라는 의성어는 고요한 분위기 가운데 놀라움과 함께 귀여운 여운으로 우리 가슴에 남게 된다.

시 「수풀 아래 작은 샘」에서는 "총총"이라는 의태어를 통해서 물과 별이라는 이질적인 두 사물을 절묘하게 연결시키고 있는데, 작품을 보면 다음과 같다.

> 수풀 아래 작은 샘
> 언제나 흰구름 떠가는 높은 하늘만 내어다보는
> 수풀 속의 맑은 샘
> 넓은 하늘의 수만 별을 그대로 총총 가슴에 박은 작은 샘
> 두래박을 쏟아져 동우가를 깨지는 찬란한 떼별의 흩는 소리
> 얼켜져 잠긴 구슬 손결이
> 웬 별나라 휘흔들어버리어도 맑은 샘

하늘의 별과 땅의 샘물을 동일화함에 있어서 샘의 물은 물 그대로 있지만 "총총"이라는 의태어와 가슴에 박힌 촉감 때문에 두 사물의 결합이 생생하게 느껴지게 된다. 즉 물의 알맹이 하나하나가 별이 되는 것이다.

## 감정의 절제와 시적 울림

다시 「내 마음을 아실 이」로 돌아와 3연을 보면 1연에서의 정서를 잠정적으로 반복하면서 화자의 간절한 마음을 전할 님의 존재를 부정하고 있음을 알 수 있다. "꿈에나 아득히 보이는가"라는 의문형이 그것을 잘 드러내준다. 그렇기 때문에 그리움의 간절함은 더욱 증가하게 된다. 따라서 "아! 그립다"라는 감탄사의 직접적인 감정 토로는 효과적이라 할 수 있다.

마지막 4연은 화자의 정서가 가장 응축된 부분인데 여기서 화자는 자신의 기대와 절망을 함께 표현하고 있다. '티끌', '눈물', '이슬', '보배' 등의 이미지는 '옥돌'이라는 단단한 결정체로 변형되고 있다. 변화 가능한 사물을 불변하는 이미지로 대치시키고 있는 것은 곧 화자의 의지가 반영되고 있음을 보여주는 것이다. 따라서 2연에서 보여준 이미지보다 한층 정화淨化된 이미지라 할 수 있다. 옥돌을 수식하고 있는 "향맑은"은 옥돌의 순수함과 투명성을 더욱 강조하는 역할을 하고 있다. 향기나 내음 등은 김영랑의 시에 자주 등장하는 시어로 부드럽게 흐르는 투명한 정서[1]를 야기시킨다. 옥돌은 빛을 내재하고 있는 보석이기

1 정한모, 『한국현대시의 정수』, 서울대학교출판부, 1979, 159쪽. 재인 "박용철은 영랑의 시에서 느끼는 순일한 감격을 아래와 같이 설명하고 있다.
미의 추구…… 우리의 감각에 녀릿녀릿한 깃븜을 이르키게 하는 자극을 전하는 미, 우리의 심회에 빈틈없이 드러안기는 감상, 우리가 이러한 시를 추구하는 것은 현대에 있어 흰 거품 몰려와 부딋치는 바희 우의 고성에 서 있는 감이 잇습니다. 우리는 조용히 거러 이 나라를 차저 볼가 합니다."

때문에 불과 만나 탈 수 있는 가능성을 지닌다. 여기서 화자의 간절한 그리움은 사랑이라는 구체적인 정서로 심화되고 있다. 옥돌이라는 단단한 결정체는 화자의 심정이 깊이로 이행되고 있음을 나타내준다.

"향 맑은 옥돌에 불이 달어"는 사랑의 세찬 불길을 구상화하면서 종성 'ㄹ'[2] 음을 통해 특이한 표현효과를 얻고 있다. 'ㄹ' 음 뒤에 이어지는 것은 초성이 'ㅇ'으로 비어 있는 모음들로 'ㄹ' 음이 연음連音됨으로써 연연한 흐름의 세계를 표상한다. 넘어가는 듯한 소리의 가락은 부드럽고 유연한 '맑은', '돌', '불', '달다' 등의 어휘 자체의 의미와 함께 화자의 간절한 사랑의 염원이 강화되어 있음을 알게 한다. 이는 이후의 "하오련만", "희미론", "사랑도 모르리" 등으로 이어지면서 전체적으로 'ㄹ' 음의 유동성이 이 시의 분위기를 지배하게 된다. 이러한 소리의 흐름은 불투명한 사랑의 시련조차 원만히 삭여서 받아들이는 감정의 진행을 통한 감추어진 가능성까지도 지각하게 하는 것이다.

3연 2행의 "하오련만"은 사랑으로 타오르는 화자의 의지가 좌절되고 있음을 암시한다. 3행은 좌절을 구체적으로 보여주고 있는데 현재 화자의 상태는 연기처럼 희미한 혼자의 마음이라 할 수 있다. 즉 님과의 만남이 부정된 상태인 것이다. 이는 또한 대상이 되는 타인에 의한 것이라기보다 내가 나를 끌어안는 마음의 상태이므로 비실체화된, 형

---

2 이인모, 『문체론』, 선명문화사, 1973, 321쪽.
그는 우리말 자음의 음색의 듣기 좋은 경우를 ① ㄹ(l), ② ㄹ(r), ③ ㅇ(ŋ), ④ ㄴ(n), ⑤ ㅁ(m)과 같은 순으로 배열하고 있다. 같은 무성자음도 평음에 비해 경음은 껄끄럽고 억센 느낌을 주며 유기음aspiration은 날카로운 느낌을 준다.

체를 알 수 없는 상태이기도 하다.

마지막 두 행의 '……희미론 마음은/ ……내 혼자 마음은'의 단순한 반복형 결미는 쉽게 끝맺지 않는 연속의 일부로 화化한다.

이 시의 발음상의 배려와 "날같이", "희미론" 등의 음운첨가적 변형, 그리고 호흡의 급박과 이완을 야기시키는 리듬감 등은 형태적 효능만을 위한 것이 아니라 사랑에 대한 희구와, 그 멀고 희미한 존재에의 끊이지 않는 다가섬의 심정을 적절히 구사하는 하나의 시적 방법으로 선택되고 있는 것이다.

마지막 4행에서는 주부와 술부의 도치에 의해 화자의 비애와 절망이 다시 반복·확인되고 있다. 이 마지막 행에서 지극한 감정의 절제를 엿 볼 수 있다. 님에 대한 열망과 님의 부재가 서로 교차되고 있기 때문에 시를 끝맺는 결귀의 이러한 태도는 의미론적인 면에서 첫 연에서의 '내 혼자의 마음을 아실 이'가 있겠는가 하는 물음으로 되돌아가게 한다. 즉 이 시는 처음과 끝이 맞물리는 순환 구조를 갖게 되는 것이다. 이러한 순환 구조 속에서 독자는 그 대상이 무엇일까 생각하게 된다. 그러나 이 시에서는 시적 대상이 구체화되어 있지 않고 막연하고 모호한 채 남아 있다. 즉 이 시에 등장하는 님은 개별적인 관계를 나타내는 특정 인물이라기보다는 막연하면서 보편적인 대상으로 짐작할 수 있다. 1연 3행의 "그래도 어데나 계실 것이면"이라는 가정법은 실제의 상황이 그렇지 않다는 반대 어법이다. 그러므로 이 시에서 의미화하고 있는 님은 구체적으로 반드시 실재하거나 고정되어진 님이 아니다. 현실에 있는 님이 아닌 유동성과 가변성을 지닌 님이라 할 수 있다. 결국 "내 마음 날같이 아실 이"는 내 안에서 형상화된 비실체의 대상으로 차라리 또 하나의 다른 자아라고 볼 수도 있겠다.

엘리엇Eliot이 말한 바 "시인이 시인 자신에게 말하는 제1의 목소리"[3]가 김영랑의 시에 압도적으로 쓰이고 있다. 그의 시세계가 주관적 정서나 독백적인 내면의 세계를 다루고 있으면서도 감상에 떨어지지 않는 것은 감정의 절제를 통하여 섬세한 미감과 시적 긴장을 잃지 않고 있기 때문이라 생각된다.

---

3 정한모, "김영랑론", 『문학춘추』 1권 9호.
"전 70편 중에서 '마음'이 51건, '마음'과 같은 뜻으로 쓰여진 '가슴'이 5건, 도합 56건의 '마음'이 등장한다. 또한 '나는', '나의', '내', '나'에 속하는 말들이 61건 나오고 있다. 이밖에도 마음이나 '나'의 말을 쓰지 않고 그러한 뜻을 나타낸 것은 더 많다."

# 찬송讚頌

한용운

님이여, 당신은 백 번百番이나 단련鍛鍊한 금金결입니다.
뽕나무 뿌리가 산호珊瑚가 되도록 천국天國의 사랑을 받읍소서.
님이여, 사랑이여, 아침 볕의 첫걸음이여.

님이여, 당신은 의義가 무거웁고, 황금黃金이 가벼운 것을 잘 아십니다.
거지의 거친 밭에 복福의 씨를 뿌리옵소서.
님이여, 사랑이여, 옛 오동梧桐의 숨은 소리여.

님이여, 당신은 봄과 광명光明과 평화平和를 좋아하십니다.
약자弱者의 가슴에 눈물을 뿌리는 자비慈悲의 보살菩薩이 되옵소서.
님이여, 사랑이여, 얼음 바다에 봄바람이여.

29

# 금金결의 님과 옛 오동梧桐의 숨은 소리

한용운 「찬송讚頌」

## '님'을 향한 열정과 열려 있는 '님'의 의미

한용운 시의 매력은, 님에 대한 그의 노래들이 우리의 가슴에 파문을 일으키는 열정적인 송가라는 점에 있다. 그가 즐겨 사용하는 감탄문과 호격의 수사법은 청자로 하여금 강렬한 시의 전언에 집중하게 하는 동시에, 대상을 향한 다른 잡념을 배제시켜 대상을 명징하게 부각시킨다. 그 열정은 언제나 고도로 응축된 집합의 형태로 나타난다. 대상을 향한 넘칠듯한 격정을 담고 있으면서도, 그 열정에는 군더더기가 없으며 오로지 사랑의 순수 정점만을 향하고 있다. 그래서 만해의 시는 가슴 저리게 하는 연시戀詩인 동시에 사유의 폭과 깊이를 지닌 시일 수 있으며, 또한 종교적인 의미에만 갇히지 않은 열렬한 사랑의 시일 수 있다.

시 「찬송讚頌」은 제목 그대로 님에 대한 지극한 사랑의 마음을 찬송의 형식으로 노래하고 있다. 만해 시의 중심어인 '님'은 이 시에서도 반복되지만 역시 그 명료한 실체를 드러내지는 않는다. 만해의 시집 『님의 침묵』을 형성하는 시학의 중심이 '님'임은 새삼 강조할 필요가 없을 것이다. 고뇌에 빠진 중생에게 님은 자비로운 보살이자 부처이며, 사랑에 빠진 사람에게 님은 소중한 연인이고, 절망에 빠진 민중에게 님은 부정적 현실을 극복하게 하는 메시아적 존재이자 당대의 민족적 현실에서는 님은 곧 조국이다. 이렇게 다양하게 내포된 의미를 고려하면서 시를 읽을 때 한용운의 시는 차츰 그 의미를 드러낸다. 그러므로 시인이 일제에 항거한 민족 지사이자 승려였다는 텍스트 외적인 맥락을 단순 대입하여서 식민지 민족을 구해주는 영웅이나 종교적 대상으로만 님의 의미를 해석하는 것은 시의 묘미를 떨어뜨리고 또 시의 의미를 경직시킨다. 만해의 시에서의 '님'은 침묵과 비밀에 싸여 있거나 숨어 있으며 현실에는 늘 부재하는 존재로서, 하지만 언젠가는 꼭 다시 만나야 하는 신념의 존재로 그 의미가 열려 있다. 이렇듯 만해 시의 '님'의 의미망은 열려 있기에, 독자는 끊임없이 그 안에 많은 의미를 채워 넣고 싶어지게 된다.

이 시에서도 님은 연인이라는 개인적 의미의 님을 넘어서서 다의성을 지닌다. '님'은 순수 정점을 상징하는 개인적 사랑의 대상에서 "거지의 거친 밭에 복의 씨를 뿌리"고 "약자의 가슴에 눈물을 뿌리는 자비의 보살"인 사회적인 님으로 확대된다. 이 님은 이상적인 대상이고 진리이며, 애인이다. 그것 모두가 함께 어우러져 이루어내는 좀 더 크고 보편적인, 그리고 보다 근원적인 양상을 포함하는 다의적 존재로서의 님이다.

시 「찬송讚頌」은 1연의 구문이 2·3연에서도 똑같이 반복되는 구조를 지니기 때문에, 읽는 이에게 안정감을 주며 반복되는 형태의 주술성을 통해 찬송의 열정을 고조시킨다. 각 연의 1행에서는 님의 성격을 규정하고, 2행에서는 축원을 올린다. 3행에서는 돈호법과 감탄문을 사용하여 님을 열정적으로 찬송하는데, 각 연 2행의 종결어미 '-(ㅂ)소서'와 더불어 호격조사 '-이여'의 반복적인 사용은 화자의 어조를 열정과 찬미의 숨결 속에 강력히 살아 숨 쉬게 한다. 각 연의 종결어미는 '-(ㅂ)니다', '-(ㅂ)소서', '-이여'로 되풀이되어 나타나며, 이러한 어조와 형식의 반복은 님에 대한 화자의 한결같은 송축을 강조하고 있다. 감탄형 종결어미 '-(ㅂ)소서'나 호격조사 '-이여'의 외침은 다소 과장적인 어투이고 구식 표현이지만 한용운의 시에서는 고풍적인 분위기 속에서 오히려 조화롭게 어우러져 시를 빛나게 한다. 어조와 종결어미, 그리고 이미지가 결합되어 집중 구조를 이루면서 전체적으로 간절한 송가의 분위기를 북돋아주고 있기 때문이다.

각 연의 2행은 변화하고 성장해가는 님의 존재를 함축하고 있다. 1연에서 님은 "천국의 사랑을 받읍소서."의 주체가 되는 님이다. 이때 님은 칭송의 대상으로서 사랑을 받는 수동적인 존재일 뿐이다. 그러나 2연에서 님은 "복의 씨를 뿌리옵소서."의 주체로 평화와 복락을 대중에게 베푸는 존재가 되며, 3연에 이르면 '자비의 보살'행을 실천하는 우주적이고 종교적인 높이를 지닌 주체적인 존재로 변주된다. 연을 거듭할

수록 님은 수동적 존재에서 점차 능동적인 존재토 확장되어가면서 수직적인 깊이와 높이, 그리고 넓이를 획득하고 있는 것이다. 각 연의 1행, 2행, 3행은 각각 다음과 같이 묶일 수 있다.

| 행 | 종결어미 | 구문 |
|---|---|---|
| 각 1행<br>평서 | 님이여,<br>당신은 --(ㅂ)니다 | 백 번이나 단련한 금결입니다.<br>의가 무거웁고 황금이 가벼운 것을 아십니다.<br>봄과 광명과 평화를 좋아하십니다. |
| 각 2행<br>송축 | 님이여,<br>--(ㅂ)소서 | 뽕나무 뿌리가 산호가 되도록 천국의 사랑을 받읍소서.<br>거지의 거친 밭에 복의 씨를 뿌리옵소서.<br>약자의 가슴에 눈물을 뿌리는 자비의 보살이 되옵소서. |
| 각 3행<br>찬양 | 님이여, 사람이여,<br>--이여 | 아침 볕의 첫걸음이여.<br>옛 오동의 숨은 소리여.<br>얼음 바다에 봄바람이여. |

## 약자弱者의 가슴에 비치는 빛의 평화

시인이 그리는 님의 궁극적인 이미지는 빛과 사랑과 은은함이다. 이는 “금결”, “봄과 평화와 광명”, “아침 볕”, “얼음 바다에 봄바람” 등 밝고 따뜻한 빛과 온기를 지닌, 그러면서 자비와 사랑, 연대連帶의 감정을 지닌 대상으로 나타난다. 또한 님은 정의를 알고 욕망의 무상함을 깨달은 인격적 존재이기도 하다. 님을 구현하는 이미지는 다음과 같이 정리해볼 수 있다.

첫째, 견고하고 빛나는 보석의 이미지를 지닌 님이다. 안정되고 단단한 사물을 향하는 시인의 지향의식은 견고성과 부동성에서 생의 의지

처를 발견한다. 인간의 유약한 육체와 생로병사의 고단한 삶은 모두 시간에 잠재된 무서운 파괴력에 의해 무상한 것이 되고 만다. 시인은 이렇게 소멸로 치달을 뿐인 시간의 무상함에 저항하며 견고하고 영원한 것을 지향하고자 한다. 점점 더 단단한 것을 향하는 시인의 꿈은 금속의 세계로 집중된다. 소멸을 소멸 자체로 끝내지 않으려는 시인의 의지는 쉽게 스러지지 않는 사물과 빛나는 대상으로 향한다. 그래서 님은 "백 번이나 단련한" 강하고 아름다운 금결에 비유되며, 시간이 지나면 노후해 결국은 썩기 마련인 "뽕나무 뿌리"도 영원성을 지닌 보석인 "산호"로 전이된다. '금결'은 '결'이 함축하고 있듯 세월의 쌓임이라는 의미를 갖는다. 오랜 시간을 거쳐 완성된 금결은 백 번이나 용광로에 들어가 다듬어지고 단련된 금속이다. 이러한 거듭되는 정제의 과정은 사랑의 감정에 으레 실릴 감상성이나 비릿함을 배제하여 가장 정결하고 응축된 요소만을 남긴다. 금결의 '결'은 또한 육체와 관념을 동시에 포괄하는 개념이기도 하다. 금이라는 금속의 무생명성과 결의 생명성이 결합되어 육체와 생명이 모두 포괄된 님은 단순히 관념적인 님이 아니라 생명을 지닌 당신으로서 님이 되는 것이다.

한용운의 시에 보석이 자주 등장하는 것은 바슐라르의 말처럼, 보석은 곧 물질과 빛의 대립이 없어지는 지점의 사물로서 무한성에 대한 인간의 근원적 욕구를 충족시켜주기 때문이다. 특히 황금은 영원한 미와 진리의 세계를 상징하면서 힘과 항구성의 의미를 지닌다. 결코 그 빛을 잃지 않는 광채, 새로운 생명에 대한 적극적 지향성을 지닌 황금은 불멸의 이미지를 상징한다. 님의 실체를 빛나게 하는 이러한 이미지들은 현실 세계에 부유하는 연약한 대상들을 투명하고 단단한 보석으로 변용시킴으로써 시적 대상의 이미지를 응결하고 있다. 그런데 시인은 이런 황금조차 당신이 추구하는 의義보다는 가볍다고 말함으로써 백 번 이상을 단련했을 님의 의지를 강조한다. 영구적인 금을 백 번 정제하고 단련한다는 것은 금을 가장 지고지순하고 영원성을 지닌 존재가 되게 하는 동시에 님 스스로를 연단하는 과정을 함축하고 있기 때문이다. 만해의 보석은 바로 이러한 단련 끝에 이를 수 있는 정점의 사물이다.

둘째, 응축된 빛의 이미지를 지닌 님이다. 시인은 님을 "아침 별의 첫걸음"에 비유한다. 아침 볕은 하루를 시작하는 새로운 빛이자 가장 순수한 빛이다. 이 순간은 아침을 밝히는 시간들 중에서도 우리의 기억 속에 깊이 각인되는 수직화된 시간으로 정점을 이룬다. 시인은 어둠을 거두고 아침을 밝히는 눈부신 빛 가운데에서 님의 존재를 느끼며, 그 빛과 더불어 있는 따스한 볕으로 님을 예찬한다. 아침에 떠오르는 해의 엄숙한 위력은 곧 님의 존재와 일치되면서 우주적인 상징성을 내포한다. 아침과 봄은 모든 생명 있는 것들이 깨어나는 원형적인 시간이다. 밝은 빛과 따뜻한 볕의 결합으로 이루어진 광명은 이 원형적인 시간성 속에서 혹 사라졌다가도 늘 되살아나는 생명의 원천이자 재생의 중심적인 핵으로 불멸하는 님의 이미지를 강조한다.

셋째, 감각적 영상을 통해 구체화되는 님이다. 추상적이고 관념적 대상인 님은 시 속에서 다양한 감각적 이미지를 통해 구체적인 실존으로 육화되어 간다. 님은 "아침 별의 첫걸음"처럼 맑은 빛의 이미지를 지닌 신생의 이미지로 가시화되었듯, "옛 오동의 숨은 소리"로 이미 지나간 과거의 것을 현재의 자리로 불러내는 청각적인 이미지를 환기한다. 흐르는 시간 속으로 사라져 가버렸으나 잠시 귀를 기울이면 기억 속에서 은은하고 청정한 거문고 가락이 끊임없이 길고 가늘게 들려올 것 같은 존재로서의 님이다. 화자와 님과의 만남이 이미 과거의 일이고 언제 다시 만날 수 있을지 기약조차 할 수 없지만, 그 헤어짐이 아무리 길어도 언제나 "옛 오동의 숨은 소리"처럼 늘 님이 내 주변에 현존하고 있다는 의미를 부각시킨다. 마지막 연에서 님은 "얼음 바다에 봄바람"이라는 비유로 매듭지어진다. 봄바람에 비유된 님은 그 감미롭고도 부드러운 힘으로 님을 지각할 수 있게 한다. 약자의 얼어붙은 마음에 눈물을 뿌려 녹일 수 있는 님, 그는 얼음 바다의 빙산도 녹일 수 있는 힘을 지닌 신뢰의 대상이다. 시인에게 있어 님은 거대하고 냉엄한 현실 세계를 서서히 녹이는 훈풍 같은 존재, 부드럽고도 강한 힘을 지닌 절대적인 존재인 것이다.

| 관념적<br>대상으로서의 님 | → | 아침 별의 첫걸음(시각)<br>옛 오동의 숨은 소리(청각)<br>얼음 바다에 봄바람(촉각) | → | 구체적<br>실존으로서의 님 |
|---|---|---|---|---|

## 재생의 활력活力, '얼음 바다에 봄바람'

한용운의 시는 시대를 초월해 널리 사랑받고 있으며 또 끊임없는 시적 재발견의 대상이 되고 있다. 이는 그의 시세계가 함축하고 있는 존재 탐구와 더불어, 삶과 죽음, 소멸과 생성 등 대립과 모순을 이루는 가치들이 상생하고 화합하면서 우주의 변전을 이루고 있음을 발견한 시인의 빛나는 통찰에 기인한다. 시인의 상상력은 불멸이라는 의식을 토대로 이루어지고 있으며 이를 위해 반복적으로 재생의 모티프를 사용한다. 그래서 시인의 의식 구조는 생성과 죽음을 거쳐 재생의 과정으로 이어진다. 시 「찬송讚頌」에서도 재생의 이미지는 상상력의 근간 구조가 되고 있다. "뽕나무 뿌리"와 "거친 밭"과 "약자弱者"가 변형된 죽음의 과정을 거쳐 "천국의 사랑"과 "산호", "복의 씨", "자비의 보살"로 재생의 구조를 이루어나간 것이 그 예이다.

뽕나무 뿌리가 산호가 되고, 거친 밭이 복의 씨를 통해 기름진 밭이 되며, 또 자비의 보살이 되기 위해서는 억겁의 시간이 쌓여야 한다. 이미 죽어버린 오동나무의 옛 숨결이 오늘 다시 살아 소리를 내는 것은 식물의 순환성과, 역행하는 시간 속에서 우주의 재현과 연결되고 있다. 이러한 재생의 드라마는 인간의 삶을 넘어 우주적 질서나 진리와 연결된다. 한용운은 생성과 단절, 이별과 죽음을 어떤 한 개체의 문제가 아니라 우주 전체의 질서나 구조의 한 부분으로 파악한다. 시인의 이러한 우주적 상상력은 사물과 세계에 대한 우리의 인식을 넓혀줄 뿐 아니라, 현실의 고통과 절망, 이별의 통한에서 한 걸음 더 내딛게 해 거대한 삶의 에너지, 재생의 활력으로 이를 극복하게 하는 힘을 준다. 이 힘은 한용운 시가 지닌 모순의 극복 및 재생의 모티프에서 비롯된다. 재생의 활력은 님이 부재하는 부정적 현실을 극복하게 하고, 언젠가 다가올 긍정적인 미래를 예언하고 신념에 가득 차게 한다.

억겁의 시간, 생성과 사멸의 우주적 시간을 기다려 재생의 봄을 맞이하려는 화자는 한없이 고통스럽고 차가운 세계 속에서도 님을 통해 행복하고 평화로운 안정과 순수의 세계를 회복하리라는 희망과 신념을 잃지 않는다. 현실의 모순을 인식하면서도 그것을 극복해내려는 자세가 그 거대한 얼음 바다를 녹이는 부드럽고 다사로운 봄바람과도 같은 님의 힘에 강력한 신뢰를 부여하고 있다. 부드러운 것에서 솟아오르는 강한 힘, 그 부드럽고 강한 힘을 지닌 자는 바로 사랑하는 당신, 님인 것이다.

시 「찬송讚頌」에서 사유의 핵심은 재생의 상징인 "얼음 바다에 봄바람"으로 귀결된다. 이는 화자의 현실 인식을 잘 보여준다. 지금 화자가 처한 현실은 견고한 얼음 바다이다. 고통스럽고 냉엄한 절망의 세계는 님이 부재하는 부정적 현실이다. 화자는 외적으로는 님에 대한 무한한 사랑과 찬송의 마음을 드러내고 있지만 내적으로는 얼음 바다와 거지의 거친 밭에서 고통받고 있는 존재이다. 하지만 화자의 이러한 고통과 열정은 님과의 이별을 이별 그 자체로, 절망을 절망 그 자체로 내버려두지 않는다. 화자의 태도는 무작정 님을 기다리는 수동적이고 의존적인 양상이 아니다. 현실을 극복해내는 힘은 화자 자신의 거대한 의지에서 비롯된다고 할 수 있다. 도저히 녹을 것 같지 않은 거대한 절망과 고통은 화자로 하여금 '빛과 광명과 평화의 존재인 님'에 대한 염원을 더욱 강렬하게 만든다. 사랑과 광명, 천국과 평화에 대한 기대는 화자가 부정적 현실을 극복하게 하는 힘이 된다. 그 힘은 님에 대한 강렬한 사랑과 더불어, 언젠가는 님이 내게로 와서 복과 사랑을 줄 것이라는 믿음에서 비롯되고 있는 것이다.

# 선덕여왕의 말씀

서정주

짐의 무덤은 푸른 영嶺 위의 욕계欲界 제이천第二天
피 예 있으니, 피 예 있으니, 어쩔 수 없이
구름 엉기고, 비터잡는 데 —그런 하늘 속.

피 예 있으니, 피 예 있으니,
너무들 인색치 말고
있는 사람은 병약자한테 시량柴糧도 더러 노느고
홀어미 홀아비들도 더러 찾아 위로코,
첨성대 위엔, 첨성대 위엔 그중 실한 사내를 놔라.

살[肉體]의 일로써 살의 일로써 미친 사내에게는
살 닿는 것 중 그중 빛나는 황금 팔찌를 그 가슴 위에,
그래도 그 어지러운 불이 다 스러지지 않거든
다스리는 노래는 바다 넘어서 하늘 끝까지.

하지만 사랑이거든
그것이 참말로 사랑이거든
서라벌 천년의 지혜가 가꾼 국법보다도 국법의 불보다도
늘 항상 더 타고 있거라.

짐의 무덤은 푸른 영嶺 위의 욕계欲界 제이천第二天
피 예 있으니, 피 예 있으니, 어쩔 수 없이
구름 엉기고, 비터잡는 데 ―그런 하늘 속.

내 못 떠난다.

# 30

# 우주를 다스리는 사랑의 노래

## 서정주 「선덕여왕의 말씀」

### 짝사랑의 원형으로서의 지귀설화

사랑은 동서고금을 막론하고 문학에 있어 가장 중요한 모티프 중 하나로 작용한다. 두 인격체가 서로를 사랑하는 데서 오는 기쁨을 노래하는 경우도 있지만, 문학적으로 더욱 갈등을 일으키는 것은 다름 아닌 외사랑, 홀로 하는 사랑이다. 사랑받고자 하는 가열한 욕망은 존재하지만, 이와는 반대로 상대방은 자신을 사랑하지 않는다는 데에서 오는 슬픔 혹은 원망과 절망이 많은 이들에게 강력한 감정을 가지고 다가가기 때문이다. 지나가는 유행가 가사에서도 등장하는 '내가 사랑하는 사람은 나를 사랑하지 않고, 싫다는 사람은 내게 다가오려 한다'는 짝사랑의 아이러니와 슬픔은, 외사랑의 고통으로 몸을 태워버린 지귀의 이야기에서 수천 년의 시간이 지나도 여전히 설득력 있게 다가온다. 『대동운부군옥大東韻府群玉』 10권에 등장하는 지귀의 이야기를 잠깐 소개하자면 다음과 같다.

지귀는 신라 활리역 사람이다. 그는 선덕여왕의 아름다움을 사모하여 항상 슬픔과 눈물에 젖어 지낸 연고로 몰골이 초췌하였다. 그 소문을 듣고 마침 여왕이 분향하러 행차하는 길에 그를 불렀다. 지귀는 탑 아래에서 왕의 행차를 기다리다가 홀연히 잠이 들어 버렸다. 왕은 팔찌를 벗어 그의 가슴에 얹어두고 궁중으로 돌아왔다. 뒤에야 잠이 깬 지귀는 오랫동안 넋을 잃고 있다가 그만 심화가 나서 탑을 에워싸고 태워버렸다. 곧 불귀신으로 변한 것이다. 왕은 술사에게 명하여 주문을 짓게 하였는데 그 내용은 다음과 같다.

지귀의 맘 속 불은 몸을 태워 불귀신이 되었구나
크고 넓은 바다 멀리 흘러가라 넓은 바다 멀리 흘러가라
다시는 보지도 친하지도 않으리라

세간의 풍속에는 이 주문을 벽에 걸어 화재를 진화했다고 한다.

『대동운부군옥大東韻府群玉』 제10권, 「지귀설화」 편에서

설화는 인간의 무의식과 원형적 체험이 상징적으로 투사된 것이라 할 수 있다. 설화는 우리들의 가장 속 깊은 곳에 자리 잡아 본능적인 삶

과 집단적인 꿈을 품고 있으며, 인간 공통의 심리적이고 정신적인 활동에 있어서 종족과 공동체를 결합시키는 의의를 지닌다. 설화는 청자의 수용 양상에 의해 끊임없이 다양한 반응을 낳고 또 의미의 확대를 이룬다. 특별히 현대시에 있어서 설화의 수용은 독자, 곧 수용자로서의 영역과 시인, 곧 창조자로서의 영역이 함께 만나는 작업이다. 이때 시인의 태도에 따라 수용자와 창조자 간의 거리 조정이 다양하게 취해질 수 있는데, 여기서의 거리 조정이 곧 설화의 시적 변용에 있어서 하나의 방법이 되기 때문이다. 그러므로 원 소재에 대한 변용의 한계는 독자의 공감이라고 할 수 있다. 보편적 체험이 보다 강조되어 있는 설화를, 시인은 개입의 극대화를 위해 능동적이면서도 독창적으로 내면화한다. 이와 같은 시인의 적극적인 참여는 시인 자신의 현실 극복을 위해 고정 변용이 행해지고 있음을 알려 준다. 즉 동일화를 위한 변용이라고 할 수 있다.

위에서도 언급했지만 지귀설화가 가지고 있는 짝사랑이라는 오래되고 친밀한 주제는 독자의 보편적 반응을 불러일으킨다. 잠에서 영영 깨어나지 못한 채 자신을 죽음으로까지 몰고 간 지귀의 생애는 그 어리석음에도 불구하고 한 인간의 강렬한 불타오름, 극단적인 순수, 불의 열정 등 독자에게 여러 가지 의미를 제시한다. 짝사랑의 테마가 지니는 보편성은 이 설화가 수없이 재해독될 가능성을 지니고 있음을 암시하고 있다. 원 설화가 지닌 넘을 수 없는 신분상의 제약으로 인한 사랑의 어긋남, 폭발하는 한 사나이의 한恨은 지귀라는 인물의 사랑에 대한 갈망이면서 동시에 인간이 지닌 수직의 갈망을 상징한다고 할 수 있다. 바슐라르는 "연인들은 순수한 동시에 격정적이고 유일한 자인 동시에 보편적이며, 극적인 동시에 충실하고, 순간적인 동시에 영원한 것이 되고자 한다"고 했는데, 이 지귀설화에 깔려 있는 사랑과 죽음과 불의 결합이라는 모티프는 현대문학에 다각도로 적용될 여지를 갖는다. 그런 의미에서 서정주의 「선덕여왕의 말씀」은 원 설화에서 보여주는 사랑의 층위를 한 단계 뛰어넘어 다른 각도에서의 사랑의 모습을 보여주고 있다고 하겠다.

## 피와 살이 통하는 사랑에 대한 긍정

미당 서정주의 세 번째 시집 『신라초』에 실려 있는 이 시는 원 설화가 지닌 도식적 경직성을 피와 살이 통하는 사랑의 이야기로 재구성하고 있다. 여왕과 백성이라는 관계는 본디 수직적일 수밖에 없다. 그러나 미당은 이 수직적인 관계가 사랑에 의해 수평적이고 대등한 입장이 될 수 있다고 인지한다. 그리고 이 입장은 승화된 사랑의 이미지에 의해 더욱 간절하게 다가오고 있다.

이 시의 의미 구조는 하나의 스토리를 연계하는 지속 구조의 형태를 지니고 있다. 1연에서 2연을 거쳐 3연으로 갈수록 분위기가 고조되다가 정돈 단계를 거쳐 5연에서는 1연을 반복함으로써 완만한 하강의 형태를 보여준다.

첫째 연에서 나타난 주요 이미지는 여왕의 "무덤"과 "욕계 제이천" 이라 할 수 있다. 우리가 바라보는 일상적인 하늘이 제일천第一天이라면, 그리고 그것이 종교적인 이상향이라면, 제이천은 "구름 엉기고 비 터잡는" 혼돈의 공간이다. 즉 우리가 사는 이승의 공간으로 인간의 욕망을 완전히 벗어버리지 못한 "피 예 있으니"의 살과 피가 있는 육체의 공간이다. 첫 연부터 강조되고 있는 "피 예 있으니"의 피는 우리의 몸속에서 타오르는 생명의 불이라 할 수 있다. 피의 엉기고, 가라앉는 물로서의 형태적 이미지는 붉은 불꽃의 이미지와 강력하게 맞닿는다. 곧 시 전체를 관통하는 피는 불의 속성을 갖는 물로 작용한다. "피는 열기와 유연함, 충만함, 지속성 등을 소유하고 있다. 피는 삶의 액체적 비밀을 존재의 가장 구석진 부분까지 미끄러져 들어가게 한다. 피는 빛나고 타오른다"고 이야기한 리샤르Jean-Pierre Richard의 말처럼, 여왕의 무덤에까지 연결되는 피의 이미지는 인간의 욕망과 갈등과 번뇌의 직접적인 비유가 된다. 1연 2행의 "어쩔 수 없이"라는 구절 또한 이러한 갈등의 이미지를 강화시켜주고 있다.

둘째 연은 선덕여왕이 독백하는 형태를 띠고 있는 1연과는 달리 여왕이 백성들에게 말을 건네고 명령하는 대화의 기법을 사용함으로써 여왕의 생각을 직접적으로 드러내고 있다. 1연의 "피 예 있으니, 피 예 있으니"의 반복을 통해 살과 피를 지닌 인간사를 따뜻한 긍정의 시선으로 펼쳐 보인다. 약한 자나 병약자들에게 베풀 것을 권유하는 일이나 고독한 홀아비, 홀어미들에게 따뜻한 관심을 표명하고 있음은 화자가 여왕이라는 자신의 신분을 한시도 잊지 않고 있음을 상기시킨다. 그러나 동시에 다음 행에서 "첨성대 위엔, 첨성대 위엔 그중 실한 사내를 뽑아라"라고 언술함으로써 화자가 정신적인 것과 동시에 육체적인 것들에 똑같이 마음을 쓰고 있음을 보여준다.

이 "실한 사내"는 셋째 연에서 좀 더 구체적으로 "살의 일로써 미친 사내"로 설명되며 구체화된다. 3연의 어조는 따뜻하고 간곡하며 2연보다 은근히 우회적인 어투를 쓰고 있다. "살의 일로써 미친 사내"를 위로하기 위해 여왕이 그녀의 황금 팔찌를 지귀의 가슴 위에 놓은 행위는 황금 팔찌가 인간의 살 닿은 것 중 가장 빛나는 것이라는 점에서 주요한 의미를 갖는다. 황금이 주는 색채적인 이미지는 인간의 살갗의 색과 통하며, 황금의 시각적인 이미지인 빛남, 즉 광채의 요소는 단순히 황금 팔찌 그 자체인 사물을 추상적인 사랑의 이미지로 상징화시키고 있다. 즉 황금 팔찌는 살을 맞대는 것 이상의 의미를 내포한다. 그러한 사랑의 감정은 동시에 그 살을 다스리기가 너무 어렵다는 것을 잘 알기에 "다스리는 노래"로 이어지는 것이다.

## 피를 다스리는 사랑의 노래

화자는 인간의 타오르는 사랑 혹은 번뇌를 "구름 엉기고 비터잡는" 욕계 제이천이라는 무대로 끌어올린다. 또한 피가 엉기고 살의 일로 미치는 피의 욕망을 금기의 장소인 첨성대 한가운데로 불러 올릴 뿐 아니라 인간사의 모든 고독과 욕망을 백성들에게 관심을 쏟는 선덕여왕의 목소리를 통해 긍정하고 이해하고자 한다. 타오르는 지귀의 가슴에 놓인 "황금 팔찌"는 우리 몸속에서 피가 도는 길의 중심이라 할 수 있는 심장과, 피가 도는 길 위에 놓인 팔찌의 접촉으로 읽을 수 있을 것이다.

이 접촉은 이해와 긍정 그리고 이들의 사랑에 대한 구체적인 형상화로 볼 수 있을 것이다.

그러나 선덕여왕과 선덕여왕의 입을 빌어 말하는 화자는 사랑을 긍정하는 동시에 그 사랑을 다스리고자 한다. “다스리는 노래는 바다 넘어서 하늘 끝까지” 마쳐야 함을 자각하고 있다. 이 시공을 울리는 다스림의 노래는 실한 사내를 위한 행위일 뿐만이 아니라 여왕 스스로의 감정에 대한 다스림의 이중적인 의미를 지닌다. 즉 서로의 서로에 대한 다스림 없이는 얻을 수 없는 보다 높은 형태의 사랑에 대한 추구라 할 수 있다.

넷째 연에서 이 자각은 더 지혜롭게 승화되어 나타난다.

> 하지만 사랑이거든
> 그것이 참말로 사랑이거든
> 서라벌 천년의 지혜가 가꾼 국법보다도 국법의 불보다도
> 늘 항상 더 타고 있거라.

“사랑이거든”, “참말로 사랑이거든”의 반복을 통한 강조는 살肉의 일로 미쳤을 법한 지귀의 사랑을 한 단계 끌어올리고 있는 것이다. 자신은 그 국법의 수호자이면서 그리고 그것에서 한치도 벗어나지 않으면서도, 국법 그리고 국법의 불보다도 “늘 항상 더 타고” 있는 더욱 소중한 것이 사랑의 불임을 자각하고 있는 것이다. 그 사랑은 정신적인 투명함에 대한 육체적 상징이기도 하며, 또한 생명력의 동등함을 이룩하

려는 의도가 담긴 것이기도 하다.

살의 불 < 국법의 불 < 사랑의 불

이 단계에서 시는 설화를 한 단계 더 높은 곳으로 상승시키고 있다. 선덕여왕이 '늘 항상 더 타고 있기를' 기원하는 참된 사랑의 불은 본능과 무의식에 충실했던 지귀의 화산 같은 불을 빛으로 전환시킨다. 이러한 사랑의 정신은 불과 빛의 현상학적 변증법에 따라 참된 이념화를 이룩하고 있다. "참말로 사랑이거든"을 강조하는 여왕의 간곡한 어조는 인간의 광기와 불균형을 바로잡는 조절의 기능을 수행하는 것이다.

집의 무덤은 푸른 영嶺 위에 욕계欲界 제이천第二天
피 예 있으니, 피 예 있으니, 어쩔 수 없이
구름 엉기고, 비터잡는데 그런 하늘 속.

내 못 떠난다.

5연은 1연을 그대로 반복함으로써 화자의 마음을 새삼 다지는 것으로 끝맺고 있다. 6연의 "내 못 떠난다."의 절규와 더불어 "어쩔 수 없이" 다시 태어나도 자신이 살았던 이승의 세계를 선택할 수밖에 없는 여왕의 마음은 고통과 환희를 동시에 지닌 욕계 제이천, 곧 지상적인 것에 대한 애착을 표명하고 있다. 또한 인간의 육체와 정신을 똑같이 소중히

할 줄 아는 깨달음에서 스스로를 파악하고 있다. 살과 피가 인간의 육체와 생명력을 상징하는 것이라면 "구름 엉기고 비터잡는" 곳의 구름과 비의 이미지는 하늘의 살과 피의 이미지로 변용되고 있다고 할 수 있다. 보잘것없는 한 남자의 짝사랑을 받아들이는 데 있어서 자신의 위엄을 전혀 잃지 않는 여왕의 유연한 태도는 독자에게 생생하고 구체적인 연대감을 심어주는 데 성공한다. 앞의 규칙적인 1연 4행의 구성과는 달리 1행짜리 한 연만 따로 떨어뜨려 구성된 6연 "내 못 떠난다."의 복합적인 의미는, 살과 피를 지닌 인간의 일을 이해하는 여왕의 마음과 그러한 사랑이 있는 욕계 제이천, 곧 지상을 사랑하는 여왕의 마음이 외치는 소리이다. 이승을 사랑하는 모든 보편적인 존재의 갈등을 함축하고 있는 것이다.

## 욕망의 긍정과 균형감각

인간의 보편적인 욕망과 정서를 함축하는 설화는 언제든지 새롭게 읽힐 가능성을 갖는다. 재창조와 다시 읽기의 형태는 설화 자체를 재분석하는 것뿐 아니라 타 장르로 변용함으로써 청자와 화자를 독자와 작가 혹은 독자와 시인의 관계로 변형시키며 공감의 폭을 넓힐 수 있다. 특히 짝사랑의 원형으로서의 지귀의 모습과 그에 대한 선덕여왕의 대응에서 보이는 사랑의 모습이 자기 파괴적이고 도식적이며 경직되어 있었다면, 선덕여왕의 입장에서 새롭게 창조한 서정주의 「선덕여왕의 말씀」은 인간의 욕망이 적나라하게 드러난 욕계 제이천을 무대로 하여 그것이 피의 일이고 살의 일임을 긍정한다. 이 과정에서 몸 전체를 불사르고 다른 이들에게 고통을 주었던 불의 이미지는 이 시 속에서는 일차적으로는 피의 이미지로, 다음 단계에서는 빛의 이미지로 변용된다. 불은 빛으로 바뀌면서 순수하고 고양된 상승의 이미지로 이념화된다.

여기에서 상당히 인상적인 것은 화자로 설정된 선덕여왕이라는 존재이다. 시에 등장한 선덕여왕의 행동은 격렬한 지귀의 반응과는 달리 단 한 번 지귀의 가슴에 팔찌를 얹는 것으로만 드러난다. 그녀의 행동은 이루지 못할 사랑을 꿈꾸는 사내에 대한 안쓰러움과 측은함 혹은 그 사랑에 대한 이해와 공감으로 읽을 수 있다. 시인은 선덕여왕을 화자로 설정하면서 그녀의 존재를 부각시킨다. 설화가 선덕여왕을 사랑하는 지귀의 이야기로 이루어져 있다면, 시에서는 지귀가 사랑한 선덕여왕이라는 존재가 어떤 존재인가가 두드러지게 나타난다고 할 수 있다. 그녀는 여왕으로서의 자신과 한 사내의 사랑을 이해할 줄 아는 존재로 드러난다. 그녀는 천상보다 더 애착이 가는 것이 지상이며 국법보다 더 귀한 것이 사랑이라고 강조한다. 이 욕망의 긍정은 이 땅에 사는 이들에게 생생한 연대감을 환기하며 후대의 독자에게도 구체적인 감동으로 다가온다. 뿐만 아니라 육체와 정신 중 어느 것 하나를 더 키우는 법 없이 동시에 그 가치를 인정하는 균형감각을 통해 지귀의 사랑뿐 아니라 자신의 사랑을 한 단계 높이면서 국법과 금기의 잣대를 뛰어넘게 만든다. 육체적인 것을 긍정하되 정신적인 것을 놓치지 않는, 치우침이 없는 균형감각이야말로 이 시가 갖는 성과라 하겠다.

# 시여, 내 손을 잡아줘

## 김현자 교수의 한국 시 깊이 읽기

**펴낸날** 1판 1쇄 2023년 11월 10일
**지은이** 김현자
**펴낸이** 주소현
**펴낸곳** 이화여자대학교출판문화원
**주소** 서울특별시 서대문구 이화여대길 52(우 03760)
**등록** 1954년 7월 6일 제9-61호
**전화** 02) 3277-2965 (편집), 02) 362-6076 (마케팅)
**팩스** 02) 312-4312
**전자우편** press@ewha.ac.kr
**홈페이지** www.ewhapress.com
**책임편집** 이지예
**디자인** 정혜진



**ISBN** 979-11-5890-502-6 93810
**값** 24,000원